일의 의미

THE MEANIMG OF WORK

오문완

UUP.

일의 의미

■
2012년 11월 9일 **초판 인쇄** ▪ 2012년 11월 16일 **초판 발행** ▪ **지은이** 오문완 ▪ **펴낸이** 이 철
▪ **펴낸곳** UUP(울산대학교출판부) 680-749 울산광역시 남구 대학로 93(무거동) 울산대학교 출판부
▪ 전화 (052)259-2488 팩스 (052)277-3011 ▪ **홈페이지** http://uup.ulsan.ac.kr
▪ **출판등록** 제370-1996-000001호(1996.3.13)
▪ ₩ 16,000

■
이 도서의 국립중앙도서관 출판시도서목록(CIP)은 e-CIP홈페이지(http://www.nl.go.kr/ecip)와 국가자료공동목록시스템(http://www.nl.go.kr/kolisnet)에서 이용하실 수 있습니다.(CIP제어번호 : CIP2012005146)

ISBN 978.89.7868.287.9 (93360)

이 저서는 2008년 정부(교육과학기술부)의 재원으로 한국학술진흥재단의 지원을 받아 수행된 연구임 (KRF-812-2008-1-B00064).

차 례

2장 노동권의 재조명

3장 노동3권의 정립

머리말

근대법의 역사는 시장 메커니즘을 형성하는 과정에서의 여러 시행착오의 역사라고 할 수 있다. 아울러 시장경제 메커니즘에 맡겨두어서는 해결되지 않는 '시장의 실패'라고 불리는 문제에 대해서는 적절한 공공정책으로 이를 보완해 왔다. 때문에 교육, 의료, 환경, 사회복지 등의 주요부분이 공공정책에 의해 담보되어 왔다.

노동법 역시 이러한 법정책을 담당하기 위해 19세기 중반경부터 20세기 초두에 걸쳐 생성되어 20세기를 통하여 일련의 정비된 법적시스템으로 발전해 왔다. 그 기본적인 구조는 '시장거래에서의 약자인 노동자'가 시장메커니즘의 일방적인 희생물이 되지 않도록 하는 사회적 규제라고 할 수 있을 것이다.

이와 같이 노동법은 시장의 실패를 보완하고 '공공정책으로서의 사회정책'을 실현하기 위한 법적 규제로서의 색채가 농후하다. 반면에 노동법이 경제활동·시장기능에 영향을 미치는 측면, 즉 '공공정책으로서의 경제정책'을 행하는 측면도 간과해서는 안된다. 생산의 파생수요인 고용방침이 역으로 생산에 영향을 미치게 되는 것과 마찬가지로 노동법은 시장메커니즘의 결과를 보완하기 위해 생성된 정책체계인데 체계를 정비하면 할수록 시장기능에 틀을 제공하고 경제에 영향을 미치는 정도가 강해진다. 예를 들어 노동시간단축 입법조치가 단순한 노동정책의 영역을 크게 뛰어넘어 경제정책의 색채를 강화한다든지 산업별 노사관계가 발달함으로써 산업단위에서 체결되는 단체협약의 모습이 경제활동에 크게 영향을 미친다든지 하는 것이다.

이러한 19-20세기형 노동법의 특징은 '사회법'이라고 불리운다는 데서 단적으로 드러난다. 사회법은 시장의 실패에 대응해서 약자보호를 도모하기 위해 본래는 사법적 관계인 노동관계에 공법적인 방법에 의한 규제를 도입하였다. 사회법에 대비되는 사법은 시장에서 대등한 시민간의 거래관계가 전개되는 것을 염두에 두고 그 적절한 틀의 설정과 규준을 제시하는 것인데, 노동법은 그와 같은 시장지향의 사법을 기초로 하면서도 사회경제적인 약자 보호를 위해 국가에 의한 직접적인 개입을 제도화하고 그 측면에서는 공법적 규제의 양상을 강하게 그려냈다. 결국 노동법은 국가의 개입을 크게 기대해서 사법적인 규제방법보다는 오히려 공법적인 규제에 중점을 두는 것이 일반적이었다. 따라서 노동법의 특징으로는 '시장의 실패'에는 민감하고 비판적인 시각을 가지고 있는 데 비해 국가의 개입이라는 측면 즉 '정부의 실패'라는 문제점에 대해서는 상당히 둔감하고 낙관적이라고 볼 수 있겠다. 그런데 지금 노동법은 커다란 전환의 시기를 맞이하고 있다. 20세기형 노동법은 농업사회에서 산업사회로, 그리고 소규모 수공업에서 대규모 공장제공업으로 탈바꿈하는 전환의 시대에 새로운 사회경제적인 환경에서 나타나는 과제를 해결하기 위해 생성 발전해 왔다. 그런데 이 노동법체계도 그 배경이 되는 사회경제구조가 변함에 따라 새로운 변신을 요청받고 있다. 그것은 한 마디로 포드주의에서 포스트 포드주의로의 이

전에 따른 노동시장의 변화를 어떻게 반영할 것인가 하는 문제라고 할 수 있다. 대량생산과 고임금, 대량소비, 장기고용과 노동운동의 활성화라는 방식이 더 이상은 통하지 않게 되었다는 상황을 어떻게 법체계 속에 수용할 것인가 하는 문제이다.

이런 상황은 일의 의미를 다시 생각해 보게 만든다. 과연 일이란 축복인지 저주인지 하는 문제부터 비롯하여 기존의 사고방식을 전반적으로 재검토하라고 요청한다는 것이다. 이에 이 책에서는 1장에서 일의 의미를 그 개념의 재검토부터 시작해서 찾아보기로 하였다. 또한 인권의 시각에서 문제에 접근하자고 주장하였다. 이어서 2장에서는 노동권이라는 것을 어떻게 재정립할 것인지, 그리고 3장에서는 노동3권을 어떻게 확보할 것인지 검토하였다. 결론 삼아 4장에서는 패러다임의 전환으로 마무리하고자 한다.

모쪼록 이 책에서 정리한 내용이 노동실무(법원과 노동위원회, 노동행정)에 조금이나마 도움이 되었으면 한다. 또한 노동계와 경영계에서도 합리적인 노사관계를 정착한다는 실천적인 차원에서 이 책을 참조하였으면 좋겠다. 노동법을 연구하고 공부하는 모든 분들께는 제 의견에 독단이나 지나친 비약은 없는지, 현실 인식에 잘못은 없는지를 꼬집어주고 바로잡아 주시기를 바라마지 않는다.

1장
일의 의미

I 개념의 정립

(1)

한 때 우리 사회의 큰 이슈였던 이랜드 사태를 비롯한 일련의 사건은 또 다시 비정규직 노동자에 대한 처우 문제를 쟁점화하고 있다. 기실 정부와 의회가 비정규직법을 제정키로 한 것은 이들에 대한 차별을 시정코자 한 선의의 표현이라 할 수 있는데, 그 결과는 오히려 노동조건이 더 열악한 파견노동이나 하도급노동으로 내모는 모순으로 나타나고 있다. 법을 만들 때 그 법이 사회에 미치는 영향을 충분히 검토하지 않고, 차별을 철폐해야 한다는 대의에만 매달렸기 때문에 나타난 현상이다. 그러나 더욱 본질적인 문제는 노동을 노동자라는 인격체가 행하는 삶(생산)의 모습으로 보지 않고 생산의 한 요소로만 보는 시각 자체에서 귀결되는 것이라고 여겨진다.

그리고 이들 계층에 대한 사회보장제도가 갖추어져 있다면 충격의 완충기능을 할 수 있었을 터인데 그렇지 못하다는 점에서 문제는 더욱 증폭된다. 그런데도 사회보장이 아니라 Workfare로의 전환이 논의되는 게 오늘의 현실이다.

(2)

그 때문에 앞으로 노동 관련 법제도를 형성할 때는 노동을 어떻게 볼 것인지 하는 인식과 시각의 확립이 전제되어야 한다. 그리고 이를 위해 가톨릭의 노동관에 주목할 필요가 있다. 특히 1891년과 1981년의 노동헌장(교황 레오 13세의 회칙 Rerum novarum; 요한 바오로 2세의 회칙 Laborem exercens)은 노동의 인간화를 위한 가장 중요한 문서라 할 수 있다. 이 골동품이자 여전히 새로운 의미를 띠는 문서의 재해석을 통해 노동관을 바로세우는 작업이 절실하다.

또한 동양의 고전에서도 가톨릭의 노동관에 버금가는 생각들을 찾아볼 수 있다. 대표적으로 논어, 노장사상, 주역 등이 그러하다. 이러한 동서양 사상의 접목 역시 우리가 시도해야 할 중요한 대목이라고 생각한다.

(3)

기존의 해석을 검토해서 오해가 있다면 바로 잡고, 잘 알려지지 않은 쟁점이 있다면 그것을 찾아내서 정책에 반영할 수 있도록 하고 싶다. 세계화, 신자유주의 시대에 노동의 가치는 더욱 소중하다.

그 동안 일의 의미를 분석하는 작업은 몇 차례 있었다. 예컨대, 조안 B. 시울라(2005)의 <일의 발견>이 그러한 작업의 결과물이라 하겠다. 신자유주의에 대한 총체적인 반대를 선언하기도 하고(크리시스, 2007) 자율주의를 통한 문제 해결을 말하기도 한다(고병권 외, 2007).

그러나 일 자체가 아니라 일과 사회보장을 아우르는 삶의 문제에 대한 연구는 찾아보기 어렵다. 더군다나 Workfare를 얘기하면서도 왜 Welfare가 아닌 Workfare여야 하는지에 대한 논변은 미진한 게 현실이다. 따라서 노동과 사회보장의 연계라는 것을 짚어보는 작업은 지금 여기서 이루어져야 한다.

(4)

이 연구에서는 우선 노동현장의 내용을 분석하고 그 재해석을 꾀한다.

노동헌장은 노동에 품위를 회복시키기 위한 개혁의 길을 제시한다. 인간다운 삶에 어울리는 노동이 전제가 되어야 인간의 자유로운 활동이 가능하기 때문이다. 이러한 개혁에는 특히 노동자가 실직의 악몽으로부터 보호를 받을 수 있도록 사회와 국가가 책임을 지도록 하는 게 중요하다. 이를 위한 방안으로 두 가지 방법이 활용되어 왔다. 균형 잡힌 성장을 보장해 주는 경제 정책이 그 하나의 축이고, 다른 하나는 노동자들이 하고 있는 직업이나 직무가 더 이상 사회적 부를 창출하기에 적합하지 않을 때 이 분야로부터 역동적으로 발전하고 있는 분야로 노동생활을 옮겨갈 수 있도록 실업보험, 그리고 기술과 직업의 재교육을 활성화하는 것이다.

이러한 기본적인 장치 이외에도 사회와 국가는, 노동자와 그 가족이 생계를 유지할 수 있을 정도의 임금을 보장해 주어야 한다. 더 나아가 미래를 위해 저축할 수 있는 가능성과 함께 인간답게 살 수 있을 정도의 임금의 지급은 필수적이다. 물론 노동자들도 자신의 노동가치가 더욱 향상되고 생산적인 노동이 될 수 있도록 자신의 지식과 능력을 계발하려는 노력을 게을리 해서는 안 된다. 그러나 그렇다고 해서 비공식부문의 노동자들이나 이주노동자들, 그리고 비정규직 노동자처럼 사회 변두리에 처하여 있는 이들에 대한 수치스러운 착취가 있어서는 안 된다는 것은 너무나 당연한 이치이다.

이를 위해서는 가장 적절한 법적 조치와 더불어 꾸준한 감시가 요청된다. 바로 이러한 이치 때문에 최저임금을 포함한 적정 임금과 노동조건을 교섭하는 노동자들의 대표, 곧 노동조합이 결정적 역할을 하는 것이다.

아울러 노동과 휴식이 조화를 이루는 '인간적' 시간(노동시간, 휴게·휴일·휴가)이 존중되어야 한다. 또한 작업장에서 노동자들의 양심과 존엄성이 모독을 받지 않고 노동자의 개성을 표현할 수 있는 권리가 보장되어야 한다. 그리고 이를 담보하는 주체는 역시 노동조합일 수밖에 없다. 노동계약의 노동자 측 담당자로서뿐 아니라, 노동자들의 성격이 선언되는 '장소'로서의 노동조합의 역할은 그만큼 중요한 것이다. 노동조합은 확실히 노동 문화의 발전에 기여할 뿐만 아니라, 노동자들이 참된 의미에서 인간적으로 노동(기업) 생활을 영위할 수 있도록 도와준다.

국가는 이와 같이 노동의 인간화가 이루어질 수 있도록 자기 몫을 다해야 한다. 보조성의 원리에 따라서는, 고용 기회의 확대와 함께 부의 원천인 경제적 활동의 자유로운 수행에 유리한 생산 조건들을 만들어주어야 한다. 직접적으로는, 더욱 비참한 상태에 놓인 노동자들을 보호하기 위하여 실직한 노동자가 적어도 생계유지에 필요한 것을 가질 수 있도록 하여야 한다.

그리고 이러한 이치를 바탕으로 여러 쟁점에 대한 해법을 모색한다. 실로 노동헌장은 노동의 영역만이 아니라 교육과 가정, 여성, 환경, 사회보장 등 우리가 살아가는 거의 모든 과정에 대해 말하고 있다. 따라서 이 모든 문제를 이 책 한 권에 담기는 어렵다고 본다. 따라서 이 연구에서는 그 첫 과제로 노동과 그에 따르는 문제를 중심으로 서술한다. 그리고 사회보장은 그 연장선에 있으므로 여러 문제를 아울러 다루고자 한다.

(5)

그런데 실은 일을 바라보는 시각 자체의 차이에서부터 문제는 시작된다. 달리 말하자면 일을 어떻게 바라볼 것인지 하는 게 먼저 얘기되어야 한다. 그런데 서양 사상의 원류라고 할 수 있는 성경에도 일에 대한 태도는 일관되게 나타나지 않는다.

일을 고통이라고 보는 시각은 다음과 같은 부분이다(출전은 한국 천주교 주교회의, 2005).

> 너는 흙에서 나왔으니 흙으로 돌아갈 때까지 얼굴에 땀을 흘려야 양식을 먹을 수 있으리라. 너는 먼지이니 먼지로 돌아가리라.
>
> (창세기 3:19).

> 우리는 여러분 곁에 있을 때, 일하기 싫어하는 자는 먹지도 말라고 거듭 지시하였습니다. 그런데 듣자 하니, 여러분 가운데에 무질서하게 살아가면서 일은 하지 않고 남의 일에 참견만 하는 자들이 있다고 합니다. 그러한 사람들에게 우리는 주 예수 그리스도의 이름으로 지시하고 권고합니다. 묵묵히 일하여 자기 양식을 벌어먹도록 하십시오.
>
> (테살로니카 신자들에게 보낸 둘째 서간 3:10-12)

다음과 같은 구절은 일을 놀이로 보는 시각을 반영하고 있다.

> 그러므로 내가 너희에게 말한다. 목숨을 부지하려고 무엇을 먹을까, 무엇을 마실까, 또 몸을 보호하려고 무엇을 입을까 걱정하지 마라. 목숨이 음식보다 소중하고 몸이 옷보다 소중하지 않으냐? 하늘의 새들을 눈여겨보아라. 그것들은 씨를 뿌리지도 않고 거두지도 않을 뿐만 아니라 곳간에 모아들이지도 않는다. 그러나 하늘의 너희 아버지께서는 그것들을 먹여 주신다. 너희는 그것들보다 더 귀하지 않으냐? 너희 가운데 누가 걱정한다고 해서 자기 수명을 조금이라도 늘릴 수

있느냐? 그리고 너희는 왜 옷 걱정을 하느냐? 들에 핀 나리꽃들이 어떻게 자라는지 지켜보아라. 그것들은 애쓰지도 않고 길쌈도 하지 않는다. 그러나 내가 너희에게 말한다. 솔로몬도 그 온갖 영화 속에서 이 꽃 하나만큼 차려입지 못하였다. 오늘 서 있다가도 내일이면 아궁이에 던져질 들풀까지 하느님께서 이처럼 입히시거든, 너희야 훨씬 더 잘 입히시지 않겠느냐? 이 믿음이 약한 자들아! 그러므로 너희는 '무엇을 먹을까?', '무엇을 마실까?', '무엇을 차려입을까?' 하며 걱정하지 마라. (마태오 복음서 6:25-31)

부자가 하느님 나라에 들어가는 것보다 낙타가 바늘귀로 빠져나가는 것이 더 쉽다. (마르코 복음서 10:25)

비천한 형제는 자기가 고귀해졌음을 자랑하고, 부자는 자기가 비천해졌음을 자랑하십시오. 부자는 풀꽃처럼 스러질 것이기 때문입니다. 해가 떠서 뜨겁게 내리쬐면, 풀은 마르고 꽃은 져서 그 아름다운 모습이 없어져 버립니다. 이와 같이 부자도 자기 일에만 골몰하다가 시들어 버릴 것입니다. (야고보 서간 1:9-11)

동양에서는 일을 깨달음에 이르는 길이라고 보는 전통이 있다. 부처에게는 바닥을 쓸고 닦고 연료를 모으는 것 같은 가장 비천한 일조차도 깨달음에 이르는 길이 될 수 있었던 것이다(조안 B. 시울라, 2005: 66). 군주에게 생산 노동과 일하는 사람의 고통을 체험하고 그 어려움을 깨닫기를 요구하는 권고를 <서경>은 전하고 있기도 하다.

周公曰 嗚呼 君子 所其無逸

先知稼穡之艱難 乃逸 則知小人之依

相小人 厥父母 勤勞稼穡

厥子 乃不知稼穡之艱難 乃逸 乃諺 旣誕

否則 侮厥父母曰 昔之人 無聞知

- 周書, 「無逸」

군자는 무일無逸(편안하지 않음)에 처해야 한다. 먼저 노동(稼穡)의 어려움을 알고 그 다음에 편안함을 취해야 비로소 백성들이 무엇을 의지하여 살아가는가(小人之依)를 알게 된다. 그러나 오늘날 사람들이 살아가는 모습을 보건대 그 부모는 힘써 일하고 농사짓건만 그 자식들은 농사일의 어려움을 알지 못한 채 편안함을 취하고 함부로 지껄이며 방탕 무례하다. 그렇지 않으면 부모를 업신여겨 말하기를, 옛날 사람들은 아는 것(聞知)이 없다고 한다

(번역은 신영복, 2004: 70-71).

이렇듯 일은 분명히 이중적인 속성을 지니고 있다. 우리는 나날의 일상 속에서 이를 확인할 수 있다. 예컨대 실직자의 일상을 살펴보자. 직업을 잃었거나 직업을 가질 수 없는 사람들은 결코 '일에서' 자유로운 것이 아니다. 오히려 그들은 '일할' 자유를 갖고 있지 않다. 직업을 갖는다는 것은 단지 물질적 욕구를 충족시키는 것 이상을 의미한다. 일은 규율, 소속감, 규칙성, 자기 효능감 같은 다양한 심리적·사회적 욕구를 만족시킨다. 그러나 과연 일이 이러한 욕구를 충족시킬 수 있는 유일한 방법인가? 왜 실직자들은 '여가'를 통해 이러한 욕구를 충족시킬 수 없는가? 실직자들이 여가를 갖지 않는 이유는 그들이 일을 갖고 있지 않기 때문인 것이다. 그들에게는 '구속된' 시간이 없기 때문에 '자유로운' 시간 또한 없다.

반면에 "세상에 몽고몽고넛이 이렇게 많은데, 왜 우리가 씨를 뿌려야 하지요?"라고 하는 남아프리카 원주민인 부시맨의 물음도 생각해 보아야 한다. 일은 우리의 물질적 필요를 채워준다. 그러나 인간이 일 자체를 필요로 하는 것일까? 많은 학자들은 그렇지 않다고

말한다. 예를 들어 장 자크 루소는 "게으름이야말로 인간의 자연스러운 상태이며, 생산 활동의 필요성은 사회가 만들어낸 것"이라고 주장했다. 게오르크 빌헬름 프리드리히 헤겔은 "부지런한 습관은 일이 가져다주는 산물이며, 우리가 일을 통해 얻는 실용적인 교육이 무언가를 해야 할 필요성과 바쁜 습관을 만들어낸다"고 저술하고 있다. 요컨대 우리는 타고난 기질 때문이 아니라, 훈련과 도덕적 조건화로 인해 일할 필요성을 '느낀다'는 것이다. 만약 이것이 사실이라면, 일에 있어서 "자연스러운" 것은 아무것도 없다. 그것은 우리의 역사와 문화가 만들어낸 인위적인 필요일 뿐인 것이다(조안 B. 시울라, 2005: 20-26).

결국은 일을 어떻게 바라보느냐에 따라 우리의 삶의 가치는 바뀌게 된다. 시시포드를 괴롭힌 것은 세 가지라고 한다. 소모적이고 지루한 과업, 자유의 상실, 무의미하고 헛된 일이 그것이다. 일에 의미를 부여하는 게 중요하다. 이점에서 태국의 사눅이라는 개념이 시사적이다. 태국어에서는 '일'을 뜻하는 단어와 '파티'를 뜻하는 단어가 같은 어원을 가지고 있다고 한다. 태국사람들은 일이 진지해야 한다고 생각지 않으며, '일 자체는 좋은 것'이라는 견해를 갖고 있지도 않다. 그렇다고 해도 태국인들은 결코 게으르지 않다. 그들의 문화는 '재미'를 뜻하는 '사눅(sanuk)'에 큰 가치를 둔다. 모든 활동은 '사눅(재미있는)'과 '마이 사눅(mai sanuk : 재미없는)'으로 구분된다. 사눅은 자연스럽게 우러나는, 근심 없는 즐거움을 뜻한다. 일이건 놀이이건 상관없이 어떤 활동을 할 만한 가치가 있는 것으로 만들어주는 속성이 바로 '사눅'이다.

일과 놀이가 일치되는 시점이 가장 바람직하다는 함의라고 읽을 수 있겠다. 울타리에 페인트를 칠하는 '노동'을 재치 있게 '놀이'로 바꿔놓은 톰 소여를 생각해보자. '노동'과 '놀이'에 뚜렷한 경계가 있는 것이 아니다. 공간을 정돈하는 '노동'도 이렇게 즐거운 '놀이'가 될 수 있다(진중권, 2007: 237). 플라톤은 놀이와 신성한 것을 동일화시켰다고 한다. 신성한 것을 놀이라는 것으로 불러서 그것을 격하시키는 것이 아니라, 오히려 그것은 놀이의 개념을 정신의 가장 높은 수준으로까지 올려놓는 것이다. 플라톤은 대화편 <법률>(7장 803항)에서 아테네인의 입을 빌려 다음과 같이 말한다.

> 내가 말하거니와 진지함을 지닌 사람이 진지한 인간이 된다. 최고의 진지함으로써 일을 행할 가치가 있는 것은 다만 신일 뿐이다. 여기에 비해 인간은 신의 놀이 감으로 만들어진 것이며 그것이 인간의 가장 잘된 부분이다. 따라서 사람은 모두 남녀 함께 삶을 살며 가장 고상한 놀이를 하며, 지금 마음속에 있는 것과는 정반대의 것을 생각해야만 한다.

플라톤은 놀이와 제사와의 동일성이라는 것을 무조건 기정사실로 받아들였다. 인간의 삶과 일도 그러해야 한다는 것이다(J. 호이징하, 1981: 30-31).

같은 생각을 마르크스의 저술에서 찾아보기도 한다. 마르크스는 <독일 이데올로기>에서 공산주의 사회의 일상을 이렇게 묘사한 바 있다.

> 아침에는 사냥하고 오후에는 낚시하고 저녁에 소를 치며 저녁 식사 후에는 비판하면서도 사냥꾼으로도 어부로도 목동으로도 비판가로도 되지 않는 일이 가능하게 된다.

노동해방이란 노동자가 중산층처럼 사는 것이 아니라, "내가 하고 싶은 그대로 오늘은 이 일, 내일은 저 일을 하는 것"을 의미한다. 그래야만 '소외된 노동'이 아닌 자유로운 활동을 능동적으로 창안할 수 있다. 그러기 위해선 무엇보다 스스로 자율적 존재가 되어야 한다. 즉, 나의 일상과 세계를 하나의 '서사'로 엮을 수 있는 통찰력이 있어야 한다는 것, 그래야만 삶으로부터 소외되지 않을 수 있다는 것이다(고미숙, 2007: 199-200). 마르크스는 이렇게 '모든 사람이 자기가 원하는 분야에서 자신을 도야할 수 있는' 상태, '오늘은 이 일, 내일은 저 일을 하는 것'이 가능한 상태를 자유라고 불렀다. 그렇기 때문에 마르크스는 코뮨을 '자유인들의 결합체'이며, '각인의 자유로운 발전이 만인의 자유로운 발전의 조건이 되는 하나의 연합체'라고 말한다(고병권 외, 2007: 376).

논어의 옹야(雍也)편에서 학습과 놀이와 노동의 통일을 엿볼 수도 있다. 다음 구절이 그러하다.

> 子曰 知之者 不如好之者 好之者 不如樂之者 - 雍也
> 아는 것은 좋아하는 것만 못하고 좋아하는 것은 즐기는 것만 못하다.

조금 길지만 신영복 교수의 해설을 들여다보고 음미해 보자.

> 여기서 우리가 생각해야 하는 것은 지知, 호好, 낙樂의 차이입니다. … 지란 진리의 존재를 파악한 상태이고, 호가 그 진리를 아직 자기 것으로 삼지 못한 상태임에 비하여 낙은 그것을 완전히 터득하고 자기 것으로 삼아서 생활화하고 있는 경지로 풀이할 수 있다고 했습니다. 그리고 이상적인 교육은 놀이와 학습과 노동이 하나로 통일된 생활의 어떤 멋진 덩어리(일감)를 안겨주는 것이라고 하였습니다. 즐거운 마음으로 무엇을 궁리해가며 만들어내는 과정이 바로 그러한 것인데 즐거움은 놀이이고 궁리는 학습이며 만들어내는 행위는 노동이

되는 것이지요.

그러나 중요한 것은 지, 호, 낙의 차이를 규정하는 일이 아닙니다. 그 각각을 하나의 통합적 체계 속에서 깨닫는 일이 중요합니다. 지를 대상에 대한 인식이라고 한다면 호는 대상과 주체 간의 관계에 관한 이해입니다. 그에 비하여 낙은 대상과 주체가 혼연히 일체화된 상태를 의미한다고 할 수 있습니다. 지가 분석적인 것이라면 호는 주관적인 것입니다. 그리고 낙은 주체와 대상이 원융圓融된 상태를 의미한다고 할 수 있습니다. 따라서 낙은 어떤 판단 형식이라기보다는 질서 그 자체를 의미한다고 할 수 있습니다. 주체와 대상, 전체와 부분이 혼연한 일체를 이룬 어떤 질서와 장場을 의미한다고 할 수 있습니다. 지는 역지사지하지 않고도 이해할 수 있다고 생각하는 것이며, 호는 대상을 타자라는 비대칭적 구조 속에 가두는 것이 아닐 수 없습니다. 지와 호를 지양한 곳에 낙이 있다고 생각하지요. … "낙은 관계의 최고 형태"인 셈입니다. 그 낙의 경지에 이르러 비로소 어떤 터득이 가능한 것이지요.

세계 인식이 정보 형태의 파편적 분석지分析知에 머물거나 이데올로기적 가치판단에서 자유롭지 못하다면 낙의 경지로 나아갈 수 없다는 것이지요.

지에서 호로, 호에서 낙으로, 세계와의 관계를 높여 나가는 일이 중요하다는 것을 깨달아야 하는 것이지요. (신영복, 2004: 199-200)

(6)

일의 문제는 시간과 함께 등장한다. 자본주의는 '좀 더 빨리'를 외치며 손을 놀리게 하고, '좀 더 빨리'를 외치며 상품의 유통 속도를 높이려 하며, '좀 더 빨리'를 외치며 소비의 속도를 높이려 한다. 왜냐하면 시간이 돈인 만큼 속도가 돈이기 때문이다. 일찍이 찰리 채프린(Charlie Chaplin)이 훌륭하게 묘사한 바 있지만, 공장에서의 시간은 미분화(微分化)된 시간에 동일한 동작을 대응시키는 방식으로 작용하기에, 심지어 동작의 미세한 움직임까지도 통제하여 획일화 시키려고 한다(이진경, 2002: 32, 77). 이는 노동중독증의 문제를 낳고 (홀거 하이데, 2000) 그 해결책으로 게으를 수 있는 권리(폴 라파르그, 1997)를 구상하게 만든다.

결국 노동권을 어떻게 재구축하느냐가 관건이 된다. 잠정적으로 노동권이란 모든 노동자 - 그가 취업하고 있던 그렇지 않든 - 가 적당한 시간 일하면서 적절한 노동조건 아래 놓여 있어서 인간적인 생활을 할 수 있도록 해 줄 것을 국가에 대하여 요청하는 권리를 말한다고 정의해 두자(오문완, 2004a).

(7)

그런데, 아무리 노동권이 확보된다고 해도 일자리가 없으면 노동권이라는 것도 실체 없는 형식상의 권리로 전락하고 만다. 때문에 일자리가 없다면 생존 수단이라도 주어져야 한다는 것으로 노동권은 확장될 수밖에 없다.

II

인권이라는 잣대

1. 인권의 개념과 성격

일의 문제를 인권의 시각으로 접근할 때 그 소중함을 실감할 수 있다. 인권이라는 게 사람이 태어나서 죽기까지 존엄성을 유지할 수 있도록 해주는 틀이기 때문이다. 이를 좀 더 부연해 보자면 아래와 같이 정리할 수 있겠다.

1) 인권이란?

인권(Human Rights)이란 무엇인가라는 물음에 대한 명확하고도 확정된 대답을 발견하기란 쉽지 않다. 이는 인권의 개념과 범주가 폐쇄적인 것이 아니라, 시대적·사회적 조건 속에서 규정되는 것이며 인권을 확장하고 새로운 인권개념을 창조해나가는 인권운동의 역사 속에서 새롭게 늘 변화되고 풍부해지는 역동적인 것이기 때문이다.

다시 말하면 인권의 개념에서부터 인권의 주체, 인권의 내용과 범주는 늘 지배세력과 피지배세력 간의 긴장관계 속에서 변화되어 왔으며, 인간의 존엄성과 자유와 평등을 진정으로 구현해나가려는 노력 속에서 새롭게 정의되고 확장되어 온 것이다(최민식, 2008: 12).

인권은 일용할 양식이라고 묘사하기도 하는데(안경환 전 국가인권위원회 위원장) 바로 이러한 이치를 설파한 것이라 할 수 있겠다. 우리 헌법은 제10조에서 '인간으로서의 존엄과 가치'를 최고의 가치로 명시하고 있는 바, 바로 이 조항이 인권을 실정법화하고 있는 것이라고 하겠다.

2) 인권의 성격

이러한 인권은 다음과 같은 속성을 지니고 있는 것으로 설명된다(최민식, 2008: 12-15).

① 인권은 기본적이고 필수적인 권리
② 인권은 보편적 권리
③ 인권은 국가권력의 정당성을 판단하는 기준
④ 인권은 실정법상의 한계를 뛰어넘는 권리
⑤ 인권의 상호의존성
- 세계인권선언 29조(다른 사람의 권리와 자유를 존중할 세계시민의 의무 명시)
⑥ 인권의 상호불가분성
⑦ 인권은 사회 변화의 원동력

2. 인권의 역사

1) 근대의 권리선언, 1948년 UN의 '세계인권선언'

(1) 권리선언

① 영국, 1689 권리선언(권리장전) - 군주의 권리 제한/ 의회 입법권 확립

② 미국, 1776 독립선언서 - 평등/생명/자유/행복의 추구/저항권 (…우리는 다음의 것을 자명한 진리라고 생각한다. 모든 사람은 평등하게 태어났으며, 조물주로부터 양도할 수 없는 권리를 부여받았다. 그 권리 중에는 생명, 자유, 행복의 추구가 있다. 이 권리를 확보하기 위해 인류는 정부를 조직했으며, 이 정부의 정당한 권력은 인민의 동의로부터 유래한다. 어떠한 형태의 정부이든 이러한 목적을 파괴할 때에는 언제든지 정부를 변혁 내지 폐지하여 인민의 안전과 행복을 가장 효과적으로 가져올 수 있도록 그러한 원칙에 기초를 두고 그러한 형태로 기구를 갖춘 새로운 정부를 조직하는 것이 인민의 권리이다.)(스페파니 슈워츠 드라이버, 2005: 75),

1789(1791) 미국권리장전(연방헌법 수정조항 10개조)
(수정 헌법 제1조: 연방의회는 국교를 정하거나 자유로운 종교행위를 금지하는 법률을 제정할 수 없다. 또한 언론 또는 출판의 자유나, 인민이 평화롭게 집회할 수 있는 권리 및 민원의 해결을 위하여 정부에 청원할 권리를 제한하는 법률을 제정할 수 없다.)(미셸린 이샤이, 2005: 152).

③ 프랑스, 1789 대혁명과 '인간과 시민의 권리선언' - 평등/자유/재산/안전/저항권 (제2조: 모든 정치적 결사의 목적은 인간의 자연적이고 침해할 수 없는 권리를 보존하는 데 있다. 그 권리는 자유권, 재산권, 안전권, 압제에 대한 저항권이다.)(미셸린 이샤이, 2005: 154).

(2) 세계인권선언

인권을 가장 온전하고 통합적인 모습으로 제도화한 것은 1948년 UN의 '세계인권선언'(그래서 여러 책에서 인권의 시점을 1948년으로 잡고 있다.)

예컨대 미셸린 이샤이는 다음과 같이 말한다: "극히 다양한 문화, 종교, 정치 전통에서 공통된 인권의 표현방식을 도출해내는 것, 그것이 바로 (유엔)인권위원회의 수임 사명이었다. 인권위원회의 위원들은 새로운 보편 윤리를 찾는 과정에서, 인권철학 전통의 역사가 '좁은 서구의 전통의 범위'를 벗어나 폭넓게 존재하며, 동서양을 막론하고 인권의 탄생이 철학의 탄생과 함께 한다는 점을 강조하였다. 이런 뜻에서 인권위원회는 선언문 기초 작업에 착수할 때부터 원칙을 세워 보편적 인권이 18세기 유럽 계몽주의에서 기원한 서구의 발명품이라는 가정을 거부하였다. 그 대신 위원들은 계몽주의 인권 사상가들에게 영감을 불어넣어 주었던 공동선에 대한 어떤 보편적 관념을 확인하기 위해 전세계의 위대한 종교·문화 전통을 찾아 나섰던 것이다. 이러한 오랜 토론의 결과가 1948년 12월 10일, 인류 역사 속에서 발전해온 세속적·종교적 인권개념을 집대성한 최고의 국제 인권문헌인 「세계인권선언」의 채택으로 이어졌다."(미셸린 이샤이, 2005: 56).

그러나 모두가 다 그러한 평가를 하는 것은 아니다. 미국정부문서보관소를 비롯한 여러 나라의 문서를 실증적으로 조사 분석한 커스틴 셀라스는 세계인권선언이라는 것도 미국의 세계(지배)전략의 하나일 뿐이라고 한다. 인권이라는 것 자체가 정치의 도구라는 것이다: "인권은 흔히 추상적인 도덕성의 차원에서 논의되지만, 다른 정책들과 마찬가지로 정치라는 토대에 발을 딛고 있으며 똑같은 규칙의 지배를 받는다. 정부는 그럴듯하게 들리는 인도주의 정책을 선보이고, 다른 나라의 인권탄압 행위를 공개적으로 비난한다. 그러나 그 정부도 필요할 경우에는 그들과 똑같은 행위를 저지르고 인권을 무시한다. 인권운동가들은 항상 정치인들에게 선택적인 인권정책을 지양하고, 탄압을 억제하기 위해 '더' 많은 노력을 기울이라고 촉구한다. 일리가 있는 비판이지만, 정치인들에게는 탐탁치 않은 이야기다. 정치에서는 실리주의가 지배한다. 그들에게 '더'라는 것은 대개 '같은 것을 많이 한다'는 것을 뜻한다. 존 F. 케네디의 금언을 인용하자면, 정부는 '인권을 위해 정부가 무엇을 할 수 있는가'를 묻는 것이 아니라, '인권이 정부를 위해 무엇을 할 수 있는가'를 묻는다."(커스틴 셀라스, 2003: 22-23).

하지만, 셀라스 역시 인권 담론의 중요성에는 동의한다: "오늘날 인권은 더 이상 꿈같은 이야기가 아니다. 인권은 현대 정치담론의 공용어(lingua franca)가 되었다. 9·11의 여파가 어디까지 이어질지, 미래를 사로잡을 이슈가 무엇이 될지는 아무도 장담할 수 없다(이 글을 쓰고 있는 지금은 반테러리즘이 가장 큰 화두이다). 그러나 한 가지는 확실하게 말할 수 있다. 인권만큼 모든 사람들이 공감하는 도덕적 호소력을 지닌 것은 아무것도 없다는 사실이다. 더 강력한 대안이 나타나지 않는 한, 인권은 당분간 서방의 의제를 주도하는 핵심적인 역할을 이어갈 것이다."(커스틴 셀라스, 2003: 350-351).

이러한 인권 담론의 중요성을 인정한다면 결국 보편적 인권의 필수요소인 안전·시민·사회·경제적 권리와 부합하면서 화해를 향한 장기적 접근을 가능케 해주는, 인권의 통합적 세계관 창출이 무엇보다 중요하다는 데 의견의 일치를 볼 수 있을 듯하다. 그리고 (미국식의)일방적 세계전략이 아니라 UN과 다자간 국제기구, 그리고 현지NGO를 통한 노력이라는 일반원칙을 인권정책의 기본으로 받아들이는 것(미셸린 이샤이, 2005: 599-600)이기도 하다.

〈표 1-1〉 국제인권법상 인정되는 인권목록

1	차별금지	31	휴식, 여가, 유급휴가
2	생명권	32	적절한 생활수준
3	자유와 인신의 보호	33	교육
4	노예화 예속 금지	34	문화생활에의 참여
5	고문 금지	35	자기결정권
6	법적 인격 인정	36	어린이, 청소년의 보호와 지원
7	법의 평등한 보호	37	굶주림으로부터의 자유
8	법적 구제	38	보건, 의료 권리
9	자의적 체포, 구금, 추방 금지	39	피난처를 구할 권리
10	독립적이고 불편부당한 재판	40	소유권
11	유죄로 판결날 때까지 무죄추정	41	의무교육
12	소급입법 금지	42	자유를 박탈당했을 경우 인도적 처우
13	사생활, 가정(home), 통신의 자유	43	채무를 근거로 한 구금 금지
14	거주, 이전의 자유	44	법에 규정된 경우에만 외국인 추방
15	국적 보유권	45	전쟁책동 및 차별선동 금지
16	결혼과 가족구성	46	소수문화 보호
17	가족의 보호와 지원	47	사적 의무 위배를 근거로 한 구금 금지
18	자유로운 동의에 의한 결혼	48	공공 서비스 접근권
19	결혼생활 내의 남녀평등	49	민주주의
20	사상, 양심, 종교의 자유	50	문화, 학술 활동에의 참여
21	견해와 의사표현의 자유	51	지적 소유권 보호
22	언론의 자유	52	권리를 보장할 국제적, 사회적 질서
23	집회의 자유	53	정치적 자기결정권
24	결사의 자유	54	경제적 자기결정권
25	통치에의 참여	55	여성의 권리
26	사회보장권	56	사형제도 금지
27	노동할 권리	57	인종차별 정책 금지
28	강제노동 금지	58	성적 지향 자유
29	공정하고 양호한 노동 조건	59	양심적 병역거부
30	노동조합	60	장애인 권리

자료 : 조효제(2007: 115)

* 역량이론 : 너스봄과 아마티아 센은 개도국 발전론을 연구하면서 문화와 전통을 뛰어넘어 인류에게 공통적으로 존재하는 인간으로서의 기능을 실증적으로 조사하여 그것을 '핵심적 기능'이라고 불렀다. 그러한 핵심적 기능을 가능하게 하는 것이 '핵심적 역량'(central capabilities)이다. 핵심적 역량은, 인간의 기능을 위해 필요하고 다음 단계의 인간발전을 위해 도구적으로 가치 있을 뿐만 아니라 그 자체로 목적이 되기도 한다. 미리 정해진 인간 욕구의 패키지를 타문화에 강요하지 않겠다는 것이다.(조효제, 2007: 124-125).

〈표 1-2〉 역량이론과 세계인권선언

핵심적 역량	핵심적 역량의 내용	세계인권선언
① 생명	·정상적인 생애주기 동안 생존 ·생존할 가치가 없을 정도로 열악한조건에 놓이지 않기	3조 : 생명권
② 신체의 건강	·재생산권을 포함한 건강 ·적절한 영양 ·적절한 주거	25조 : 건강과 안위에 적합한 정도의 생활수준을 누릴 권리
③ 신체의 보존	·이동의 자유 ·폭력으로부터의 자유 ·성적 욕구 충족 ·재생산 선택권	3조, 4조, 5조, 13조 (그러나 1948년 당시에는 가정폭력, 성적 충족, 재생산권 개념 없었음)
④ 지각, 상상력 사고	·감각기관 사용, 활용, 계발 ·사유할 능력 ·문자해독, 기초적 수리능력 ·상상력의 경험 및 표출 ·의사표현의 자유: 정치, 예술, 종교 ·기쁨의 경험 ·고통의 회피	18조 : 사상, 양심, 종교의 자유 26조 : 교육받을 권리 27조 : 문화활동 참여 권리
⑤ 감정	·타인과 관계 형성 ·사랑, 보살핌 ·희로애락 표현 ·감정발달에 대한 억압 없기	12조 : 프라이버시 권리 16조 : 결혼 권리 (그러나 핵심적 역량에 비해 미약함)

구분		내용	세계인권선언
⑥ 삶에 대한 비판적 성찰		·선악의 개념 ·자기 삶의 계획 ·양심가 종교	18조 : 사상, 양심, 종교의 자유
⑦ 결속 욕구	A 타인과 교류	·사회적 상호작용 ·정의와 교우 ·사회적 결속을 가능케 하는 제도 ·결사의 자유 ·의사표현	1조 : 형제애의 권리 18조 : 사상과 양심의 자유 19조 : 의사표현의 자유 20조 : 평화로운 집회 및 결사 29조 : 공동체에 대한 의무, 타인의 권리 존중
	B 존중	·자기 존엄성 ·가치 있는 존재로 대우받기 ·차별 없이 살기	1조 : 평등한 존엄성과 평등한 권리 2조 : 차별금지
⑧ 인간 외 존재		·동식물, 자연과 더불어 살아가기	28조 : 권리를 실현하는 것이 가능한 사회체제에서 살 권리 (함축적으로만 표현됨, 세계인권선언에 부족한 내용)
⑨ 유희		·웃음 ·놀이 ·여가	24조 : 휴식과 오락 권리
⑩ 자기 상황에 대한 통제력	A 정치적	·삶에 영향을 주는 정치적 과정에 참여 ·정치적 선택권 ·결사의 자유, 발언할 자유	21조 : 정치 참여권 19조 : 의사 표현의 자유 20조 : 집회 및 결사의 자유
	B 물질적	·소유할 수 있기 (동산과 부동산) ·직업을 갖기 ·이유 없이 자기 물건을 압수당하지 않기	17조 : 소유권 23조 : 일할 권리 12조 : 프라이버시 보호

자료 : 조효제(2007: 126-127)

2) 중세의 대헌장

인권의 기원을 이보다 더 앞당겨 대헌장(Magna Carta Libertatum, 1215)에서 찾기도 한다. 대헌장이라는 게 귀족의 놀음이 아니냐 하는 반론도 있지만, 당시 권리의 주체는 왕에서 간신히 귀족도 포함돼 갈 때라 현재와 같은 평면에서 논의하기는 어렵다.

(인신의 자유의 중요성은 기본권의 역사를 보아도 금방 알아챌 수 있다. 대부분의 헌법교과서는 인권 혹은 기본권을 설명할 때 1215년의 대헌장(Magna Carta Libertatum)에서부터 시작한다. 대헌장은 영국의 귀족과 성직자들이 자신들에 대한 국왕의 과세권에 대해 항의하여 자신들의 동의 없는 과세를 저지하기 위해, 그리고 인신구속절차에 대해서도 일정한 권리를 주장하기 위해 국왕과 맺은 협약이었다. 대헌장은 처음부터 일반시민을 대상으로 한 것은 아니었지만 점차 그 적용범위를 확대해가게 된다. 이것은 특히 17세기의 청교도혁명(1642~1646)과 명예혁명(1688)을 거쳐 시민혁명기에 집중적으로 이루어졌다. 1679년의 인신보호법(Habeas Corpus Act)과 1689년의 권리장전(Bill of Rights)이 그 대표적인 예인데 이들 입법을 통하여 근대적 기본권의 원형인 인신의 자유가 탄생하게 되었다.)(김유미 외, 2008: 147).

3) 고대의 인권 담론

(1) 안티고네

고대에는 소포클레스의 희곡 '안티고네'가 대표적인 얘깃거리가 된다. 법학에서는 실정법과 자연법의 관계를 논하는 매개가 되는 이야기이다. 이 이야기는 신권(神權) 이야기지 무슨 인권 이야기냐고 반론을 제기할 사람도 있겠지만, 당시에는 인간은 관심의 대상이 아니었기 때문에 신권이 현대판 인권이라고 볼 수 있겠다.

110
안티고네
알고 있었습니다. 공지사실인데 어찌 모를 리가 있겠습니까?

크레온
그런데도 너는 감히 법을 어겼단 말이냐?

안티고네
네, 그 포고를 나에게 알려 주신 이는 제우스가 아니었으며,
하계(下界)의 신들과 함께 사시는 정의의 여신께서도
사람들 사이에 그런 법을 세우시지는 않았기 때문이지요.
나는 또 그대의 명령이, 신들의 확고부동한 불문율(不文律)들을
죽게 마련인 한낱 인간이 무시할 수 있을 만큼,
강력하다고는 생각지 않았어요.
왜냐하면 그 불문율들은 어제 오늘에 생긴 것이 아니라
영원히 살아 있고, 어디서 왔는지 아무도 모르기 때문이지요.
나는 한 인간의 의지가 두려워서 그 불문율들을 어김으로써
신들 앞에서 벌받고 싶지가 않았어요.

113
안티고네
나는 서로 미워하기 위해서가 아니라 서로 사랑하기 위해서
태어났어요.

120
크레온
누구든지 도시를 세운 자에게는 큰 일이든 작은 일이든,
옳은 일이든 옳지 않은 일이든 마땅히 복종해야 한다.

(소포클레스, 2005: <안티고네>)

(2) 함무라비 법전의 복수법리(Talion principle): 동해보복(同害報復)

196. If a man put out the eye of another man, his eye shall be put out.

197. If he break another man's bone, his bone shall be broken.

198. If he put out the eye of a freed man, or break the bone of a freed man, he shall pay one gold mina.

199. If he put out the eye of a man's slave, or break the bone of a man's slave, he shall pay one-half of its value.

200. If a man knock out the teeth of his equal, his teeth shall be knocked out.(EAWC Anthology: Hammurabi's Code of Laws, 2008).

이 함무라비 법전의 동해보복의 법리는 당시 보편적으로 인정을 받고 있었던 듯이 보이는데, 유대교에서도 마찬가지였다.

(탈출기 21:24-25)

18 사람들이 서로 다투다 한 사람이 상대방을 돌이나 주먹으로 때려, 그가 죽지는 않고 자리에 눕게 되었을 경우,

19 그가 나중에 일어나서 지팡이를 짚고 밖을 돌아다니게 되면, 때린 자는 벌을 면한다. 다만 그동안의 손해를 갚고, 나을 때까지 치료해 주어야 한다.

20 어떤 사람이 자기 남종이나 여종을 몽둥이로 때렸는데, 그 종이 그 자리에서 죽었을 경우, 그는 벌을 받아야 한다.

21 그러나 그 종이 하루나 이틀을 더 살면, 그는 벌을 받지 않는다. 종은 주인의 재산이기 때문이다.

22 사람들이 서로 싸우다 임신한 여자와 부딪쳤을 경우, 그 여자가

유산만 하고 다른 해가 없으면, 가해자는 그 여자의 남편이 요구하는 대로 벌금형을 받아야 한다. 그는 재판관을 통해서 벌금을 치른다.
23 그러나 다른 해가 뒤따르게 되면, 목숨은 목숨으로 갚아야 하고,
24 눈은 눈으로, 이는 이로, 손은 손으로, 발은 발로,
25 화상은 화상으로, 상처는 상처로, 멍은 멍으로 갚아야 한다.
26 어떤 사람이 자기 남종의 눈이나 여종의 눈을 때려 상하게 하였을 경우, 눈 대신 그를 자유로운 몸으로 내보내야 한다.
27 그가 자기 남종의 이나 여종의 이를 부러뜨렸어도, 이 대신 그를 자유로운 몸으로 내보내야 한다.[1]

(3) 힌두교

마누[2]와 붓다는 10가지 핵심적인 인간의 자유와 자기규율 또는 인생의 선덕을 위한 원리를 제시하였다.

○ 5가지 사회적 평안
- 폭력으로부터의 자유(아힘사, 불살생/비폭력)
- 결핍으로부터의 자유(아스테야)
- 착취로부터의 자유(아파리그라하, 무소유)
- 요절하는 것으로부터의 자유(암리타트바)
- 질병으로부터의 자유(아로기아)

○ 5가지 선덕/규율
- 불관용의 억제(아크로다)

---

1)http://www.cbck.or.kr/page/bible_content.asp?p_code=K6100&GS=G&Bible=02&Jang=21&x=29 &y=9. (2008.7.22. 검색)
2) 인도 전설에 나오는 존재로 「베다」를 만든 인류의 조상.

- 자비(부타다야, 아드로하)
- 지식(즈나야, 비드야)
- 양심의 자유
- 공포·좌절·절망으로부터의 자유(프라브르티, 아브하야, 드르티)

(미셸린 이샤이, 2005: 60).

(4) 불교

인간의 내적인 고통 즉 고제(古諦, 두카)와 함께, 보편적인 동정심을 내포하는 개념으로서 자기를 잊는 경지 즉 무아(無我, 아나트만)의 개념이 중요하다. 붓다는 극단적인 쾌락과 극단적인 고행 사이의 중도(中道)를 제창했는데 그의 궁극적인 지향은 해탈, 즉 모든 중생이 고(苦)와 업(業)으로부터 자유로운 경지(니르바나)에 도달하는 것이었다.

(미셸린 이샤이, 2005: 61)

(5) 유교

공자께서 말씀하셨다. "군자는 도를 추구하지, 먹을 것을 추구하지 않는다. 농사를 지어도 굶주림이 그 가운데 있지만, 공부를 하면 녹이 그 가운데 있게 된다. 군자는 도나 걱정하지, 가난을 걱정하지 않는다."

子曰: 君子謀道, 不謀食. 耕也, 餒在其中矣, 學也, 祿在其中矣. 君子憂道, 不憂貧.

(논어 위령공 31절)

공자께서 말씀하셨다. "진실로 제 자신이 바르다면, 정치에 종사하는 게 무슨 문제가 있겠는가? 제 자신을 바르게 하지 못한다면, 어떻게 남을 바르게 할 수 있겠는가?"

子曰: 苟正其身矣, 於從政乎何有? 不能正其身, 如正人何?

(논어 자로 13절)

계강자가 공자에게 정치에 대하여 물으면서 말하였다. "만약 무도한 자를 죽임으로써 올바른 도로 나아가게 한다면 어떻겠습니까?" 공자께서 대답하셨다. "선생께서 정치를 하시는 데 어찌 살인할 필요가 있겠습니까? 선생께서 선하여지기 바라면 백성도 선하여지는 것입니다. 군자의 덕이 바람과 같다면 소인의 덕은 풀과 같은 것이라, 풀 위에 바람이 불면 반드시 쓸리게 마련입니다."

季康子問政於孔子曰: 如殺無道, 以就有道, 何如? 孔子對曰: 子爲政, 焉用殺? 子欲善 而民善矣. 君子之德風, 小人之德草, 草上之風必偃.

(논어 안연 19절)(김학주 역주, 2003: 335, 349, 407),

(6) 기독교

26 여러분은 모두 그리스도 예수님 안에서 믿음으로 하느님의 자녀가 되었습니다.
27 그리스도와 하나 되는 세례를 받은 여러분은 다 그리스도를 입었습니다.
28 그래서 유다인도 그리스인도 없고, 종도 자유인도 없으며, 남자도 여자도 없습니다. 여러분은 모두 그리스도 예수님 안에서 하나입니다.
29 여러분이 그리스도께 속한다면, 여러분이야말로 아브라함의 후손이며 약속에 따른 상속자입니다.

(갈라티아 신자들에게 보낸 서간 3: 26-29)

6 사실 그리스도 예수님 안에서는 할례를 받았느냐 받지 않았느냐가 중요하지 않습니다. 사랑으로 행동하는 믿음만이 중요할 따름입니다.

(갈라티아 신자들에게 보낸 서간 5: 6)[3)]

(7) 이슬람교

꾸란의 가르침은 이슬람교보다 더 오래된 여타 종교의 윤리적 가르침과 흡사한 보편적 메시지를 전하고 있다.

"하느님은 그대에게 그 이전에 계시된 것을 확증하고 증언하며 성서를 계시하나니 하느님이 계시한 것으로 그들을 재판하되 정의에서 벗어난 그들의 요구에 따르지 마라. 하느님은 너희 각자에게 율법을 주었나니 하느님의 뜻이라면 너희에게 공동체를 형성케 하려 함이라. 그러나 그분은 그것으로 너희를 시험하려 함이니 선행에 경주하라. 너희의 모든 것은 하느님께로 귀의하며 너희가 달리하고 있는 것에 대하여 밝혀주시리라."

(꾸란 제5장 마이다: 48).(미셸린 이샤이, 2005: 71).

4) 인권 담론의 단절?

15세기 말엽만 하더라도 인도, 중국, 이슬람권은 서구의 수준과 비등하거나 서구보다 우월했을 뿐만 아니라 그 하나하나가 전세계적 주도세력이 되기에 결코 손색없는 유력한 후보들이었다. 그런데 왜 이들 문명이 서구와 비교해 보편적 인권 윤리를 성공적으로 확산시키지 못했을까? 그것은 다음과 같은 이유 때문이라고 생각된다.

---

3)http://www.cbck.or.kr/page/bible_content.asp?p_code=K6100&LGB1=A&GS=S&Bible=55&Jang=5&x=21&y=6. (2008.7.23. 검색)

① 인도: 카스트 제도로 인해 봉건 유럽보다 직업간 이동이 경직되었을 가능성
② 중국: 명나라 때 점차 해상 진출로부터 자발적으로 후퇴
③ 이슬람권: 오토만 제국의 구조적 취약성(문화, 법률, 윤리의 영향력 약화)

그리고 서구가 흥기한 원인은 다음과 같이 설명할 수 있다.

① 종교개혁: 이성적 사고에 기반
② 과학의 발전: 개인의 가치와 인간의 이성적 능력 신봉
③ 중상주의의 발흥: 국가 통합, 신세계의 발견, 식민지 개척, 중상주의적 수탈(과거의 사회적 유대 해체, 도시로의 권력 이동)
④ 국민국가의 공고화
⑤ 혁명적 중산층의 대두(미셸린 이샤이, 2005: 128-143).

3. 주요 쟁점

1) 인권은 자연법상의 권리인가?

(1) 자연법과 자연권

자연의 이치 law of nature
자연법 natural law : 소포클레스의 <안티고네>

① 자연법은 절대자와 피조물 사이의 관계이므로 피조물인 인간들 사이에서는 원칙적으로 지배-복종 관계가 성립될 수 없다(평등).
② 절대자로부터 생명을 부여받은 인간은 이 땅에서 열심히 노

력하고 살아갈 의무가 있다(생명).

③ 모든 인간은 타인을 존중하고 타인이 자연법에 따라 살아가도록 도울 의무가 있다(인간 존중)(조효제, 2007: 51).

칸트의 기여

① 칸트는 인권을 정당화할 수 있는 근거를 인간 외부에서 찾지 않고 인간 내부에서 찾았다(도덕적 자아 moral self).

② 인권을 관장하는 원칙을 제시했다(정언명법定言命法).

③ 칸트는 인권을 국제화→2차 인권혁명기에 구체화

(2) 사회계약이론과 자연권

〈표 1-3〉 사회계약론과 권리이론

	홉스(1588~1679)	로크(1632~1704)	루소(1712~1778)
이론의 역사적 배경	·영국 내전(1642~1651)의 경험 반영	·영국 명예혁명(1688)의 사후적 정당화	·프랑스혁명(1789)이전
권리의 역사적 기원	·자연상태에서 만인이 생명보존권 보유 ·자연상태의 소유권 언급 없음	·자연상태에서 생명권, 자유권, 소유권 존재	·자연상태에서 권리는 없고 단순 소지만 존재 ·사회계약을 통해 단순 소지가 소유권으로 확정
권리의 종류	·육체적 생명보존권	·생명권, 자유권, 소유권	·평등, 박애
핵심 권리	·생명 보존권	·소유권	·평등권
보편적 권리 개념	·모든 사람에게 해당	·모든 사람에게 해당	·특정 사회의 일반의지가 사회구성원의 권리 결정 ·특정 정치공동체의 시민권
타인과의 관계	·인간은 본성상 평등 ·그러나 자연상태에서 경쟁관계 ·자기 생명보존 위해 어떤 행위도 정당화됨	·자연상태에서 타인을 지배할 자연권 없음 ·자연상태에서 자연법의 적용받음	·전체 공동체의 복리를 위한 박애 ·직접민주주의를 위해 다함께 권리와 의무 보유

개인의 자유	·생명보존 위해 주권자에게 개인자유 완전히 위임 ·궁극적 생명보존권만 개인이 유지	·개인자유를 주권자에게 완전히 위임하지 않음 ·소유권 행사할 자유	·정치적, 경제적 평등이 있어야 개인자유 가능 ·직접 참여해서 만든 법을 준수할 자유
국가와 권리의 관계	·개인권리 포기가 국가성립의 전제조건	·개인권리 보장이 국가성립의 전제조건	·전쟁 시 민간인의 권리 보장
통치와 입법의 주체	·강력한 주권자	·재산 소유자가 일반이익 대변 ·재산 소유자는 입법과정에서 국가의 개인재산 개입을 차단	·재산 소유한 모든 남성 시민이 입법에 직접 참여
선호한 정치 체제	·절대군주제	·입헌군주제	·직접민주주의
국가에 대한 태도	·절대적으로 정당	·대부분 정당 ·예외적으로 저항권 인정	·어떤 국가도 정당하지 않음 ·미래지향적 계약이론
후대 인권에 의 영향	·국제인권규약 B규약 4조 비상사태시 위반불허 조항	·미국독립선언 ·프랑스인권선언 ·세계인권선언	·프랑스 인권선언 ·세계 인권선언
오용될 경우의 위험	·권위주의적 인권탄압 정당화	·자본주적의 소유권 극단적 강조	·집단적 논리로 개인권리 경시

자료 : 조효제, 인권의 문법, 후마니타스, 2007, 66-67쪽

(3) 혁명과 '인간의 권리'

미국독립선언 - 로크 사상 반영

프랑스 인간과 시민의 권리 선언 - 루소 사상 반영

(4) 자연권에 대한 격렬한 반발

자연권에 대한 반발이 터져 나온 후 19세기 후반부터 20세기 중엽까지 인권이론은 동면기에 접어들게 되었다. 하지만 그 동안에도

인권운동은 계속 진행되었다(운동이 이론을 앞설 수 있음을 증명한 시기)

〈표 1-4〉 자연권 비판이론

	보수주의	공리주의	사회주의	사회과학
자연권 비판의 핵심	·이성, 자연법적 근거에 의한 절대적 권리	·전 사회의 합목적적 이익에 어긋나는 개인주의 ·비과학적 근거	·부르주아적 이기주의 ·단자적인 개인의 사익	·형이상학적 존재로서의 인간상
지향점	·세대간 전통의 지혜	·법실증주의 ·효용원칙에 근거한 이타주의	·종적 존재로서 연대하는 인간	·사회를 형성하는 힘을 역사, 과학적으로 분석
대표적 인물	·버크	·벤덤	·마르크스	·콩트 ·스펜서 ·뒤르켕
이론의 계승자	·오크쇼트 ·미노그	·오스틴 ·하트	·클레네르 ·파슈카니스	·현대 구조주의 사회과학

자료 : 조효제(2007: 87)

(5) 권리로서의 인권

〈표 1-5〉 권리이론의 분석

	권리와 의무	인권의 정당화		인권의 법적 지위 및 핵심 기능	
	호펠드의 권리이론	자유의지이론	이익이론	'으뜸패'이론	'보호캡슐' 이론
권리의 주체	·주체적 자유의지와 선택권을 요구하는 '개인'을 강조	·주체적 자유의지와 선택권을 요구하는 '개인'을 강조	·개인, 집단, 미성년자 모두 해당 ·환경 및 비인간 실체에도 해당	·주체적 자유의지와 선택권을 요구하는 '개인'을 어느 정도 강조	·개인 ·집단
권리의 내용	·청구권 ·자유권 ·권한 ·면책	·선택권 ·자율성 ·추상적개인 자유 강조	·권리대상을 이익, 편익, 가치로 개념화 ·일부 추상적 개인 자유 인정	·개인의 평등성 우선 ·개인의 청구권	·선택권과 복지권

권리의 영향력	·법적 계약관계 ·권리, 의무 정확히 대응	·민주화민주제도에 상응 ·시민적, 정치적 권리	·미발전	·공리적, 사회정책적 고려에 우선하는 권리 ·이를 위한 법제도 필요성 강조	·인권의핵심적 기능이 인권을 특수한 개념으로 승격시킴 ·우선권 ·보호캡슐 ·행동유발

자료 : 조효제(2007: 112)

2) 비판담론 1: 사회주의

(1) Marxist(Steven Lukes)

① 마르크스주의는 불의와 억압의 종식을 주장

② 불의와 억압에 대항하기 위해 인권과 정의에 큰 의미를 두지 않는다. 인권은 잘해야 해방으로 가는 곁가지, 잘못하면 해방을 가로막는 방해물

③ 인권이 존중되는 사회가 아닌 인권요구가 원천적으로 필요 없는 해방된 사회를 원함

(2) 사회주의와 자유주의적 인권의 공존 가능성(Tom Campbell)

① 사회주의 인권은 사회적 존재인 인간의 욕구를 보호하고 증진
- "능력에 따라 일하고, 욕구에 따라 분배 받는다"는 명제로부터 도출
- 현대 인권의 일부로 확고하게 자리 잡은 경제적 · 사회적 권리와 사회복지론의 기본관점과 조화

② 각 개인의 권리주장을 정치적 · 법적으로 어떻게 규정하고 조정할까 하는 문제보다 사회적 협력을 어떻게 조직해 낼 것인

가에 관심

③ 타인의 침해를 막는 장치가 아닌 조화로운 공동체적 삶을 보장하기 위한 장치로서 권리를 이해

④ 권리와 의무를 반대 개념으로 보지 않고 모든 사람이 권리를 가지려면 당연히 그것에 상응하는 '대응의무'도 함께 져야한다는 것을 전제(예 : 노동할 권리, 노동할 의무)

⑤ 사회주의권에도 권리 간의 충돌과 의무이행을 감시하고 교정하는 제도적 장치가 있지만 그런 장치들이 자본주의권의 법체계처럼 전문적/권위적이지 않음(조효제 2007: 158-159).

3) 비판담론 2: 페미니즘

(1) 페미니즘 이론들의 동의점

① 사회제도의 남성 지배적 시스템의 타파
② 여성의 사회적 지위와 역할의 변화
③ 불평등한 젠더관계 해소로 남성과 여성이 함께 해방
④ 이를 위해 대중의 의식고양과 법, 제도, 관행의 변혁이 필요

(2) 공적영역과 사적영역

- 근대 인권철학의 아버지 '로크'는 [통치론]에서 정치적 권위와 아버지의 권위를 구분하고 정치적 영역은 공적영역, 가정은 철저히 사적영역으로 구분하여 가족영역에서는 개인의 이익과 가족전체의 이익이 같다고 보고 큰 갈등이 없을 것이라고 가정함으로서 사적영역에 국가개입의 불필요성을 주장

- 국가의 이중성: 여성이 국가의 보호를 필요로 할 때 사적영역을 무시(가정폭력, 가사노동 등)하고 여성의 모성, 양육, 섹슈얼리티, 자가 몸의 통제권 등에 대해선 적극 개입
- <표 1-6>에서 보듯이 공적/사적 영역의 모든 주체가 함께 책임 의식 가져야

〈표 1-6〉 인권의 가해자와 피해자

인권 가해자	인권 피해자			
	개인	연고집단 및 특정 개인들	비연고집단 및 개인들	모든 사람
국가	① ·불공정한 법집행 ·고문 및 가혹행위 ·수감자 가혹행위	② ·제노사이드 ·인종차별 법제도 ·동성애자 불법화 ·여성투표권 제한 ·공교육에서 젠더, 인종차별	③ ·정치적 결사 자유 제한 ·반대집단에 대한 정치적 탄압 ·노동조합 탄압 및 노동자 권리 제한	④ ·핵실험
비국가 집단	⑤ ·일반인에 대한 무차별 테러공격	⑥ ·제노사이드 ·인종 차별 또는 동성애자 차별 및 폭력 ·민간 영역에서의 비공식 인종차별	⑦ ·기업의 노동자 권리 제한 및 탄압 ·사설 요양원, 장애시설, 기도원 등의 조직적 인권침해 ·직장내 차별 ·조직폭력배	⑧ ·산업공해 ·삼림훼손 ·자원고갈 ·발암물질 제조, 판매
개인 및 가족	⑨ ·가정내 폭력 ·인신매매 거래	⑩ ·여성생식기절제 ·여아매매 ·여아낙태	⑪ ·의료요원의 노약자, 환자 권리 유린 ·프라이버시 침해 ·개인적 인종차별	⑫ 없음

자료 : 조효제(2007: 185)

(3) 자유주의 문제와 새로운 평등

페미니즘의 자유주의 비판

① 자유주의는 개인을 중심에 놓는 세계관

② 추상적이고 형식적인 평등 개념으로 사회현실의 권력관계 소홀

③ 이성만 중시(감정, 욕구, 보살핌 무시)

④ 공적 영역의 자유와 사적 영역의 억압이 공존하는 모순 시스템

하지만, 페미니즘의 주된 비판 대상은 경제적 자유주의이고, 칸트적 자유주의와 밀의 공리적 자유주의는 페미니즘과 대화 가능

① 모든 인간은 자기 인생을 스스로 설계할 수 있는 도덕적 선택 능력 가진 존재

② 남녀노소, 빈부귀천을 떠나 모든 인간이 평등하고 존엄

③ 따라서 인간은 사회와 정치에 대해 일정한 권리를 요구할 자격이 있다

페미니즘은 역사적으로 두 가지 평등이념을 발전시켜옴

① 탈젠더화에 근거한 양성평등 개념(적극적 차별시정조치)

② 욕구의 차이와 권리의 차이를 인정하자는 적극적 평등이론 (차이의 정치, 정체성의 정치)

→ 통상적인 '보편인권' 개념으로 잘 풀리지 않던 특수한 인권 문제 해결 가능성

(4) 새로운 정치의 가능성

① '개인적인 것이 정치적인 것이다': 여성인권운동은 공적, 사적

영역의 분리를 타파(새로운 인권운동, 구조적 불평등에 대항하는 움직임과 연계)

② 여성운동이 철학적 접근보다 삶의 경험을 강조: 지구화를 적극적으로 활용하여 젠더 주류화 전략을 성공적으로 추진(페미니즘 자체를 전 지구적 인권담론의 틀 안에서 재규정)

③ 9 · 11사태 이후 종교적 근본주의와 반테러를 내세우는 군사주의는 극단적 가부장적인 이념으로 가부장제에 대한 투쟁의 이념으로 페미니즘이 변혁적 정치의 가능성을 제시

④ 차이의 정치학에 기초해 여성, 남성 뿐 아니라 모든 사람을 해방시킬 수 있는 이론으로 인권의 보편적 토대가 가능(정치권력은 궁극적으로 유권자와 국민에 대해 책임을 져야 하고, 사회운동은 자기주장의 실질적 정당성 그리고 자신들의 지지기반에 대해 책임을 지면된다)(조효제, 2007: 5장).

4) 비판담론 3: 상대주의

오늘날 인권개념에서 '보편'이라는 말을 빼면 인권이 아닌 것과 다름없을 정도로 '보편적 인권'은 한 묶음으로 이해되고 있다. 애초 세계인권선언이 국제(international) 선언에서 출발해서 보편(universal) 선언으로 귀착(조효제, 2007: 203).

(1) 문화상대주의의 비판과 보편론자의 대응

비판론

① 1970년대 이후 인권의 보편주의에 반대하는 움직임(문화상대주의)

①-1. 메타-윤리적 상대주의 : 비서구 사회에는 윤리적으로 타당

하지 않고, 보편 인권 자체가 서구의 이념적 가치 반영

①-2. 규범적 상대주의 : 인권을 무기삼아 타문화 비판하는 것은 또 다른 식민주의

② 문화 다원주의 : 보편인권은 도덕적 제국주의

③ 정치현실주의 : 국제관계는 힘의 논리

④ 국가주권론 : 타국의 내정 간섭 불가

보편론자의 대응

① 서구에서 나온 개념이라고 해서 인권을 무조건 백안시해서는 안 된다.

② 문화를 단일하고 동질적인 것으로 가정하는 관점도 틀렸다.

③ 거의 모든 나라가 국제인권법에 동의하는 경향을 강대국의 강요 때문이라고만 보는 것도 과도한 해석이다.

④ 보편인권의 이론적 측면에 대한 반감과 공격에도 불구하고 실제로 제3세계가 보편인권의 논리를 제일 잘 활용했다(예: 발전권)

결국:

보편인권 논쟁의 이론적 초점은 유대-그리스도교와 계몽주의 전통에서 탄생한 서구적 도덕성이 모든 문화권에서 보편적으로 타당한가 하는 문제

① 서구적 보편성 개념이 이론적으로 정당한지

② 그것을 타문화에 강요하는 것이 정당한지

③ 비서구권의 문화체계 안에 서구적 인권을 수용할 여지가 있는지

④ 수용한다면 어떤 형태로 수용할 것인지

(2) 합의의 모색

모든 문화권의 공통분모적인 신념과 행동원칙을 찾는 입장

① 최소한의 합의 모델 : 실존적이고 기능적인 비교가 가능한 동형의 등가물(homeomorphic equivalent) 존재 조사

② 절충적 입장 : 인권의 원칙과 실행 사이의 간격을 인정하고 적어도 인권원칙에는 합의 가능, 약한 상대주의와 약한 보편주의는 충분히 서로 합의할 수 있다(Donnelly, 2003)

(3) 문화 간 확장전략

문화 간 대화, 문화 내 성찰을 통한 확장전략

(예) 여성생식기절제FGM 풍습을 어떻게 읽을 것인가

"보편주의적 신조와 교의를 창조하려고 들면 서로 다른 성격의 사회들을 파괴하거나 고사시킬 위험이 있다—따라서 인간 존엄성을 위한 국제적 합의를 도출하려면 신중하게, 열린 마음으로, 복합성을 존중하면서 접근해야 한다"(Mutua, 2002)

1995년 베이징 국제여성대회 <베이징선언> 제32조

1999년 AAA <인류학과 인권에 관한 선언> - 인권의 가치를 큰 틀에서 수용

(4) 다문화적 공존

다원적 보편주의 모델(Parekh, 2006)

① 보편적 가치를 유연하게 규정

② 보편적 가치를 가능한 한 규범의 언어로 구체화
③ 어느 사회의 고유한 제도나 관행을 문화적 가치와 혼동하여 인권침해로 속단하지 않기(예: 이슬람 여성의 베일)
④ 모든 사회가 보편적 가치를 해석하고 우선순위를 정할 자유가 있으므로 그 사회 안에서 문화적 가치를 평가해야(鳥葬↔샤리아법)
⑤ 세계 각 지역별로 보편적 가치를 정의/실행할 수 있는 지역 인권메커니즘 작동

그 구체화는?

- 자신의 문화를 절대시하지 않는 대신 보편적 가치를 자기 문화에 맞게 상대화/맥락화(마하마드 풍자 만화, 살만 루시디 사건)
- 실천을 통한 보편화(법에 기초한 보편주의: 정치적·법적 보편화 기획)
- 인권론자는 '보편'의 이름으로 패권적 지배를 정당화하려는 외부의 움직임을 차단함과 동시에 내부에서는 개방적이고 민주적이고 상호소통적인 대화와 비판을 통해 문화 간 차이를 줄여가야 한다. 결론적으로, 인권을 지키라고 남에게—특히 약자나 과거의 역사적 피해자에게—과시하듯이 요구하기보다 스스로 실천함으로써 도덕적 영향력을 발휘하는 "겸손한 인권", 그리고 보편주의가 아닌 '보편화 가능성'으로서의 인권을 모색하라는 가르침이 문화상대주의가 인권에 선사한 교훈이다(Sajo, 2004). 물론 그러한 모색의 초점이 궁극적으로 정치적 연대와 투쟁으로 모아져야 함은 두말할 필요도 없다.4)

4) 조효제, 인권의 문법, 후마니타스, 2007, 6장 참조.

5) 인권의 범주: 세대별 인권?

(1) 인권의 세대 구분

인권을 세 가지 개념영역으로 나누는 것은 거의 상식화되어 있다.[5] 1세대, 2세대, 3세대 세대별 인권에 흔히 따르는 오해를 짚어보자.

① 1세대 시민적·정치적 권리는 국가가 개인을 괴롭히지 않고 그냥 내버려 두기만 하면 보장되는 소극적 권리이고, 2세대 경제적·사회적 권리는 국가가 팔을 걷어붙이고 개입해야 하는 적극적 권리라는 오해가 있다.

② 시민적·정치적 권리는 국가가 마음만 먹으면 당장 보장할 수 있고 비용이 안 드는 반면, 경제적·사회적 권리는 여러 가지 정책을 펴야 하니 돈 먹는 하마나 마찬가지고 효과가 나타나려면 시간도 많이 걸린다는 오해가 있다.

③ 시민적·정치적 권리는 사법적 조치로 해결 가능한 반면, 경제적·사회적 권리는 사회정책적 조치로만 해결 가능하다고 보는 오해가 있다.

④ 집단권·연대권은 주로 '우리 민족끼리'에만 해당되는 권리라는 오해가 있다.

(2) 인권의 불가분성

인권은 하나의 실체(전체 인권) 안에 세 가지 위격(시민적·정치적 권리, 경제적·사회적, 집단적·연대적)으로 존재

5) 예컨대 Dawn Oliver, Jorg Fedtke eds., Human rights and the private sphere : A Comparative Study, Routledge-Cavendish, 2007, 8쪽.

〈표 1-7〉 인권의 범주와 불가분성

	적극적 차원 (자원투입과 구체적 정책이 필요한 차원)	소극적 차원 (의도적으로 침해하지 않아야하는 차원)
시민적 · 정치적 영역	I ·사법개혁 ·법집행 절차 및 교정시설 개선 ·법집행 공직자 인권교육 ·경찰 처우 개선 ·선거제도 개선 ·과거인권침해사건 조사 및 과거사 정리	II ·고문 및 가혹한 처우 ·자의적 구금 ·초법적 살인 및 '실종' ·불공정 재판 ·선거부정
경제적 · 사회적 영역	III ·보건 ·복지 ·교육 ·기업 등 사적 주체에 의한 인권침해 피해자 구제	IV ·보건, 복지, 교육 영역에서의 젠더, 인종, 나이, 언어 등에 따른 차별관행 및 정책
집단적 · 연대적 영역	V ·과거사 정리, 진실화해배상 ·외채탕감 ·해외개발 원조	VI ·환경훼손 ·지구온난화 ·불공정 무역

자료 : 조효제, 인권의 문법, 후마니타스, 2007, 117쪽

(3) Johan Galtung의 인권 컬러 코드

① 제1차 인권혁명을 주도했던 부르주아들은 청색 인권(The Blue)을 주창했다.

② 노동자·농민·무산계급이 주도한 경제적·사회적 권리운동은 적색 인권(The Red)으로 상징된다.

③ 여성·아동·소수자·이주자·원주민 등이 요구한 권리와 발전권, 환경권, 평화권 등은 녹색 인권(The Green)이라고 부를 수 있다.

④ 비서구권 제3세계에서 내세운 자기결정권과 문화상대주의는 갈색 인권(The Colored)에 속한다.

〈표 1-8〉 한국 근현대사와 인권운동

	억압권력	대항권력	미해결과제	지향점
시민적 · 정치적 권리	① ·권위주의독재 ·정치적 권리 억압	② 정치해방운동 (민주화운동)	③ 회복적 정의 ·과거사정리 ·진실과 화해	④ 청색권리 ·인권 민주주의 ·개인·집단의 자율성
경제적 · 사회적 권리	⑤ ·저발전·빈곤	⑥ 빈곤해방의지 + 노동해방운동	⑦ 분배적 정의 ·불균등 성장 ·경제양극화 ·사회안정망 미비	⑧ 적색권리 ·복지국가 ·노동자 권리 ·지속가능 발전권
집단적 · 연대적 권리	⑨ ·식민 지배 ·민족자결권 박탈	⑩ 민족해방운동 (일제강점기 독립투쟁)	⑪ 자기결정적 정의 ·분단체계 지속 ·전쟁위협 ·평화체제 수립과제	⑫ 녹색권리 ·평화권 ·한반도자기결정권 ·북한에 대한 인도적지원 ·북한 인권개선 ·생태권 ·젠더 등 '차이의 정치' ⑬ 갈색권리 ·제3세계지원 ·이주노동자 권리

자료 : 조효제(2007: 339)

(4) 양극화의 문제 심각

○ 미국의 소득 격차

전체 행렬의 10 퍼센트 수준의 사람 : 18센티미터

전체 행렬의 35 퍼센트 수준의 사람 : 76센티미터

전체 행렬의 50 퍼센트 수준의 사람 : 125센티미터

전체 행렬의 65 퍼센트 선(시간으로는 약 40분) : 175센티미터(평균 소득)

전체 행렬의 92.5 퍼센트 선 : 4.2미터

거의 마지막(99.995 퍼센트) : 284미터(에이프릴 카터, 2007: <옮긴이 머리말>)

○ 2-2-8 인간들

- 한 쌍의 남녀(2)가 일 년에 2주(2)를, 엘로우 스톤 국립공원 근처 잭슨이나 테튼 카운티의 별장(743 평방미터; 8,000 평방피트)의 별장에 머문다.
- 체니 부통령, 울펜슨(전 World Bank 총재), 해리슨 포드 등(마이클 예이츠, 2008: 99-100).

○ 국가의 인권 침해보다 사인(조직 포함)에 의한 인권 침해가 더 문제 상황이고, 특히 세계화, 기술 진보, 은행에 대한 의존 증대 등 때문에 더욱 그러하다. 따라서 사적 관계에서 개개인의 권리 존중할 의무를 부과하여야 하고, 결국은 민주적 정치적 절차를 규정해야 하는데 따라서 노동조합 등 단체가 필요하고 중요하다. 반면에 이들에 대한 통제도 필요하고, 불평등의 해소(감축)가 중요하다(Dawn Oliver, 2007: 20-21),

6) 인권의 작동방식(특히 직접행동 민주주의)

<세계인권선언의 인권 작동방식>

① 평등과 차별금지

② 법·규정에 근거한 접근방식

③ 자율성과 자기결정

④ 인도주의와 평화적 방식
⑤ 민주적 원칙: 참여와 책임성(정치적 책임성과 법적 책임성)
⑥ 공동체 배려와 사회 전체의 복리 고려

4. 마무리: 인권 담론의 특장

① 인권은 처음부터 모든 인간을 상정하는 보편적 개념으로 출발했다.
② 인권은 인간의 평등에 대한 신념에 확고하게 뿌리내린 이념이다.
③ 인권은 탄생 자체가 모든 형태의 억압권력에 저항하는 담론으로 출발했다.
④ 인권은 근대 사회과학의 대명제인 이익에 근거한 신식 이념이자(이익이론), 동시에 규범성과 윤리성을 강조하는 구식 이념이기도 하다.
⑤ 인권은 이념과 사상 중에서 드물게 법적 담론이라는 강력한 무기의 지원을 받고 있다.
⑥ 인권이 지향하는 목표는 구체적이고 현실적이다(최소절대화; Absolmin).
⑦ 인권은 구사회운동과 신사회운동을 잇는 유일한 사회운동 형태다.(조효제, 2007: 334-337)

일할 권리를 인권의 시각에서 접근한다는 것은 여태까지 논의한 인권의 특성과 특장을 일의 영역에서도 구현한다는 것이고, 그것은 여태까지 소홀하게 다루어왔던 일의 문제를 인간의 존엄의 문제로 다루자는 얘기이기도 하다.

III

방법론의 재검토

1. 들어가며

(1)

노동자가 하는 '일', '노동'의 특성(경제학적으로 분석하자면, 다른 상품과는 다른 노동력이라는 상품의 특징)으로는 크게 두 가지를 들 수 있다. 하나는 노동인격이라는 표현에서 보듯이 인격과의 불가분리성이라는 커다란 특징이고, 다른 하나는 노동력은 저장되지 않는다는 하는 (숙명이라고 할만한) 특성이다.

특히 두 번째 특성과 관련하여 각종 노동문제는 시작된다고 볼 수 있다. 그리고 불평등이라고 하는 문제가 그 이면에 가로놓여 있다. 구체적인 인간(사회인; 계급인; Mensch; mankind)으로서의 노동자는 자본재가 없기 때문에 사용자에게 종속될 수밖에 없다는 데서 문제가 시작된다. 노동운동 또는 노동법이 탄생하는 배경과 관련하여 산업혁명기의 영국노동자계급의 상태를 생각해보자. 자본주의 초기의 노동자계급의 상태에 관해서는 예컨대 엥겔스의 「영국 노동자계급의 상태」에 잘 묘사돼 있다.

> 당시에는 16-18시간 노동이 일반적이었고, 6-8세 아동까지 14-16시간 일하고 있었다. 부인노동자는 분만시간에 이르기까지 공장에서 일하고 분만후 3-4일 후에는 다시 공장에 나와 전과 같이 일했다. 그리고 노동자가 사는 거리는 불결하고 황폐하며, 질병, 빈곤, 타락으로 가득 차 있다. 자녀를 둔 여성노동자는 모유를 줄 시간이 없어 자녀에게 마약을 준 후 일하러 나온다고도 한다. 노동자계급의 이러한 상태는 영국에 한정된 게 아니고 미국에도, 독일에도, 프랑스에도 그리고 일본에도 마찬가지였다. 19세기 프랑스노동자의 상태에 관해 연구한 블랑빵(Blanpain)이 지적한 바대로 당시의 노동자들에게 산다는 것은 단지 죽지 않는다고 하는 것일 뿐이었다(外尾健一, 1983: 7-8).

이러한 상황을 타개하기 위해 등장한 것이 노동법이다. 즉 초기자본주의시대와 같이 노동자가 헐벗은 상태에 처해서는 노동력의 재충전은 기대할 수 없고 그것은 곧 나라 자체의 존속을 어렵게 하는 결과를 낳을 염려도 있다. 때문에 국가 차원에서 이러한 불평등을 어느 정도는 바로잡아야 한다는 인식을 하기에 이르렀고 그 결과 나타난 것이 노동보호법(개별적 노동관계법)이다. 한편 노동자 스스로도 단결하여야 사용자와 대등해질 수 있다는 인식을 하게 되고 오랜 단결투쟁의 결과 형성된 것이 노동단체법(집단적 노동관계법)이다.

(2)

그런데 포드주의의 황금시기가 지나면서 상황은 급격히 바뀌고 있다. 그것은 한 마디로 포드주의에서 포스트 포드주의로의 이전에 따른 노동시장의 변화를 어떻게 반영할 것인가 하는 문제라고 할 수 있다. 대량생산과 고임금, 대량소비, 장기고용과 노동운동의 활성화라는 방식이 더 이상은 통하지 않게 되었다는 상황을 어떻게 법체계 속에 수용할 것인가 하는 문제이다.[1]

이러한 현실을 어떻게 분석하여야 할 것인지는 좀더 신중하게 고려하여야 할 문제이다. 그러나 적어도 현재의 상황이 대단한 혼돈기라는 데는 인식의 일치를 보고 있는 듯하다.[2]

(3)

노동운동을 둘러싼 주·객관적 조건도 빠른 속도로 변하고 있다. 1980년대 이래 범지구적인 시장경쟁이 격화되고 있고, 노동비용 삭감과 사회보장 축소를 목표로 하는 각국 정부의 보수적인 정책이 강화되고 있다. 구조적인 실업과 비정규직의 증대는 각국 노동조합의 조직력을 약화시키고, 노동운동으로 하여금 방어적인 태도를 취하게 하고 있다. 이에 따른 대응전략의 일환으로 다른 나라 노총은 노동운동의 이념을 정립하고, 노동조합 스스로를 개혁하기 위한 노력을 기울이고 있다. 독일 노총(DGB)의 '강령 개혁과 조직현대화', 호주 노총(ACTU)의 '전략적 조합주의로의 전환과 직업별 노조 통합', 남아공 코사투(COSATU)의 '사회적 조합주의 정립과 조직강화' 등이 그러하다.

우리나라 노동운동의 근본적인 한계는 '정규직 중심의 기업별 노조'와 '임금인상 중시형 기업별 교섭'에서 비롯된다. 이러한 기업별 노조체계와 교섭방식은 노동자들의 의식과 노조활동을 기업의 울타리에 가두고, 노동운동을 실리적 조합주의 또는 경제적 조합주의

1) 상세한 내용은 이 책 1부 Ⅰ. 2. 참조.
2) 1980년대 중반 일본 노동법이 변화하는 모습을 ① 노동자보호법에서 '노동력 정책법'으로, ② 노동자 개념의 분단축소와 열등노동기준법, ③ '노사자치'의 강조와 노동행정의 후퇴라고 분석한 글로는 脇田 滋, 1995: 9-19; 노동법에 대한 서구의 회의적인 시각을 소개하면서 노동법 패러다임의 변화를 주장하는 글로는 이철수, 1999 참조.

로 이끌고 있다. 실리적 조합주의는 전체 국민의 삶과 직결된 정치적·사회적 쟁점에 대해서는 관심을 기울이지 않는다. 임금인상이나 고용조건과 같이 단기적이면서도 직접적인 조합원의 이익 옹호에만 관심을 기울인다. 실리적 조합주의는 노동자들의 고용조건을 개선하거나 보호하기 위한 단체교섭을 주된 활동 영역으로 한다.

이러한 노동운동의 약점은 '고성장-저실업' 시대에는 결정적인 문제가 되지 않았다. 기업별 교섭으로도 조직 노동자들의 생활조건을 개선할 수 있었고, 미조직 노동자들도 투쟁의 성과를 공유할 수 있었기 때문이다. 그러나 IMF 관리체제가 등장하고 '저성장-고실업' 시대와 구조조정 국면이 본격화되자, 노동운동은 커다란 도전에 직면하게 되었다. 대량실업이 발생하고 비정규직이 확대되면서, 기업별 노조로는 더 이상 조직 확대를 기대할 수 없고, 기업별 교섭으로는 임금인상을 비롯한 노동조건 개선은 물론 정규직의 고용조차 보장할 수 없기 때문이다(신원철, 2003; 강현아, 2004). 만약 노동운동이 이러한 도전에 제대로 대처하지 못하고 일부 조직노동자들의 고용조건 보호·개선에만 활동을 집중한다면 노동운동은 극심한 위기에 봉착하게 될 것이다. 더욱이 저성장-고실업 시대와 구조조정 국면에서 실리적 조합주의는 변화의 거부와 현상의 고수를 의미하며, 사회개혁을 가로막고 노동조합의 사회적 입지를 축소시킨다. 실리적 조합주의는 참여와 공동결정에 따른 책임을 두려워 한 나머지 책임 있는 현실적 대안을 제시하지 못하게 하며, 결과적으로 조합원의 생활과 권리를 정부와 사용자에게 내맡김으로써 조합원의 단기적·직접적 이익조차 보호할 수 없게 한다. 이에 따라 노동운동은 변화를 거부하며 현상의 유지를 고집하는 이기적인 집단으로 내몰리고 그 영향력도 크게 줄어들게 된다는 비판을 받고 있다.[3]

---

3) 한국 노동운동의 진로에 관하여 프레시안에 연재되었던 논쟁(박승옥 민주화운동기념사

(4)

이 혼돈의 시대에 노동법 전공자로서 앞으로 어떻게 공부해 나갈 것인지를 정리해 보는 작업이 절실해 보인다. 나 스스로 내 생각이 옳은 것인지, 공부는 제대로 하고 있는지 알고 싶기 때문이다. 따라서 이 글은 노동법학을 하기 위해 질문을 던진다는 차원으로 구성키로 한다. 그리고 어떠한 방법으로 노동법학을 할 것인지가 주된 얘기가 될 수밖에 없다.

2. 노동법학 방법론—일반론

(1)

방법론은 "길이 없는 목적지도 혼자 찾아갈 수 있도록 만들어 주는 독도법"(최대권, 2003: 244)이라고 한다. 법인식의 방법과 가능성, 즉 법사고 일반의 과제로서 "법규범의 성질은 어떠하며(법과 진리의 문제) 또 이는 완결적인지(보완의 문제), 그리고 그 내용은 어떻게 밝혀야 하는지(법해석의 문제) 그리고 그 적용의 과정과 구조는 어떠한지(법논리학의 문제)?"(심헌섭, 1986: 19; 김진기, 1998: 94-95)를 다루어야 한다는 얘기이다. 그런데, 법학 일반이 아닌 노동법학에만 특수한 방법론은 있는 것인가?

최대권 교수는 헌법학적 방법론의 빈곤은 헌법조항을 두고 마치 "민·형사법이나 행정법규를 해석하듯 쉽게 形式論理的으로" 헌법적 의미를 도출하여 내려는 광범위하게 퍼져 있는 접근방법(최대권, 2003: 244)이라고 비판하고 있는데, 법의 분야마다 방법론이 다른 듯

업회 수석연구원이 「당대비평」(2004년 가을호)에 기고한 '한국 노동운동, 종말인가 재생인가'라는 글을 프레시안은 <'왕자병' 걸린 노동운동, 이대로 가면 죽는다>라는 제목으로 소개하였고, 이후 반론과 재반론이 계속 이어진 바 있다) 참조.

하다. 그러나 진짜 그런지는 잘 모르겠다. 민·형사법이나 행정법규라고 "쉽게 形式論理的으로" 문제를 해결한다고 생각되지는 않는다. 차이가 있다면 각 법학이 얼마나 오랜 역사를 지니고 있고 그로 인해 그 나름의 방법론이 충분히 쌓여 있는지 하는 차이일 뿐이지 않을까 추측할 뿐이다.

우리 노동법학을 보자면, 아마 정인섭 교수가 외로이 이 문제에 골몰하고 있는 듯하다(정인섭, 1991).[4] 그리고 그 잠정 결론[5]은 노동법학은 시민법의 자기완결성에 근거한 개념법학적 방법론에서 벗어나 노동자의 자주적 규범의식을 법에 반영하는 규범주의적 방법론으로 발전하였다고 한다(정인섭, 1991). 최근 또 다른 글에서 "규범론의 복권"(정인섭, 2003: 148-9)[6]을 이야기하고 있는 것도 같은 맥락이라 이해할 수 있다.

그런데, 과연 이러한 규범주의적 접근이라는 게 노동법학 특유의 방법론인지는 의문이다. 정교수의 글을 뜯어보면, 그 주된 흐름은 노동법의 역사와 발전과정을 더듬으면서 어떻게 오늘날 노동3권이 정립될 수 있었는지를 서술하는 한편, 노동법의 대상인 노동이나 노동자의 특수성을 이해하기 위한 법사회학이나 사회학적법학에서

---

4) 실은 강희원 교수 역시 이 문제에 대해 꾸준한 관심을 보여 왔다. 그러나 강교수는 "의사는 환자의 밖에 서서 환자의 병을 객관적으로 진단하고 처리할 수 있다. 그러나 법적 문제에 있어서 법률가는 의사와 같은 외부적 위치를 가지고 있지 않다. 법률가가 법률을 적용해서 치료하고자 하는 사회적 문제는 그에게도 영향을 미치고 있는 유행병의 부분이고, 그가 그 치료에서 사용하고자 하는 도구는 이미 그 병균에 의해서 오염되고 있다."(강희원, 2004: 482)고 함으로써 법률가의 가치판단의 불가피성과 문제점을 수사(修辭)하는 데서 머무는 한계를 보이고 있다.

5) 규범주의적 방법론이 "노동법을 권리체계로 구성함으로써 노동자들의 생존요구를 법적 권리로 주장할 수 있는 이론적 근거를 제공"할 수 있었다고 평가하면서도, 우리나라의 특수성을 반영하지는 못하는 한계가 있다고 지적한다(정인섭, 1991: 69, 75).

6) 이에 대해 2004.11.20. 노동법연구회 세미나에서 정인섭 교수는 자신의 의도는 노동법에 대한 접근에서 정책론에 기대기보다는 법규범 자체에 무게중심을 두어야 한다는 취지였다고 밝힌 바 있다.

의 방법론이 규범주의적 방법론으로 귀결되었다고 설명하는 듯이 보인다. 결국은 법학 일반의 방법론으로 환원되는 게 아닌가 싶다.

(2)

그렇다면, 법학 전분야에 걸친 '독도법'은 어디에서 찾을 수 있는 것일까? 그것은 무엇을 잣대로 법을 찾고 활용할 수 있을 것인가에 달려 있을 것이다. 그 잣대로는 일응 법의 목적인 정의와 법적 안정성을 생각할 수 있겠다. 그리고 그에 이르는 길로써 합리성이라는 요소를 생각해봄직하다. 합리성은 법의 속성이고 법의 생명이라고 한다. 법이 정당성을 갖추려면 효력을 지녀야 하고, 정의로워야 하며, 합리적(과학적)이어야 하기 때문이다(최대권, 2003: 265, 269).

그 방법으로 가장 고전적인 것은 개념법학이다. 그러나 법의 완결성을 전제로 하는 이 방법론은 "입법자가 세 마디만 수정하면 도서관의 모든 법서는 휴지가 된다."는 키르히만의 지적대로 그 대전제 자체에 회의할 수밖에 없다(김유미 외, 2001: 17-18).[7] 따라서 비교법학, 법사회학, 법실증주의, 자연법론, 해석학적 법이론, 비판법학, 법과 경제학, 법과 정책학, 여성법학 등등 각자 다양한 이론이 개념법학의 한계를 넘어서려고 하고 있다.[8] 결국 법학은 단 하나의 통합적인 이론이 아니라 "서로 다른, 때로는 비교할 수 없는(incommensurable) 용어(vocabularies)와 담론(discourses) 사이의 경쟁"이고, 현대의 모든 법리론은 법형식주의(legal formalism, 즉 미국식 개념법학)에 대한 "대안

---

7) 그런데, 실은 현대의 법리론이 개념법학을 넘어선 것은 결코 아니다. 개념법학을 근간으로 하여 그것을 보완하고 있을 뿐이다. 예컨대 김유미 외, 2001, 제8장(법의 적용과 해석)이 그러하다.

8) 법철학, 법사회학, 법학방법론 등의 교재는 물론이고, 손쉽게 찾아볼 수 있는 글로 심헌섭, 1998; 오병선, 2002; 이상돈, 1995; 고호성/이경원, 1996; 김상용, 2002; 양현아, 2004 등이 있다. 단행본으로는 미국학연구소 편, 1999; 박세일, 2002이 시사하는 바가 크다.

을 찾으려는 시도"(Dennis Patterson, 2003: 175, 184)이다.

그리고 본말이 전도된 학문의 태도를 경계하는 다음 이야기에 주목하고 싶다: "이른바 사회과학의 방법들은 처음에는 사회 현상을 이해하기 위한 방법으로 시작된다. 그러나 점차 그것은 사회 현상을 대신하는 방법으로 전환되고, 급기야는 사회 현상이 없는 방법으로 귀결된다."(김홍우, 1999: 714).

그렇다면, 법학의 객관성은 어떻게 담보하나?

(3)

(법학을 포함하여) 사회과학은 유동적인 사회현상 속에서 인간의 사회적 행동을 대상으로 하므로 그 합리성을 담보하기 위한 사회과학의 방법론은 그 대상의 진실한 모습(실체)을 어떻게 파악할 것인가 하는 데 달려 있다. 그 구체적인 방법은 ① 대상에 관한 경험을 바탕으로 한 사실의 확정, ② 확정사실을 기초로 이론적으로 각각의 사실을 지배하는 법칙에 관한 가설을 설정, ③ 실천을 통해 가설(이론)을 검증한다는 과정을 거친다. 이러한 사회과학 일반의 과학적 방법인 '경험(적 사실)→이론→검증'이라는 과정은, 법학에서도 사회생활에서의 법적 현상이라는 대상의 차이가 있을 뿐 꼭 같이 적용된다. ① 경험적 사실은 모두 일정한 가치판단에 따른 인간의 사회적 행동의 결과이다. ② 경험적 사실의 가치를 어떻게 평가하는가 하는 것이 가설을 이론 구성하는 방향성이 지표가 된다. ③ 선택된 가치기준에 따라 가설(이론)이 실천(검증)된다.

가설(이론)이 실천을 통해 검증되면 그것은 객관적인 가치판단에 따른 객관이론이 되고, 경험적으로 확정된 사실은 과학적 진실의 실체라고 인정받는다. 그리고 이러한 가치판단이 장차 인간의 사회적 행동이 어떻게 이루어질지를 예견케 해준다. 법학은 바른 사회적 가치에 기해 법적 가치판단을 내리고, 현행법의 타당성에 의문을 제기한다. 이를 통해 법은 발전하고 불합리한 법은 폐지·변경되어 과학으로서의 법학이 정립된다(井上修一, 1984: 2-6).[9] 이렇듯 법학을 포함한 사회과학에서 가치판단이라는 요소는 방법론 전개의 세 단계 모두에 걸쳐 있는 불가결한 요소이다.[10]

따라서 우선 헌법이 정하고 있는 노동 보호의 원칙을 구현할 수 있는 노동법학을 펼칠 수 있도록 하여야겠다.[11] 즉 노동자가 '인간의 존엄성'을 보장받으며 일할 수 있고(헌법 제32조), '인간다운 생활'을 할 수 있으며(헌법 제34조), '인간으로서의 존엄과 가치를 가지며, 행복을 추구'할 수 있도록(헌법 제10조) 법제도가 정비·운용되어야 한다. '노동의 인간화'가 바로 그것이다(손창희, 2004: 48-50; 박준식 외, 1997 참조). 특히 일의 내용이 중요하고, 그 일이 사회의 필요를 충족시키며 삶의 질 향상에 도움이 되는지, 우리 모두의 건강과 인격의 발전, 공동체와 생태계의 건전한 발전에 도움이 되는지를 따져보자는 주장이 주목된다(강수돌, 2001: 253). 우리의 노동관을 한 차원 더 높이자는 다음 이야기는 어떨까?

노동이란 것은 우주생명의 끝없는 창조적 활동이 인간을 통해서 나타나는 가장 거룩한 활동입니다. 노동은 자연자원과 마찬가지로 시장원리로 환원될 수가 없습니다. 임금이나 화폐에 의해서 노동은 평가될 수 없는 것입니다. 노동자는 노동을 통해서 자연생명체와

---

9) "그 법적 결정을 모색함에 있어서는 무엇보다 논리적으로 엄정하게, 방법적으로 정직되게 그리고 토론에 있어서는 합당한 관점이면 모두 받아들여 고려하는 것이 필요하다고 할 것이다. 이렇게 볼 때 법 획득의 방법에도 방법다원론이 불가피한 것같이 보인다." (심헌섭, 2003: 225-6).

10) 실은 과학의 세계도 가치(신념)의 체계라고 한다. Thomas S. Kuhn, 1999 참조.

11) 라렌쯔가 법학방법론에 관하여 단어의 문언적 의미, 법률 상호간의 의미관계, 입법자의 주관적 규율의도, 객관적-목적론적 기준과 함께 합헌적 해석을 말한다는 데 주목할 필요가 있다. Karl Larenz, 1991 참조; 김진기, 1998: 103-115.

적극적으로 접촉하며 이웃들의 생명활동과 일체로 공동체적으로 연결됩니다. 따라서 이른바 주관적 생명력과 객관적인 대상의 생명이 통일되어 빛나는 생명체험을 함으로써 노동자가 자기실현, 인격실현을 하고 노동을 통해서 자기를 해방하는 활동인 것입니다. 한마디로 노동자는 노동을 통해서 세계와 연결되며 자연과 화해하며 생명에 일치하여 새로운 생명체를 생산해냄으로써 자기의 세계 내 존재를 실현하는 것입니다(김지하, 1999: 43-44).

(4)

이상의 논의를 종합할 때 결국 노동법학이란 노동법학적으로 흥미 있는 문제를 제기하고 규명하는 학문 활동이라고 정의할 수 있으리라고 믿는다. 그것은 노동법해석학뿐만 아니라 기초노동법학(노동법철학, 노동법사회학, 노동법사학 등)이 포함될 수밖에 없다고 생각한다. 그리고 우리나라의 노동법현상을 놓고 우리의 노동법학을 하여야 할 때에 무엇을 어떻게 하여야 하는가의 문제도 떠오른다고 생각한다. 어려울 때에는 원칙으로 돌아가야 한다는 생각에서 다른 무엇보다도 기초노동법학적 노동법학 접근방법이야말로 창의적인 우리의 노동법학을 행할 수 있도록 만들어 준다는 믿음을 말하고 있다. 이 점은 가장 좁은 의미의 노동법학이라고 이름 붙였던 노동법해석학을 위하여도 그러하다.[12)]

특히 노동법학에서는 그 대상인 노동관계의 실체 파악이 중요하고 특히 법사회학적, 실증적인 관점을 포함한 노동법의 특수성을 인식하는 게 중요하다(井上修一, 1984: 6). 즉 노동법은 시민법의 개인주의적·자유주의적 원리를 수정해서 노동조합과 같은 집단적인 조

---

12) 이 부분은 최대권 교수가 헌법학에 대해 한 이야기를 패러디하였다. 즉 최대권, 2003: 252의 '헌법'이라는 표현을 '노동법'으로 바꾼 것이다.

직의 존재를 법으로 인정하는 가운데 그 구성원의 생존권을 보장한다는 가치를 원리로 삼고 있는 법의 체계이다(本多淳亮, 1986: 21-22). 결국 노동법학 독자의 방법론이 있다면, 그것은 그 규율대상의 특이성에 달려 있다.

그리고 그 대상에 대한 접근은 직접적·개방적·소통적이어야 한다. 즉 노동'에 대한' 법학이 아니라 노동'의' 법학이 되어야 한다.[13)]연구자와 피연구자(또는 대상물) 사이의 대화적 의사소통(Norman Blaikie, 2000: 315) 또는 합리적 대화(이상돈, 1997: 10), 인간 사회의 이해를 위한 접근(Susan J. Hekman, 1993: 198)을 하여야 한다는 것이다.

3. 노동권에 대한 재검토에서 시작하기

(1)

구체적으로 노동법학에서 헌법의 요청은 어떻게 반영할 수 있을까? 우선 노동권에 대한 재검토가 필요하다. 그것은 노동사회에서 지식사회로의 변환을 이야기하는 요즈음이야말로 노동의 복권이 필요하다고 생각하기 때문이다. 지금이야말로 노동권의 구체적 권리성을 진지하게 검토할 시기라고 하겠다.

---

13) 김홍우 교수의 이론을 다시 한 번 빌어 쓰자: 사회과학도들은 방법에 맞추어 현상에 접근하려는 함정에 빠지지 않도록 주의해야 한다…현상 그 자체로 돌아가서, 현상에 맞추어 방법을 택해야 한다…후설의 현상학은 한마디로 "현상에 '대한' 철학"에서 "현상'의' 철학"으로 돌아가야 한다는 주장이다. 그러나 많은 사람들은 후설의 현상학을 "현상 '의' 철학"이 아닌 "현상에 '대한' 철학"으로 오해하고 있다. 후설은 현상학이 현상 "의" 철학이라는 점을 "의식consciousness"은 항상 "~의 의식consciousness of"이라는 말로써 명백히 하고 있다. 그러면 "~의 의식"과 "~에 대한 의식consciousness on"은 어떻게 다른가? "~의 의식"에 있어서는 대상과의 관계가 직접적·개방적·소통적인 반면, "~에 대한 의식"은 대상과의 관계가 외적이고 자의적이며, 폐쇄적이다(김홍우, 1999: 716-7).

종전에는 사회적 기본권은 방침(프로그램)규정이라거나 법적 권리라고해도 추상적 권리일 뿐이라고 생각해왔다(아직도 헌법학계의 다수의견은 추상적 권리로 본다). 그러나 최근 사회적 기본권의 구체적 권리성을 인정하는 견해가 유력해지고 있다.

(2)

그리고 이 노동권은 단순한 직장 보유권을 의미하는 게 아니라 취업자와 비취업자의 권리가 조정되는 개념으로 이해하고자 한다.

(3)

다만, 이렇듯 노동권의 보장을 논한다고 할 때 그 노동권이란 게 노동중독증을 허용하는 것은 아니라는 데 유념하여야 한다. 자칫 잘못하면 일부 취업노동자는 중노동에 허덕이고 실업상태의 노동자는 곤궁에 허덕이는 결론을 허용하는 논법으로 빠져들고 만다.

(4)

결국 내가 이해하는 노동권이란 모든 노동자 - 그가 취업하고 있던 그렇지 않든 - 가 적당한 시간 일하면서 적절한 노동조건 아래 놓여 있어서 인간적인 생활을 할 수 있도록 해 줄 것을 국가에 대하여 요청하는 권리를 말한다.14)

4. 노동법학 방법론 — 각론

(1)

현재 비정규노동자의 증가 속도나 그 대우에 관한 문제는 가히

14) 상세한 내용은 이 책 1부 Ⅰ. 참조.

폭발력을 가지고 있다고 할 정도이다. 따라서 이 문제에 대한 정리 역시 절실하다. 결론은 헌법상의 평등권, 근로기준법상의 균등대우 원칙을 제대로 구현하느냐 여부에 달려있다(深谷信夫, 2000). 특히 동일가치노동 동일임금원칙과 관련하여 문제가 된다.

남녀고용평등법 제6조의 2는 '동일가치노동 동일임금 원칙'을 명시하고 있는데, 이 조항은 우리 현실상 가장 차별 대우를 받고 있는 여성 노동에 대한 보호를 목적으로 한 규정이라고 이해할 수 있다. 그러나 이 원칙은 남녀 간의 임금차별금지에만 적용되는 것은 아니다.[15] 이 원칙은 헌법상의 평등권조항(제11조)을 비롯하여 근기법 제5조의 차별대우금지(균등처우원칙) 조항에서도 도출될 수 있다고 생각된다. 그리고 보다 직접적인 규정으로는 「경제적, 사회적 및 문화적 권리에 관한 국제규약」[16] 제7조를 들 수 있다. 동조 (a)(1)은 모든 노동자에게 공정한 임금과 어떠한 종류의 차별도 없는 동일가치노동에 대해 동일한 보수(fair wages and equal remuneration for work of equal value without distinction of any kind)를 지급할 것을 정하고 있다.

따라서 동일가치의 노동 즉 직종, 작업내용, 기능, 책임, 노동밀도, 능률 등의 점에서 동등한 노무를 제공하고 있는 한 동일한 임금이 주어져야 할 것이다. 그런데 우리나라의 경우 임금체계와 임금결정의 틀을 보면 구미 각국과는 달리 동일노동인가 아닌가를 엄밀하게 묻지 않은 채 임금은 연령, 학력, 근속년수라는 속인적 요소에

---

15) 근로기준법 제25조에서 단시간노동자의 노동조건은 비례원칙(균등대우원칙)에 따라 정하도록 한 점이나 노동자파견법 제21조가 「파견사업주와 사용사업주는 파견노동자가 사용사업주의 사업내의 동일한 업무를 수행하는 동종노동자와 비교하여 부당하게 차별적 처우를 받지 아니하도록 하여야 한다.」고 규정하여 균등처우원칙을 명시한 점은 그 연장선상에서 이해할 수 있겠다. 다만, 이를 어길 경우 제재하는 벌칙조항이 없어 그 실효성은 근기법 일반론으로 환원될 것으로 생각된다.

16) 우리나라는 1990.6.13. 이 조약을 비준하여(조약 제1006호) 1990.7.10.부터 국내법률과 같은 효력을 가지고 있다.

의해 결정되는 경우가 많다. 그리고 직무평가를 통한 임금결정방법에 관한 노사간 합의형성이라는 조건이 성숙되어 있지도 않다. 그러나 근기법 제5조 및 「경제적, 사회적 및 문화적 권리에 관한 국제규약」 제7조는 동일가치노동 동일임금 원칙을 예정하고 있다고는 해도 직무평가의 도입까지를 요청하는 규정이라고는 해석하기 어렵다(반드시 직무평가를 통한 동일임금 지급이 의무화되어 있는 것은 아니다). 임금결정방법은 계약당사자의 자유에 맡겨져 있다고 이해되기 때문이다. 달리 말하자면 직무내용의 가치(value of job content)만으로 동일임금 지급 여부를 결정할 수는 없고, (동일직무에 대한 동일임금만이 아니라 동일 연공에 대한 동일임금, 동일 능력에 대한 동일임금 등) 각 기업의 임금결정요소에 상응하는 기준을 동일가치노동의 기준으로 삼으면 된다는 것이다. 남녀고용평등법 제6조의 2 제2항에서는 그 기준을 노동수행에서 요구되는 기술, 노력, 책임 및 작업조건이라고 제시하고 있다.

이와 같이 비정규노동자의 법적 지위를 이해하기 위해서는 데는 무엇보다도 균등처우라는 데 주목하여 문제에 접근하여야 한다. 그리고 애당초 비정규노동에 대한 우리의 시각 자체에 대해 검토할 필요는 없는지를 생각해 보아야 한다. 실상 비정규노동의 문제는 노동유연성을 살린다는 차원에서 접근해 왔는데 이를 위해서는 규제가 완화되어야 하는지 아니면 적절한 규제가 필요한지에 대한 신중한 검토가 요망된다(오문완, 2002).

(2)

아울러 전통적인 노동자는 아니라고 하여도 '일'을 하고 있는 사람들에 대한 취급을 어떻게 할까 고민하여야 한다. 해석상 노동자 기준 속에 포섭되지 않는다고 판단되는 특수고용형태 취업자에 대해서는 노동법이 아닌 민법상의 위임 등의 법리에 의거하여 법률관계가 전개될 수밖에 없다.[17] 그러나 이를 시인한다 하더라도 항상 유념하여야 할 점이 있다.

그 하나는, 고용의 다양화 현상에 편승하여 노동자 보호를 회피하기 위한 편법·탈법으로 노무관리를 행하는 경우 이에 대한 적절한 규제가 필요하다는 것이다. 즉, 우회로를 통해 노동을 시키는 경우에는 노동법의 틀 속으로 끌어들이는 해석 노력이다. 사용종속론의 현대적 의의에 대한 주장(정인섭, 2000; 橋本陽子, 2001)에 귀 기울일 필요가 있다. 노동자 개념과 사용자 개념의 확장 노력(이광택, 2002) 역시 같은 맥락으로 이해한다.

또 다른 하나는, 현대사회에서 '일'(노동)의 개념을 재음미하는 작업이 절실하다는 것이다. 건강하고 지속적이며 민주적인 사회를 꾸려가기 위해서는 지속가능한 공동체, 품위 있는(dignified) 일, 그리고 건강한 환경이 필요하다고 한다(International Forum on Globalization, 2002). '품위 있는' 일이든 '고상한'(훌륭한; decent) (Amartya Sen, 2000; Joseph E. Stiglitz, 2002))[18]이든 소외된 노동이 아닌, 소외를 극복하는 방안인 노동이 요구된다. 특수고용형태 취업자라고 하여도 그 일은 적어도 이러한 요청에 알맞은 것이어야 한다. 법은 사회가 바람직한 방향이라고 제시하는 것을 반영해야 한다(Alain Supiot, 1996). 따라서 노동법과 사회보장법 기타 사회정책 관련 제도의 정비를 통해 품위 있게 일할 수 있도록 하여야 한다.

---

17) 이러한 민감한 문제의 해법으로, 예전과 같이 노동자인가 아닌가에 따라 온전한 보호냐 전혀 보호를 받지 못하느냐 하는 이분론(all or nothing)에서 벗어나, 중간 영역을 구상하자는 입법론(이철수, 2001: 277-281)이 주목된다. 협의의 노동법과 광의의 노동법(취업자 전반에 통용되는 법체계)으로 구성하는 방안도 생각할 수 있겠다.

18) 이 개념은 인간의 존엄성을 지키면서 자아성취가 가능한 노동을 의미하는 것으로, 적어도 생계유지에 급급한 노동이어서는 안 된다는 기준을 한계선으로 제시한다(from subsistence to existence). 자세한 내용은 89차 ILO총회(2001년) 사무총장 보고서 Reducing the decent work deficit: a global challenge 참조.

5. 나오며

어떻게 노동법학을 할 것인지, 법철학자의 다음 이야기가 도움이 된다.

우리가 철학을 하는 이유를 좀 더 깊이 본다면 올바른 삶에의 모색이라고 할 수 있습니다. 무엇이 올바른 것인지에 대해서 논란이 많지만, 적어도 올바른 것에 대한 지향 자체를 포기한다면 그것은 더 이상 훌륭한 철학이라고 할 수는 없을 것입니다. 올바른 것을 지향하기 위해서는 올바른 것이 있어야 한다고 믿어야 하고, 그것을 지향하는 것은 올바른 것이라는 믿음이 있어야 함은 당연합니다. 이것이 내가 말하는 윤리성입니다. 이런 점을 생각할 때 철학은 본질적으로 윤리적 삶을 위한 것이며, 윤리적 차원을 처음부터 내장하고 있다고 할 수 있습니다. 철학은 가치판단을 담고 있다는 것을 넘어서 윤리적 가치판단을 담아야 하는 과제를 내장하고 있는 것입니다. 법철학도 철학의 보편적 요청을 담아내지 않으면 안 될 것입니다(이상수, 2002: 286).[19)]

19) "신념 없이는, 총체적인 시각 없이는 학문은 불가능하다."는 진쯔하이머의 얘기(이흥재, 1991: 24)도 되새겨보아야 한다.

2장
노동권의 재조명

I 노동권의 현대적의의

1. 이상(理想)

물건을 생산하고, 교환하고, 경제적 서비스를 제공하는 인간 노동은 경제생활의 다른 요소들보다 훨씬 고귀한 것이다. 다른 요소들은 도구에 불과하기 때문이다.

이 노동은 자가 노동이든지 고용된 노동이든지 직접 인격에서 나오는 것이며 인격은 자연물에 자기 모습을 새기며 자연물을 자기 뜻에 굴복시킨다. 인간은 일반적으로 자기 노동을 통하여 자신과 가족들의 생계를 유지하고, 형제들과 결합되고, 형제들에게 봉사하며, 또한 노동을 통하여 진정한 사랑을 실천하며 하느님의 창조사업을 완성하기 위하여 협조할 수 있는 것이다. 그뿐 아니라, 노동을 하느님께 바침으로써 인간은 또한 예수 그리스도의 구속 사업에 참여한다고 주장하는 바이다. 그리스도께서는 나사렛에서 손수 일하심으로써 노동의 품위를 높여 주신 것이다. 여기서 충실히 노동해야 할 의무와 노동에 대한 권리가 각 사람에게 생기게 된다. 사회는 사회대로 현 실정에 따라 국민들이 충분한 노동의 기회를 얻을 수 있도록 도와주어야 한다. 또 국민들에게 충분한 보수를 지급해야 하는데, 그 기준은 ① 각자의 임무와 생산성, ② 기업의 지불능력과 ③ 다른 분야의 노동자들이 받는 보수와의 형평 등 공동선을 고려해서 본인과 그 가족들에게 물질적, 사회적, 문화적, 정신적 생활을 품위 있게 영위할 수 있는 수단을 제공할 정도의 임금이라야 한다.

일반적으로 경제 활동은 여러 사람들의 협동으로써 이루어지는 것이므로 그 어느 노동자에게라도 피해를 입히게끔 경제 활동을 조직하거나 규제하는 것은 부당하고 비인간적인 처사라 하겠다. 그러나 오늘날에도 노동자가 자기 일의 노예처럼 되는 경우가 가끔 생긴다. 이는 결코 경제 법칙이란 구실로 정당화될 수는 없다. 그러므로 생산 노동의 과정 전체가 사람들의 필요와 생활의 요구 조건에 적응해야 한다. 먼저 가정생활을 고려해 주어야 하고, 특히 주부에 대하여 언제나 성별과 연령을 고려해야 한다. 그뿐 아니라, 노동자들이 노동을 통하여 자기 능력과 인격을 발전시킬 수 있는 가능성을 제공해야 한다. 노동자가 올바른 책임감을 가지고 자기 시간과 힘을 노동에 바쳐야 하겠지만, 가정, 문화, 사회, 종교 생활을 영위하기에 충분한 휴식과 여가를 모든 노동자에게 제공해야 한다. 또한 자기 직업과 노동을 통해서는 계발할 수 없는 능력과 기술을 달리 자유로이 연마할 수 있는 기회도 주어져야 한다(사목헌장 67항).

2. 갈등(葛藤)

이러한 이상을 실현하기 위한 대표적인 법영역이 노동법이다. 노동법은 시장의 실패에 대응해서 약자 보호를 도모하기 위해 본래는 사법적 관계인 노동관계에 공법적인 방법에 의한 규제를 도입하였다. 사회법에 대비되는 사법은 시장에서 대등한 시민간의 거래관계가 전개되는 것을 염두에 두고 그 적절한 틀의 설정과 규준을 제시하는 것인데, 노동법은 그와 같은 시장 지향의 사법을 기초로 하면서도 사회경제적인 약자 보호를 위해 국가에 의한 직접적인 개입을 제도화하고 그 측면에서는 공법적 규제의 양상을 강하게 그려냈다(오문완, 1998a: 11-14).

그런데 포드주의의 황금시기가 지나면서 상황은 급격히 바뀌고 있다(Christopher Erickson & Sarosh Kuruvilla, 1998). 20세기형 노동법은 농업사회에서 산업사회로, 그리고 소규모 수공업에서 대규모 공장제공업으로 탈바꿈하는 전환의 시대에 새로운 사회경제적인 환경에서 나타나는 과제를 해결하기 위해 생성 발전해 왔다. 그런데 이 노동법체계도 그 배경이 되는 사회경제구조가 변함에 따라 새로운 변신을 요청받고 있다. 그것은 한 마디로 포드주의에서 포스트 포드주의로의 이전에 따른 노동시장의 변화를 어떻게 반영할 것인가 하는 문제라고 할 수 있다. 대량생산과 고임금, 대량소비, 장기고용과 노동운동의 활성화라는 방식이 더 이상은 통하지 않게 되었다는 상황을 어떻게 법체계 속에 수용할 것인가 하는 문제이다.

이미 많은 기업에서는 노동자 개인의 개별적인 능력과 의욕의 차이를 보다 단기적으로 반영하는 처우방식(소위 능력주의·실적주의)이 시도되고 있다. 관리직 층, 전문직 층을 중심으로 연봉제의 도입, 능력평가와 승진제도의 개선 등이 진행되고 있고, 금후로는 연공주의에서 능력주의로의 이행이 한층 진전될 것이다(本多淳亮, 1997: 10).

이러한 능력주의 적 제도들이 유효·적절하게 기능하기 위해서는 개별관리로의 이행과 그 기반으로서의 개별노동계약의 관념과 기능이 강화될 필요가 있다. 그리고 능력평가의 공정성(당사자의 납득성)과 기회의 균등(경력)을 확보하는 틀이 필요하고 동시에 개인의 처우상의 불만에 대응하기 위한 고충분쟁처리시스템의 정비도 불가피해진다. 또한 정보화, 소프트화, 고학력화 등의 진전으로 전통적인 기층으로서의 중간관리직을 매개로 한 피라밋형의 기업조직이 전문직능의 인재가 횡단적으로 제휴하여 경영상층부와 직결되면서 유연하게 기능하는 네트워크형의 노동조직으로 이행하고 있다. 사회와 시장의 격렬한 변화도 경영의 의사결정에 소요되는 시간과 비용을 감축시키고 신속하게 대응할 수 있는 조직 체제를 요청한다. 전문직화의 움직임은 이러한 변화에도 연동한 것이라고 생각된다.

노동의 세계에서의, 이러한 '개인으로서의 노동자'의 등장은 종래의 노동법규제의 전제를 크게 변화시키고 있다. 좀 더 현저한 현상은 집단규제 자체가 현실적이고 바람직한 방향이라는 인식에 근거한 집단적 노사관계법의 영역에서의 변화일 것이다. 다양화하고 있는 노동자의 모습은 자기의 이익을 옹호하기 위해서라도 단체적인 노사관계의 틀 속에 자신을 맡기는 것을 꺼려하는 경향을 보이고 있고, 이러한 현상은 특히 젊은 층에서 두드러지게 나타난다고 한다(菅野和夫/取訪康雄, 1994).

더욱이 국제경쟁이 더욱 가열되면서 노동법의 영역에서도 규제완화, 노동유연성의 추구는 더욱 속도를 빨리 할 것으로 예견된다. 아울러 독일과 일본을 중심으로 노동계약법제를 만들어야 한다는 주장이 강력하게 대두하고 있고, 우리나라에서도 이러한 움직임에 관심을 기울이기 시작하였다. 그 기본적인 시각은 노동계약관계의 다양성에 대응하여 노사의 자주적 결정을 촉진시키자는 것이다. 즉, 경제의 서비스화, 국제화, 고령화의 진전, 여성의 직장 진출 등에 따른 사회경제의 구조적 변화는 노동자의 노동생활에 다양화를 초래하고 있고 이에 대한 대책이 필요하다는 것이다.

지금까지의 소위 종신고용제에 의해 취업하고 있는 노동자, 특히 사무직 노동자의 욕구가 다양화되어 물질적인 풍요 보다는 정신적인 풍요를 추구하는 것이 노동자 생활의 과제가 되고 있다. 따라서 가족구성이나 기호의 차이에 따라 개별노동자마다 가치판단이 다른 사항에 대하여는 당사자가 자주적으로 결정하도록 하는 것이 바람직하며 이를 위한 여건의 정비가 요구된다는 주장이다(勞働省勞動基準局監督課 編, 1993). 이러한 현실을 어떻게 분석하여야 할 것인지는 좀 더 신중하게 고려하여야 할 문제이다. 그러나 적어도 현재의 상황이 대단한 혼돈기라는 데는 인식의 일치를 보고 있는 듯하다.[1)]

포드주의적인 대량 생산, 대량 소비 및 표준화된 완전고용, 그리고 그에 상응하는 형태를 갖춘 사회상과 케인스주의적인 처방은 제1차 현대의 패러다임에 속한다. 이에 반하여 제2차 현대에서는 경제·사회·정치 전영역에 걸쳐 위험감수체제가 군림한다. 따라서 산업적 경제와 탈산업적 경제, 포드주의적 경제와 탈포드주의적 경제를 나누는 것은 적절한 구분이 아니다. 제1차 현대의 안정성 · 명확성 · 분명한 경계 등과 제2차 현대의 불안정성 · 불명확성 · 탈경계화를 나누는 것이야말로 진정 적절한 구분이다.

그리고 또한 이행 사회에 대한 판정과 그 윤곽 부재의 성격에서 귀결하는 불확실성과, 미래 사회가 위험감수체제로 각인되리라는

1) 노동법의 종말(!)이라는 문제의식을 제기하는 글로 Bop Hepple, 1996 참조.

(상대적으로) 확실한 판단 사이를 구분하는 것도 의미 있는 일이다. 위험감수체제에 대해 얘기한다는 것이 어떤 이행기적 현상을 염두에 둔다는 것을 뜻하지는 않는다. 여기에서 뜻하는 바는 제2차 현대의 경우 그 자체 개념적으로 명확하게 부각시킬 수 있는 비선명성 원칙이 노동, 사회, 그리고 정치의 모양새를 아로새기리라는 것이다. 그런 점들과 결부된 사회 구조 또는 개인적·사회적·정치적 답안들이 오늘날 아직도 현실적으로 가시화된 것은 아니지만, 미래사회의 이런 특징들이 분명하게 해독할 수 있을 정도로 뚜렷이 드러나 있는 것은 사실이다(울리히 벡, 1999: 128-9).

3. 현실(現實)

그렇다면 우리나라의 상황에서 노동권의 보장과 관련된 법제의 변천은 어떤 모습을 보이고 있는가? 몇 가지 항목으로 나누어 개관해 보기로 한다.

1) 일할 권리 또는 고용보험수급권

우리 헌법 제32조에서 보장하고 있는 노동의 권리가 구체적으로 어떠한 것인지에 대해서는 대략 노동기회제공청구권설과 생계비지급청구권설이 대립한다.

노동기회제공청구권설은 ① 우리 헌법에는 바이마르헌법과는 달리 노동의 권리와 관련하여 생계비지급을 규정하고 있지 아니하고, ② 생계비지급 내지 실업수당은 제34조의 인간다운 생활을 할 권리에 관한 규정을 근거로 한다는 것을 그 이유로 제시한다(권영성,

2004: 659-660).

그러나 자본주의사회에서 국가는 스스로 일반노동자를 채용하거나 공·사기업에 대해 고용을 강제할 수는 없으므로 노동의 기회를 제공하기 위하여 국가가 할 수 있는 일은 일하고자 하는 사람에게 일자리를 줄 수 있도록 적극적으로 노동시장을 정비하는 게 될 것이다. 그 모든 노력을 다하였는데도 일자리를 얻지 못한 사람에 대해서는 생계를 보장해주어야 한다(임종률, 2004: 13). 이와 같이 해석하지 않는다면 헌법 제32조는 알맹이 없는 명목(형식)규범에 불과한 존재가 되고 만다.2) 애당초 노동의 권리와 같은 사회적 기본권은 헌법 제34조에서 말하는 인간다운 생활권을 당연히 전제로 하고 있다고 보아야 하지 않을까?

현재 완전고용을 이념으로 하는 고용관련입법으로는 고용정책기본법, 직업안정법, 노동자직업훈련촉진법, 장애인 고용촉진 등에 관한 법률, 고령자고용촉진법 등이 있고, 노동의 기회를 제공받지 못한 실업자에게 생계비를 지급하기 위한 법으로는 고용보험법(실업급여)이 제정되어 있다. 특히 고용보험의 적용확대와 보호수준의 상향조정은 고무적인 현상이라고 볼 수 있다.

2) 정리해고제도

노동권의 확립과 관련하여 부당한 해고의 규제가 절실하다. 특히 사용자측의 사정에 기인한 정리해고가 문제가 되는데, 구 근로기준법에서는 정당한 이유 없이 해고할 수 없다고 규정할 뿐(구법 제27조 제1항; 개정법 제30조 제1항), 정리해고에 관한 규정은 두지 않았다. 따라서 어떠한 요건을 갖춘 경우에 정당한 이유가 있는 해고가 되는

2) 다만, 노동기회제공청구권설에 서더라도 고용유지·증진의무에 명백히 반하는 국가의 입법·행정행위가 위헌·무효가 되는 자유권적 효과는 물론 인정된다.

가의 문제는 해석에 맡겨져 있었다.

그 해석을 놓고 법원은 초기에는 개별적인 사건에 따라 구체적으로 판단하여 일반적인 기준은 제시하지 않았다.[3] 그러다가 1989년 삼익건설사건에서 처음으로 정리해고에 대한 일반적 기준 네 가지를 제시하였다. 즉 정리해고를 하기 위해서는 ① 해고를 하지 않으면 기업경영이 위태로울 정도의 긴박한 경영상의 필요성이 있어야 하고, ② 경영방침이나 작업방식의 합리화, 신규채용금지, 일시휴직 및 희망퇴직의 활용, 배치전환 등 해고회피를 위한 노력을 다해야 한다. ③ 합리적이고 공정한 정리기준을 설정하여 이에 따라 해고대상자를 선별하여야 하고, ④ 해고에 앞서 노동자 측에 적절한 통지를 하고 이들과 성실하게 협의할 것이 요구된다(대법원 1989.5.23.선고 87다카2132 판결). 이 판결 이후 정리해고의 4요건은 판례로 자리 잡게 된다.

이 네 가지 요건 가운데 특히 '긴박한 경영상의 필요'와 관련된 논의가 분분하다. 처음에는 '긴박한 경영상의 필요'를 기업이 일정 수의 노동자를 정리해고하지 않으면 경영악화로 사업을 계속할 수 없거나 적어도 기업재정상 심히 곤란한 처지에 놓일 개연성이 있을 만큼의 긴박한 경영상의 필요성이 있어야 하는 것이라고 엄격하게 해석하였다(대법원 1990.1.12 선고 88다카34094 판결).

나중에는 반드시 기업의 도산을 회피하기 위한 것에 한정할 필요는 없고, 인원삭감이 객관적으로 보아 합리성이 있다고 인정될 때에는 '긴박한 경영상의 필요성'이 있는 것으로 넓게 보아야 한다는 것으로 바뀌었다(대법원 1991.12.10 선고 91다8647 판결).[4] 그런데 판례가 긴박한 경영상의 필요라는 요건을 완화하여 해석하려는 태도를

3) 초기의 판례의 흐름에 대해서는 김지형(1991), 539 이하 참조.
4) 이 판결에 대한 비판적 평석으로는 김선수(1993), 59 이하 참조.

보이고 있다고 할 때[5], 그 완화된 해석이라는 개념표지가 무엇인지 하는 것은 신중하게 검토할 필요가 있다. 1991년 대법원판결(그리고 그 원심판결)을 면밀히 분석해보면 이와 같은 결론에 이르는 과정에 기업의 경영이 계속적인 적자상태인지가 중요한 사실판단요소로 고려되며, 누적된 기업경영의 적자가 장차 기업경영을 심각하게 곤란하게 할 경우를 예방하기 위해 해고가 인정될 수 있다는 취지임을 알 수 있다. 이는 기업경영이 적자여서 더 이상 고용관계를 지속한다는 것이 일반적으로 기대 불가능한 것으로 보는 객관적 인식을 근거로 한다는 것이다. 그러므로 판례가 제시하는 '객관적으로 보아 인원감축의 합리성이 있다고 인정되는 경우'란 결국 기업이 도산에 이르지는 않을지라도 해고를 하지 않으면 기업의 경영이 위태로울 정도를 의미하는 것으로 해석해야 한다.

정리해고의 법제화는 1996-97년에 이루어진다. 잘 알려져 있는 바와 같이 1996년 말과 1997년 초에 걸친 노동법개정 파동(양대 노총 주도하의 총파업)을 걸쳐 1997.3.13. 제정된 근기법은 정리해고를 명문으로 규정하였다. 당시의 근기법 제31조는 조문의 명칭을 '경영상 이유에 의한 고용조정[6]'이라 하여 그간 판례 법리를 통해 형성되어온 정리해고의 요건을 명문화하였다. 즉 정리해고의 요건으로 ① 긴박한 경영상의 필요, ② 사용자의 해고회피노력, ③ 해고대상자 선발 때 공정하고도 합리적 기준의 설정, ④ 노동자대표와의 성실한 협의를 법제화한 것이다. 그러나 당시 근기법 부칙 제1조는 이 조항의 시행을 2년 동안 유예하고 있었다.[7]

그러나 IMF 구제금융사태라는 국가누란의 경제위기는 노사정의

---

5) 보통 그렇게 이해한다. 이홍재(1999), 119 등.

6) 종전에 관행삼아 쓰여 온 '정리해고'라는 용어 대신 '고용조정'이라는 용어를 법전상의 용어로 등장시킨 것은 정리해고라는 말이 주는 위압감거부감 때문인 것으로 이야기된다.

7) 그러나 이러한 유예조치와는 관계없이 종래의 판례법리에서 정하는 요건을 갖출 때는 여전히 정리해고를 할 수 있다고 해석한다. 노동부, 1997: 153-4.

사회협약을 이끌었고 그 합의사항의 하나로 정리해고의 즉각 실시를 보게 하였다. 즉 1998.2.20. 개정 근기법은 제31조의 조문표제를 '경영상 이유에 의한 해고의 제한'으로 바꾸는 한편 그간 동 조항의 적용을 유예하고 있었던 부칙 제1조를 삭제하여 정당한 정리해고는 즉각 실시할 수 있도록 하였다. 현행법의 기본골격도 구법과 같은데, 다음과 같은 몇 가지 변화가 있었다.

첫째로, 긴박한 경영상의 필요와 관련하여 "경영악화를 방지하기 위한 사업의 양도·인수합병은 긴박한 경영상의 필요가 있는 것으로 본다."는 규정을 첨가하였다(제31조 제1항 2문).[8] 둘째로, 해고회피과정과 해고대상자 선발 때 "남녀의 성을 이유로 차별하여서는 아니 된다."는 차별금지 규정을 신설하였다(동조 제2항 2문). 셋째로, 해고회피 및 해고대상자 선발과 관련하여 사용자로 하여금 노동자대표에게 해고하고자 하는 날의 60일전까지 통보하고 성실히 협의하도록 해고예고기간과 성실협의의무를 명문화하였다. 넷째로, 일정 규모 이상의 노동자를 해고하고자 할 때에는 노동부장관에게 사전 신고토록 하였다. 다섯째로, 정리해고를 행한 기업에서 해고후 2년 이내에 노동자를 채용할 때는 정리해고당한 노동자를 우선 고용토록 하였다. 그러나 이는 법적의무가 아니라 노력의무이기 때문에 큰 의미는 없을 듯하다(오문완, 1998b: 75-76).

이와 같은 정리해고의 법제화에 대해서는 어떻게 평가해야 하는가. 성문법국가에서 판례법의 존재를 부인하는 견해에 따르면 이는 정리해고제도의 도입을 뜻하는 것이고 그만큼 노동권의 제약으로 이해할 수 있겠다. 그러나 나는 우리나라에도 판례법은 느슨하게나

8) 정리해고를 처음 법제화한 1996.12.31. 근기법은 애당초 '계속되는 경영의 악화, 생산성 향상을 위한 구조조정과 기술혁신 또는 업종의 전환 등'을 긴박한 경영상의 필요에 해당하는 사유로 예시하고 있었다. 그러나 법제정절차에 중대한 흠이 있는 이 법을 과연 법이라고 볼 것인지는 의문이다.

마 존재하는 것이고 정리해고제도는 그 대표적인 모습이라고 생각한다. 그리고 그러한 분석의 틀에서 정리해고의 법제화는, 특히 절차요건의 엄격한 규제를 통하여 예전보다 더욱 노동권을 강화하는 모습으로 귀결된 것으로 이해한다. 그럼에도 불구하고 사회 일반의 인식은 정리해고제도의 법제화는 새 제도의 신설이고 노동조건의 악화로 이해하고 있다. 장차 법해석을 통하여 이러한 오해를 불식시키는 작업이 요청된다.

3) 노동시간의 유연화

현행 근기법은 노동시간을 유연하게 운용할 수 있도록 하는 제도적 정비를 하였는데 탄력적 노동시간제도와 선택적 노동시간제도, 간주노동시간제도와 재량노동시간제도가 그것이다.

(1) 탄력적 노동시간제도(근기법 제50조)

기준노동시간을 탄력적으로 조절할 수 있도록 해주는 탄력적 노동시간제도에는 2주 이내 단위와 1개월 이내 단위[9] 두 종류가 있는데 청소년과 임신중인 여자노동자가 배제된다는 것은 꼭 같다. 먼저 토요격주휴무제도가 보편적인 형태인 2주간 이내 단위의 탄력적 노동시간제도의 경우에는 취업규칙으로 정하는데 1주 상한시간은 48시간이다. 다음에 1개월 이내 단위의 탄력적 노동시간제도는 노동자대표와의 서면합의가 필요한데 특정 주 56시간, 특정일 12시간의 상한 규제가 있다.

---

9) 주40시간 사업장은 3개월 이내 단위.

(2) 선택적 노동시간제도(근기법 제51조)

시업과 종업시각을 노동자 자율에 맡기는 제도인 선택적 노동시간제도 역시 노동자대표와의 서면합의로 시행케 된다. 보통 이 제도는 노동자가 반드시 사업장에서 일할 것을 요구하는 의무시간대(core time)와 노동자의 자율에 맡기는 선택시간대(flex time)를 설정하여 운용하는데, 청소년은 배제된다. 총 노동시간은 정산기간을 평균하여 주의 기준노동시간을 초과하지 않는 범위 내 이어야 하고, 이 총 노동시간을 넘는 부분이 연장노동시간이 된다.

(3) 사업장외 노동에 대한 시간 계산(노동시간의 간주; 간주노동시간제도; 인정노동시간제도)

이 제도는 예전에는 근기법 시행령 제37조로 정하던 것을 현행법 제56조 1, 2항으로 규정한 것이다. 이 제도는 사업장 밖에서 일하는 것이 상태적이거나(취재기자) 임시적인(출장) 경우 작업의 전부나 일부에 대한 사업장 밖 근무를 소정노동시간 동안 일한 것으로 보는 제도이다. 때문에 이 제도는 노동시간의 산정이 어려운 경우에만 허용된다. 예컨대 사업장외 노동의 시업·종업시각이 해당 노동자의 자유에 맡겨져 있고, 휴게시간의 운용이 자유로운 경우이다. 반면에 사업장외 노동이라 하더라도 노동시간을 산정할 수 있는 경우에는 산정된 노동시간 동안 노동한 것으로 본다.

(4) 재량노동의 인정노동시간제도(재량노동시간제도-근기법 제56조 제3항)

이 제도는 노동시간의 운용을 노동자 자율에 맡기는 것이다. 제도 도입의 취지는 최근 기업에서 정보화·기술혁신·서비스경제화 등의 새로운 현상으로 인하여 업무수행방식에 대한 노동자의 재량의 여지가 커지고, 그 보수도 노동의 양에 의하는 것이 아니라 질이나 성과에 의하여 결정됨으로써 종래의 통상적인 방법에 의하여 노동시간을 산정하는 것이 부적절한 전문적 업무가 증가하고 있는 데 대응하기 위한 것이라고 이해할 수 있다. 이 제도는 노동자대표와의 서면합의로 실시하는데, 그 대상 업무는 기사의 취재·편성·편집 업무, 정보처리시스템의 설계·분석업무처럼 고도의 전문성을 요하는 업무에 한정된다(근로기준법 시행령 제26조 참조).

(5) 평가

이들 제도는 변화하는 환경에 적응해가려는 기업의 노력에 부응한다는 취지에서 긍정적인 면이 분명히 있다. 다만, 노동자의 생체리듬을 깨뜨릴 수 있다는 차원에서 그 도입은 신중히 고려하여야 한다. 특히 탄력적 노동시간제도(소위 '변형노동시간제')의 폐해가 예상되는데, 적어도 이 제도의 도입은 노동자의 '인간다운 삶'에는 위협이 된다.[10] 하지만 선진국에서는 단위기간이 6월 심지어 1년짜리도 허용된다는 점에서 단위기간을 늘리는 제도의 도입이 향후의 과제가 될 것이라는 조심스러운 예측도 있다(임종률, 1998: 17).

4) 성희롱 금지

한편 1999.2.8. 개정된 남녀고용평등법은 직장 내 성희롱[11]을 예

10) 피로가 누적되어 건강을 해칠 우려가 있다는 점, 노동밀도가 높아진다는 점, 가산임금이 없어진다는 점 등이 지적된다. 이병태, 2005: 884-5.

11) 성희롱이라는 법률용어가 적절한지는 검토를 요하는 부분이다. sexual harassment를

방하고 노동자가 안전한 노동환경에서 일할 수 있는 여건조성을 위하여 직장 내 성희롱의 예방을 위한 교육을 실시하고 직장 내 성희롱을 한 자에 대한 부서전환, 징계 기타 이에 준하는 조치를 취하도록 하고 있다(동법 제8조의 2 제1항).[12] 또한 사업주는 직장 내 성희롱과 관련하여 그 피해노동자에게 고용상의 불이익한 조치를 하여서는 아니된다(동조 제2항).[13]

이 법은 직장 내 성희롱을 "사업주, 상급자 또는 노동자가 직장 내의 지위를 이용하거나 업무와 관련하여 다른 노동자에게 성적인 언어나 행동 등으로 또는 이를 조건으로 고용상의 불이익을 주거나 또는 성적 굴욕감을 유발하게 하여 고용환경을 악화시키는 것"이라 정의하고 있다(동법 제2조의 2 제2항).

그간 우리 사회의 인습으로 남아있던 남존여비사상으로 인하여 직장에서 여성에 대한 하대를 당연한 것으로 여겨온 게 사실이고 알게 모르게 직장여성에 대한 성희롱이 저지러지기도 했었다. 이러한 풍토에 경종을 울린 것이 소위 '서울대 우조교 사건'이다.

이 사건에서 대법원(대법원 1998.2.10. 선고, 95다39533 판결)은 "성희롱의 위법성의 문제는 종전에는 법적문제로 노출되지 아니한채 묵인되거나 당사자 간에 해결되었던 것이나 앞으로는 빈번히 문제될 소지가 많다는 점에서는 새로운 유형의 불법행위이기는 하나...... 불법행위에 기한 손해배상을 청구하는 피해자로서는 가해자의 성희롱으로 말미암아 단순한 분노, 슬픔, 울화, 놀람을 초과하는 정신적 고통을 받았다는 점을 주장, 입장하여야 한다는 견해는 이를 채택할 수 없는 것"이라고 하여 성희롱은 널리 불법행위를 구성한다

어떻게 번역할지 하는 문제인데 성희롱이라고 하기보다는 서울대 우조교 사건의 2심 판결(서울고법 1995. 7. 25. 선고 94나15358 판결)과 같이 '성적 괴롭힘'이라고 표현하는 게 더 낫지 않나 생각된다.

12) 위반시 300만원 이하의 과태료 부과함(동법 제23조의 2 제1항 제3호).

13) 위반시 500만원 이하의 벌금형 부과함(동법 제23조 제2항).

고 밝힌 바 있다.

아울러 "고용관계 또는 노동관계는 이른바 계속적 채권관계로서 인적 신뢰관계를 기초로 하는 것이므로, 고용계약에 있어 피용자가 신의칙상 성실하게 노무를 제공할 의무를 부담함에 대하여, 사용자로서는 피용자에 대한 보수지급의무 외에도 피용자의 인격을 존중하고 보호하며 피용자가 그의 의무를 이행하는 데 있어서 손해를 받지 아니하도록 필요한 조치를 강구하고 피용자의 생명, 건강, 풍기 등에 관한 보호시설을 하는 등 쾌적한 노동환경을 제공함으로써 피용자를 보호하고 부조할 의무를 부담하는 것은 당연한 것"이라고 한다. 그러면서도 피고의 성희롱행위가 그의 사무집행과는 아무런 관련이 없고 은밀하고 개인적으로 이루어지는 성희롱행위를 피고의 고용주인 국가가 알 수 없으므로 피용자인 원고에 대하여 고용계약상의 보호 의무를 다하지 아니하였다고 할 수는 없다고 하여 결국 사용자책임은 부인하는 결론을 내렸었다.

결국 이 판결은 직장 내 성희롱의 본질을 전혀 파악하지 못하고 엉뚱하게도 개개인의 손해배상 문제로 환원시키는 잘못을 저지르고 말았다. 따라서 남녀고용평등법을 개정하여 성희롱에 따른 사용자책임을 명시한 것은 쾌적한 작업환경을 조성한다는 시각에서 꽤나 바람직한 처사라고 평가할 수 있겠다.[14)]

---

14) 다만, 이 문제를 남녀고용평등법에서 다루는 게 합당했을지는 더욱 사려 깊게 검토해야 했다. 이 법은 남녀의 평등한 기회 및 대우를 보장하기 위한 법(동법 제1조 참조)이라고 하지만, 그 내면을 보면 차별을 받고 있는 여성노동자를 남성과 같이 대우하기 위한 법임을 알 수 있다. 그러나 성희롱의 문제는 남녀차별의 문제가 아니라 권력 행사의 적절성의 문제이다. 마이클 더글러스/데미 무어 주연의 '폭로'라는 영화에서 주인서 입법론으로는 근기법에 관련 조항을 두는 것이 합당하다.

4. 주장(主張)

(1)

이상 노동권의 보장 현황을 개관해 보았다. 중요한 것은 노동권에 대한 기존의 이해에서 한 걸음 더 나아갈 필요가 있다는 것이다. 그것은 노동사회에서 지식사회로의 변환을 이야기하는 요즈음이야말로 노동의 복권이 필요하다고 생각하기 때문이다. 지금이야말로 노동권의 구체적 권리성을 진지하게 검토할 시기라고 하겠다.

종전에는 사회적 기본권은 방침(프로그램)규정이라거나 법적 권리라고해도 추상적 권리일 뿐이라고 생각해왔다(아직도 헌법학계의 다수 의견은 추상적 권리로 본다). 그러나 최근 사회적 기본권의 구체적 권리성을 인정하는 견해가 유력해지고 있다(김문현, 1998).[15]

권영성교수는 다음과 같은 이유를 제시하면서 사회적 기본권은 불완전하기는 하여도 구체적 권리임을 밝히고 있다.

저자가 사회적 기본권을 불완전하나마 구체적인 권리로 인식하려는 것은 다음과 같은 이유 때문이다. 첫째, 모든 헌법규정은 공동체구성원들의 헌법생활과정에서 그 내용이 반드시 실현되어야 할 재판규범이라는 점이다. 어떠한 헌법규정은 재판규범이고 어떠한 헌법규범은 프로그램규정이라는 해석은 헌법에 그에 관한 명문의 규정이 존재하지 아니하는 한 독단적·자의적 해석일 수밖에 없기 때문이다. 둘째, 경제적으로 열악한 상황에 처한 절대빈곤층과 사회적 빈곤층에게는 자유권적 기본권이나 정치적 기본권보다 사회적 기본권의 실질적 보장이 더욱 절실한 의미를 가지기 때문이다. 셋째, 우리나라와 같이 사회국가의 원리를 지향하는 사회국가적 성격을 가진 국가인 경우에는 국가의 과제와 목표는 무엇보다도 사회

15) 헌법상의 권리 자체를 재조명한 글로는 김철수, 1999 참조.

적 기본권의 실현에 중점을 두는 것이 아니면 안되기 때문이다. 국가적 성격을 사회국가로 규정하고 국가목적을 사회국가원리의 구현이라고 규정하면서, 사회적 기본권을 프로그램적인 것 내지 추상적인 권리로 이해한다는 것은 논리적 모순이 아닐 수 없기 때문이다. 넷째, 헌법재판제도가 확립된 경우에는 헌법재판이라는 방법을 통하여 헌법불합치·입법촉구결정을 하는 것이 헌법구조상 반드시 불가능하지 않기 때문이다.

이러한 의미에서 사회적 기본권은 자유권적 기본권처럼 직접효력을 가지는 완전한 의미에서의 구체적 권리일 수는 없다 할지라도, 적어도 일부 청구권적 기본권이나 정치적 기본권과 동일한 수준의 불완전하나마 구체적인 권리로서의 성격은 가지고 있다고 보아야 할 것이다(권영성, 2004: 633-4).

1994년 생계보호기준의 위헌 여부가 문제된 사안에서 헌법재판소는 "모든 국민은 인간다운 생활을 할 권리를 가지며 국가는 생활능력 없는 국민을 보호할 의무가 있다는 헌법의 규정은 입법부와 행정부에 대하여는 국민소득, 국가의 재정능력과 정책 등을 고려하여 가능한 범위 안에서 최대한으로 모든 국민이 물질적인 최저생활을 넘어서 인간의 존엄성에 맞는 건강하고 문화적인 생활을 누릴 수 있도록 하여야 한다는 행위의 지침 즉 행위규범으로서 작용하지만, 헌법재판에 있어서는 다른 국가기관 즉 입법부나 행정부가 국민으로 하여금 인간다운 생활을 영위하도록 하기 위하여 객관적으로 필요한 최소한의 조치를 취할 의무를 다하였는지의 여부를 기준으로 국가기관의 행위의 합헌성을 심사하여야 한다는 통제규범으로 작용하는 것"이라고 하여 구체적 규범으로 보는 단초를 열고 있다(김문현, 1998: 11).[16]

16) 김철수교수(1999: 28 주 82)는 이 판결에 대해 헌법재판소는 여전히 생존권의 권리성

요컨대 국가는 헌법상의 권리를 어떻게 보장할 것인지 고민하여야 하고, 경제사정은 그 다음 단계에서 고려하여야 한다(아직까지는 논의의 기준이 거꾸로 서 있다).

(2) 그리고 이 노동권은 단순한 직장보유권[17]을 의미하는 게 아니라 취업자와 비취업자의 권리가 조정되는 개념으로 이해하고자 한다.[18]

(3)

다만, 이렇듯 노동권의 보장을 논한다고 할 때 그 노동권이란 게 노동중독증(홀거 하이데, 2000: 77-94)을 허용하는 것은 아니라는 데 유념하여야 한다. 자칫 잘못하면 일부 취업노동자는 중노동에 허덕이고 실업상태의 노동자는 곤궁에 허덕이는 결론을 허용하는 논법으로 빠져들고 만다. 전전 세기에 쓰여 진 다음 이야기에 주목하자.

노동자 계급이 자신을 지배하면서 본성까지 타락시키고 있는 악을 뿌리 뽑아 버리려면 가공할 만한 힘으로 떨쳐 일어나야 하는데,

---

을 부인하는 태도를 드러내고 있다고 해석하나 그렇게 볼 바는 아닌듯하다. 그러나 아쉽게도 헌법재판소는 여러 사정을 종합할 때 1994년의 생계보호기준은 헌법위반이 아니라는 결론을 내렸고, 이에 대해서는 광범위한 재량론에 기해 생활보호수급권의 구체적 권리성을 더욱 희석시켰다는 비난을 받고 있다. 이홍재, 1999: 123.

17) 종래 노동권에 관한 논의는 사용자의 해고의 자유를 규제하는 데 집중해 온 게 사실이다. 예컨대 이홍재(1988), 조경배(1997), 石井照久(1967: 45-146)가 그러하다.

18) 박은정 교수(1999: 10-11)는 인권론의 발전사를 서술하면서 1단계로 1차 대전전까지 자유권이 중심이었다면 2단계로는 2차대전전의 사회권 중심의 시기를, 그리고 현 단계로서 생명인권, 세대간 인권의 시대를 소묘하고 있다. 이러한 논의를 수용할 때 현 단계의 사회권, 그 가운데 노동권의 현대적 의의는 취업층과 비취업층(그리고 장래의 취업 예비군)을 포괄하는 계층간의 노동권 관념을 구성할 필요가 있다는 것으로 결론지을 수 있다. "현대의 노동권은 노동자가 국가의 제도(직업소개, 실업급부, 직업훈련, 실업대책사업 등)를 이용하여 자발적으로 자신이 좋아하는 적직을 선택하거나 보다 좋은 노동조건의 고용을 선택하는 권리, 즉 고용선택의 자유와 가능한 한 충분한 기회가 주어지는 권리를 아울러 포함하는 적직선택권을 그 규범적 내용의 기본이념으로 한다."는 지적(松林和夫, 1991: 36)도 같은 맥락으로 이해할 수 있겠다.

단지 자본가들의 착취의 권리만을 의미할 뿐인 '인권선언 Rights of Man' 또는 단지 불행할 수 있는 권리만을 의미할 뿐인 '일할 권리 Right to Work'가 아니라 누구든 하루 세 시간 이상을 일할 수 없도록 금지하는 철의 법칙을 주조(鑄造)하기 위해 봉기해야 하는 것이다. 그러면 대지는, 기쁨으로 전율하는 이 오래된 대지는 안에서 펄펄 살아 뛰뛰는 새로운 우주를 느낄 수 있을 것이다. 하지만 도대체 어떻게 하면 자본주의 윤리에 의해 타락한 프롤레타리아들에게 이처럼 진짜 사나이다운 결심을 하도록 할 수 있을까……

고대 노예제도를 슬픈 모습으로 체현하고 있는 그리스도처럼 프롤레타리아의 남편과 아내들 그리고 아이들은 벌써 한 세기 동안 고통스럽게 고난에 가득 찬 갈보리 언덕을 기어오르고 있다. 한 세기 동안이나 강제 노역이 이들의 뼈를 부러뜨리고, 피부를 멍들게 하고 신경을 망가뜨렸다. 한 세기 동안이나 굶주림이 이들의 내장과 뇌를 산산 조각내 왔다. 오! 게으름이여, 이 오랜 고통에 자비를 베푸소서! 예술과 고귀한 미덕의 어머니인 게으름이여, 이 인간의 고통에 위안이 되어 주소서!(폴 라파르그, 1997: 94-95)

(4)

결국 내가 이해하는 노동권이란 모든 노동자 - 그가 취업하고 있던 그렇지 않든 - 가 적당한 시간 일하면서 적절한 노동조건 아래 놓여 있어서 인간적인 생활을 할 수 있도록 해 줄 것을 국가에 대하여 요청하는 권리를 말한다.19)

회칙 「새로운 사태」20)는 시민이 국가 안에서 하나의 톱니바퀴

19) 따라서 "기본적으로 노동자의 생활이 유지되는 노동이어야 하고, 보다 원리적으로는 노동의 질과 양에 상응하는 대가가 지급되는 노동이어야 한다."는 지적(이영희, 1990: 74)은 너무나 당연한 이치를 밝히고 있다.

20) 교황 레오 13세의 회칙인 *RERUM NOVARUM*(1991)은 가톨릭이 사회문제에 대하여 최초의 관심을 보인 것으로 특히 노동문제를 집중적으로 다루고 있어 종래 '노동헌

"부속품"처럼 될 때마다 공공 통제의 생산 수단에 반대한다. 동시에 회칙은 경제적 관계를 완전히 국가 영역 밖에 두려고 하는 이론을 역시 단호하게 배격한다. 물론, 국가가 개입하지 말아야 할 고유의 것이 경제 활동에는 당연하게 있는 것이다. 그러나 국가는 경제적 관계들이 전개되는 법률적 조건들을 결정하고, 이렇게 어떤 부분이 다른 부분들을 실제로 노예 상태에 환원시키지 않도록, 부분들 간에 평등을 요청하는 가장 중요한 원리들을 경제적 자유 안에서 준수할 의무가 있다.

이 문제에 관해서 회칙 「새로운 사태」는 인간의 자유로운 활동을 요구하는 품위를 노동에 회복시키는 적합한 개혁들을 위한 길을 제시한다. 이러한 개혁들은 특별히 노동자가 실직의 악몽으로부터 보호를 받도록 하기 위하여, 사회와 국가에 책임을 지도록 요청한다. 과거에는 이것이 같은 방향으로 일치하는 두 가지 방법으로 일어났다. 균형 잡힌 성장을 보장해 주는 경제 정책을 통하여 또는 노동자들이 위기의 직업이나 직무로부터 발전하는 분야로 옮겨가도록 실업 보험 그리고 기술과 직업의 재교육을 통하여 일어났다.

그 외에 사회와 국가는, 노동자와 그 가족의 생계유지가 적합하게 될 수 있을 만큼, 좀 저축할 수 있는 가능성과 함께, 임금을 보장해 주어야 한다. 이것은 노동자들의 노동이 좀 더 향상되고 생산할 수 있도록, 계속 적응되는 그들의 지식과 능력을 위하여 미온적 노력을 요청하지 않는다. 그러나 역시 이것은 특별히 비천한 계급의 노동자들, 이주민들 그리고 사회 변두리에 처하여 있는 이들에 대한 수치스러운 착취가 없어지도록, 아주 적합한 법적 조치와 더불어 꾸준한 감시를 요청한다. 이 점에 있어서 최저 임금과 노동 조

장'이라 불러 왔다. 국내 번역본으로는 한국 천주교 정의평화 위원회 교육분과(1983)와 최영철 신부(1994: 7-49) 번역본이 있다.

건을 교섭하는 노동자들의 노동조합이 결정적 역할을 하는 것이다.

끝으로 노동과 휴식의 "인간적" 시간의 존중과, 노동 장소에서 자신의 양심과 존엄성이 모독을 받지 않고 자신의 성격을 표현할 수 있는 권리가 보장되어야 한다. 계약의 진정한 도구로서뿐 아니라, 노동자들의 성격이 선언되는 "장소"로서 노동조합의 역할은 확실히 여기에서 재론되는 것이다. 노동조합은 확실한 노동 문화의 발전에 기여하며, 또한 노동자들로 하여금 정말로 인간적으로 기업 생활에 참여하도록 도와준다.

국가는 이러한 것들을 직접적이고 간접적인 방법으로 실현하기 위하여 자기 몫을 해야 하는데, 간접적으로 그리고 보조성의 원리에 따라서는, 많은 고용 기회와 부의 원천을 제공하는 경제적 활동의 자유로운 수행에 유리한 생산 조건들을 만들어줌으로써, 직접적으로 그리고 연대성의 원리에 따라서는, 더욱 비천한 이들을 보호하기 위하여, 노동 조건을 결정하는 집단들의 자립성에 일정한 제한을 두고 실직한 노동자가 최소한 생계유지에 필요한 것을 가질 수 있도록 함으로써 그렇게 할 수 있다.

이 회칙과 이와 결부된 교회의 사회 교도권은 19세기와 20세기를 잇는 시대에 다양하고도 광범위한 영향을 미쳤다. 이 영향은 노동자들의 권리를 더욱더 존중할 수 있는 범위 내에서, 사회 보장, 연금, 건강과 사고 보험으로 실시된 수많은 개혁에서 현저하게 나타난다(백주년 15항).

II

구조조정과 고용승계

1. 문제의 제기
- 기업의 조직변경에 따른 노동자 신분의 변동

바야흐로 격변의 시기이다. 정치, 경제, 사회, 문화 모든 분야에서 변화의 움직임을 확인할 수 있다. 이러한 움직임은 기업의 경영과 노동생활이라고 예외일 수는 없다.

90년대에 들어서서 기업합리화 조치의 일환으로 합병과 영업양도 등 기업조직의 변경이 눈에 뜨이게 늘어나고 있다. 기업의 인수·합병(소위 M&A)은 사업의 확대와 강화를 위한 주요전략으로 구사되고 있을 뿐만 아니라 이를 중개하는 사업도 점차 늘어나고 있다. 기업은 자본집중에 의한 이윤추구라는 본래의 목적을 달성하기 위하여 자체의 기술혁신이나 경영합리화를 도모하는 것에 만족하지 않고 생산비 절감, 규모의 경제 실현, 시장의 독점, 각종 조세의 감면 등 여러 가지 경제적 이득을 좇아 다른 회사와 결합하려고 한다. 특히 IMF사태라는 예전에 겪어보지 못했던 경제위기를 맞이하여 기업의 인수·합병은 선택항목이 아니라 반드시 거쳐야 할 과정으로 여겨지고, 정부정책도 이를 강력하게 추진한 바 있다.[1)]

그런데 기업조직에 변화가 오면 노동자의 신분에도 중대한 변화를 초래한다. 종전에 소속하던 회사와는 다른 회사로 소속이 바뀌는 데 따른 정체성(identity) 혼란이라는 문제가 나타나기 쉽고 새 회사에서의 노동조건이 전과는 달라질 수도 있다. 따라서 조직변경을 하는 데는 관계회사 소속 노동자들을 어떻게 대우할 것인지 하는 인사노무 문제가 중요한 현안으로 등장하게 된다. 관련 기업의 종업원들의 노동조건 기타 처우를 어떻게 통일시키고 어떻게 변경할 것인지, 취업규칙은 어떻게 정비할 것인지 하는 문제가 과제로 대두된다(특히 업종이 다른 기업 간에 결합을 하는 경우에는 더욱 그러하다). 이들 문제는 한 마디로 관계 기업의 종업원들의 노동계약관계가 어떻게 되는가 하는 문제라고 할 수 있겠다. 더욱이 은행의 합병이 곧 수많은 은행원들의 해고를 의미하였듯이 기업조직의 변동은 노동자의 노동생활에 결정적인 영향을 미치고 있다. 그 때문에 오늘날 노동자들의 최대관심사는 어떻게 일자리를 보전하는가 하는 것인데, 불행하게도 하루아침에 일자리를 잃어버리는 사태를 맞이하는 예도 없지 않다.

이러한 상황 속에서 기업조직의 격변과 함께 그에 따른 노동자지위의 변동을 어떻게 바라보아야 할지 심각하게 고민하지 않을 수

1) 구조조정과 고용승계소위 빅딜(big deal; 대규모 사업교환)이라는 것은 대기업들로 하여금 기업의 인수합병을 통해 새로운 짝짓기를 하라는 유언 무언의 경제정책을 가리키는 용어이다. 그런데 이러한 규모의 경제 이론은 개발초기단계에서는 정당성을 가지지만 기업의 규모가 최적단위를 벗어나거나 하나의 공장이 아닌 다수의 공장으로 분산되어 있을 때에는 규모의 경제는 이루기 어려운 것 또한 사실이다. 또한 합병을 통하여 독과점상태가 형성되면 이러한 업체는 기술개발에 노력하지 않게 되고 결국은 모든 국민, 국가경제 전체에 폐해를 끼칠 우려도 있다는 데 유의하여야 한다. 황적인/권오승, 1994: 61-62.

없다. 우리 노동법학계에 당장 눈앞에 다가온 과제는 기업의 존속과 노동자의 노동생활 유지를 어떻게 조화시킬지 하는 문제일 것이다.

이러한 문제의식을 가지고 기업조직이 변동하는 모습으로서 기업의 합병과 인수, 분할 그리고 사업의 양도에 따르는 노동법상의 문제를 검토해보고자 한다. 특히 기업조직의 변동에 따른 고용조정 수단으로서의 경영상 이유에 의한 해고의 당부가 검토대상이 된다.

노동법학에서 기업조직의 변화에 따르는 경영상 이유에 의한 해고(이하 '경영해고'라 한다.[2])를 급박한 검토과제로 다루는 이유는 경영해고의 독특한 성격 때문이다. 경영해고는 개별적인 해고에 비해 크게 두 가지 측면에서 특수성이 논의된다.

첫째, 정리해고는 노동자의 귀책에 의한 것이 아니라는 점이다. 자본주의 경제에서 경기순환이나 구조조정은 필연적이라고 할 수 있기 때문에 사용자의 귀책에 의한 것이라고 하기에도 무리가 있다. 즉, 정리해고는 사용자나 노동자 측의 내재적 사유에서 비롯된 것이 아니라 외재적인 경제적·기술적 구조변화로 인해 야기된 불가피한 측면이 있다. 이와 같이 노동자의 귀책사유 없이 해고된다

2) 종래 학설·판례와 행정실무 모두 경영상 이유에 의한 해고를 정리해고라는 용어로 대신해왔다. 그런데 1998년 2월 20일의 개정 근로기준법 제31조에서 '경영상 이유에 의한 해고'라는 용어를 법전상의 용어로 사용하고 있으므로 이에 따르는 게 적절할듯하다. 다만, '경영상 이유에 의한 해고'라는 용어법은 손쉽게 사용하기에는 지나치게 긴 감이 든다. 때문에 이를 '경영해고'라고 간략하게 부르고자 한다. 이 용어를 쓰는 예로는 이상윤(1997: 488)을 들 수 있다. '경영상 해고'라고 표현하기도 한다[박종희, 1998: 2]. 손창희 교수는 "정리해고라는 용어는 원래 일본에서 만들어 사용되고 있는 한자숙어인데 우리나라에서 몇 학자를 제외하고는 학술논문, 판례, 행정해석과 당사자 및 매스컴 등 모두 아무 생각 없이 그 낱말을 무비판적으로 '借用'하고 있는 것은 반성해야 할 것이다. 조정해고는 '법이 허용하는' 다양한 고용조정수단 가운데 최종 마지막 카드라는 점에 주목하면 '調整解雇'라고 부르는 편이 보다 더 적절한 용어법이라 여겨진다"(1998: 70)고 지적한 바 있다. 대단히 시사적인 지적이라 생각된다. 그러나 이 글에서는 법전상의 용어에 가깝게 경영해고라고 쓰기로 한다.

는 특수성에서 그 대책의 특수성도 도출되어야 한다. 만약 노동자의 귀책사유로 해고된다면 그 후의 생활상 곤란은 원칙적으로 노동자의 책임이다. 마찬가지로 사용자가 정당하지 않은 해고를 할 때에는 원직복귀를 시키는 등의 형식으로 사용자가 그 책임을 부담한다. 그러나 정리해고는 사용자나 노동자의 책임으로 돌리기 어려운 측면이 있기 때문에 누가 어떻게 책임을 부담하는가에 대한 고찰이 필요하다.

둘째, 정리해고는 대규모로 행해지는 경우가 많기 때문에 당해 노동자들의 고용상실은 대규모 노동분쟁을 야기하고 해고 대상자나 그 가족에 대한 피해뿐 만 아니라 심각한 사회적 문제를 유발할 수 있다는 점이다. 대규모의 정리해고가 행해진 경우에는 실업기간 동안 노동자와 그 가족에 대한 소득보장문제, 실업급여, 직업훈련, 구직활동의 지원 등 여러 가지 사회적 비용이 필요하다. 이러한 사회적 비용은 국가에 의해 부담될 수도 있고, 노동자를 계속 보유하도록 함으로써, 즉 정리해고를 금지시킴으로써 사용자에게 전가할 수도 있으며, 해고를 허용함으로써 노동자에게 전부 부담시킬 수도 있다. 여기에서 문제는 누가 그 비용을 부담하는 것이 사회적으로 가장 효율적인가 하는 것이다. 정리해고가 자본주의 경제에서 필연적인 것이라면 정리해고에서의 핵심적인 문제는 당사자 중 누가 귀책사유가 있는가를 추궁하는 것이 아니라 노동자, 사용자 및 국가 중에 사회적 비용을 어떻게 정당하게 배분하는가의 문제이라고 할 수 있다. 가장 효과적인 비용회피자에게 책임을 부담시킴으로써 정리해고의 사회적 비용을 최소화하는 방안을 강구할 필요가 있는 것이다. 따라서 정리해고에 대한 대책은 배분적 정의를 어떻게 실현할 것인가의 문제라고도 할 수 있다(김유성, 1997: 8-9).

경영해고의 이러한 특성 때문에 많은 국가에서 경영해고를 개별적 해고와는 다르게 규제하고 있다. 그 기본적인 사고는 경영해고의 부정적인 결과에 대한 책임을 노사정이 공평하게 분담하여야 한다는 것이다. 경영해고의 결과는 노사정 모두에게 미치는 것이기 때문에 그 규제제도를 설정하는 데는 삼자의 이익을 형량 하여 제도화하는 것이 바람직하다. 경영해고에 관한 조치는 가능한 한 경영해고를 회피하기 위한 것이어야 하며, 경영해고가 회피될 수 없다면 그 부정적인 결과는 가능한 한 최소화하여 고용상실의 고통을 완화할 수 있어야 한다.

이와 같은 경영해고의 특성을 감안하면서 기업조직의 변경에 따른 경영해고를 고용의 승계라는 측면에서 검토해보기로 한다. 이 문제의 검토에는 현행 근로기준법 제31조의 해석이 대단히 중요한 요소로 작용할 것이다. 따라서 동 조항의 해석론을 중심으로 구조조정과 고용승계, 그리고 경영해고 문제에 대한 해답을 찾아보자.

2. 근로기준법 제31조 1항 2문의 의의

1) 경영해고의 법제화

잘 알려져 있는 바와 같이 1996년 말과 1997년 초에 걸친 노동법 개정 파동(양대 노총 주도하의 총파업)을 걸쳐 1997.3.13. 제정된 근로기준법은 경영해고를 명문으로 규정하였다. 당시의 근로기준법 제31조는 조문의 명칭을 '경영상 이유에 의한 고용조정[3]'이라 하여

3) 종전에 관행삼아 쓰여 온 '정리해고'라는 용어 대신 '고용조정'이라는 용어를 법전상의 용어로 등장시킨 것은 정리해고라는 말이 주는 위압감·거부감 때문인 것으로 이야기된다.

그간 판례법리를 통해 형성되어온 경영해고의 요건을 명문화하였다. 즉 우리 대법원은 경영해고를 하기 위해서는 ① 해고를 하지 않으면 기업경영이 위태로울 정도의 긴박한 경영상의 필요성이 있어야 하고, ② 경영방침이나 작업방식의 합리화, 신규채용금지, 일시휴직 및 희망퇴직의 활용, 배치전환 등 해고회피를 위한 노력을 다해야 한다. ③ 합리적이고 공정한 정리기준을 설정하여 이에 따라 해고대상자를 선별하여야 하고, ④ 해고에 앞서 노동자 측에 적절한 통지를 하고 이들과 성실하게 협의할 것을 요구해왔는데(대법원 1989.5.23.선고 87다카2132 판결 등). 이 법리를 법제화한 것이다. 그러나 당시 근로기준법 부칙 제1조는 이 조항의 시행을 2년 동안 유예하고 있었다.[4]

그러나 IMF 구제 금융 사태라는 국가누란의 경제위기는 노사정의 사회협약을 이끌었고 그 합의사항의 하나로 경영해고의 즉각 실시를 보게 하였다. 즉 1998.2.20. 개정 근로기준법은 제31조의 조문 표제를 '경영상 이유에 의한 해고의 제한'으로 바꾸는 한편 그간 동 조항의 적용을 유예하고 있었던 부칙 제1조를 삭제하여 정당한 경영해고는 즉각 실시할 수 있도록 하였다. 현행법의 기본골격도 구법과 다를 바는 없는데, 다음과 같은 몇 가지 변화가 있었다.

첫째로, 긴박한 경영상의 필요와 관련하여 "경영악화를 방지하기 위한 사업의 양도·인수·합병은 긴박한 경영상의 필요가 있는 것으로 본다"는 규정을 첨가하였다(제31조 1항 2문).[5] 둘째로, 해고회피과정과 해고대상자 선정 때 "남녀의 성을 이유로 차별하여서는 아니된

4) 그러나 이러한 유예조치와는 관계없이 종래의 판례법리에서 정하는 요건을 갖출 때는 여전히 경영해고를 할 수 있다고 해석한다. 노동부, 1997: 153-4.

5) 경영해고를 처음 법제화한 1996.12.31. 근로기준법은 애당초 '계속되는 경영의 악화, 생산성 향상을 위한 구조조정과 기술혁신 또는 업종의 전환 등'을 긴박한 경영상의 필요에 해당하는 사유로 예시하고 있었다. 그러나 법제정절차에 중대한 흠이 있는 이 법을 과연 법이라고 볼 것인지는 의문이다.

다"는 차별금지 규정을 신설하였다(제31조 2항 2문). 셋째로, 해고회피 및 해고대상자 선정과 관련하여 사용자로 하여금 노동자대표에게 해고하고자 하는 날의 60일전까지 통보하고 성실히 협의하도록 해고예고기간과 성실협의의무를 명문화하였다. 넷째로, 일정규모 이상의 노동자를 해고하고자 할 때에는 노동부장관에게 사전 신고토록 하였다. 다섯째로, 경영해고를 행한 기업에서 해고 후 2년 이내에 노동자를 채용할 때는 경영해고당한 노동자를 우선 고용토록 하였다. 그러나 이는 법적의무가 아니라 노력의무이기 때문에 큰 의미는 없을 듯하다.

이렇듯 근로기준법에 경영해고가 명문화되기 전에는 판례법리를 통하여 기업조직의 변동에 따른 경영해고가 정당한지를 논의해왔는데 현행법에는 명문의 규정을 두어 이를 해결하고 있어 제정법의 정확한 해석이 노동법학의 과제로 떠오르고 있다. 그런데 근로기준법 제31조 1항 2문은 '경영악화를 방지하기 위한' '사업의 양도·인수·합병'은 긴박한 경영상의 필요가 있는 것으로 본다는 것을 규정하고 있을 뿐이어서 경영해고의 네 가지 요건 중 '긴박한 경영상의 필요'를 부언하고 있다는 의미 이외에는 다른 아무것도 얘기해주는 바가 없다.

이하 이 조항의 해석을 중심으로 나머지 세 가지 요건을 아울러 검토하면서 사업의 양도·인수·합병과 노동관계의 승계문제를 짚어본다.

2) 경영악화를 방지하기 위한 '사업의 양도·인수·합병'

(1) '사업의' 양도·인수·합병

우선 사업의 양도·인수·합병의 의미를 밝히는 작업이 필요하다. 상법학에서는 경영학상의 기업매수(M&A; merger & Acquisition)라는 용어를 차용하여 널리 다른 회사의 경영지배권을 취득하기 위하여 거래하는 것을 총칭하곤 한다. 이 기업매수의 수단으로 보통 합병, 상대방회사의 주식의 매수 및 의결권대리행사의 위임장(proxy) 취득이 있고, 더 넓게는 영업의 양수도 포함한다고 설명한다(정동윤, 1988: 791-2). 이와 같이 종전에는 기업의 이전을 의미하는 상법상의 영업양도라는 개념만을 쓰고 있었을 뿐인데 현행법에서 이 사업양도라는 용어를 법제화하였다는 것은 기업(또는 영업)과 사업이라는 것을 구분하고자 하는 입법자의 의도를 읽을 수 있다.[6]

사업의 개념을 분명히 하기 위해서는 우선 사업과 기업의 차이를 파악해야 한다. 사업과 기업은 일반적으로 목적의 면에서 구별된다. 사업은 노동 기술적 목적을 달성하기 위한 조직적 통일체인 반면, 기업은 경영적 또는 관념적 목적을 달성하기 위한 조직적 통일체이다.[7] 따라서 사업과 기업은 개념상 구별된다. 사업양도의 차원에서는 기업이 하나의 사업으로 구성되어 외관상 양자가 일치하는 경우에도 노동관계의 이전이라는 사업양도의 법적 효과라는 측면에서는 기업양도와 사업양도를 개념적으로 구별할 필요가 있다. 예컨대 기업의 일부 구성요소가 제외되면서 양도되는 경우에 그 제외

---

6) 물론 논자에 따라서는 여전히 '사업=기업'이라 읽기도 한다. 현행 근로기준법은 예전과 마찬가지로 곳곳에서 '사업 또는 사업장'이라는 용어를 사용하고 있고, 이 때 사업은 기업으로 이해하곤 한다(대법원 1992.2.28 선고 91다30828 판결 등).

7) 즉 기업의 존속보호라는 상법상의 법리와는 독자적으로 노동관계의 존속보호라는 노동법적 관점이 도입되어야 한다는 것이다(현천욱, 1997: 35).

되는 구성요소가 '기업'에만 관련되는 요소인지 또는 '사업'과 직접적으로 관련되는 요소인지를 구별하여야 한다. 따라서 사업양도를 논할 때의 사업개념은 '사용자가 노동자와 함께 물적·비물질적 수단을 사용하여 노동 기술적 목적을 계속적으로 추구하는 조직적인 통일체'라고 정의할 수 있겠다(이승욱, 1997: 36).

이에 반해 인수합병의 의미는 사업에 대한 인수·합병이 아닌 기업의 인수합병의 의미로 새겨야 한다는 지적이 있다. 문장구조상으로는 "사업의"라는 문언은 양도에 대해서 뿐만 아니라 인수·합병까지를 꾸며주고 있다. 그러나 이러한 문리해석에서 한 걸음 나아가서 '사업의 인수·합병'이라는 법적 개념이 논리적으로 성립되는지 따져보아야 한다. 왜냐하면 인수합병은 기업의 경영지배권 획득을 목적으로 행하는 행위를 지칭하는 것인데, 경제적 가치개념으로서의 기업 및 이에 대한 경영지배권의 관념은 노동기술적인 목적 하에서 노동조건의 결정단위의 의미를 지닌 사업과는 기본적으로 접근시각을 달리하는 것이다. 또한 사업의 양도에서는 사업의 일부만을 양도할 수도 있지만, 기업의 인수합병의 경우 소멸하는 회사의 권리·의무가 존속하는 회사로 포괄 승계되어 일부인수 내지 합병이란 있을 수 없다. 따라서 법문상 인수·합병은 기업(회사)의 인수합병을 의미하는 것으로 해석하는 것이 타당하다는 것이다[8].

이러한 지적은 인수·합병의 의미를 정확히 파악하고 있는 것으로 생각된다. 다만, 근로기준법에서 사업의 인수합병이라고 표현하고 있는 것을 좋은 의미로 파악하자면 기업의 인수·합병인 경우에도 사업의 동일성이 유지되므로 노동관계가 승계됨을 주의적으로 나타내고자 하는 취지로 읽을 수도 있을 듯하다.

---

8) 이렇게 해석하는 경우 법문은 "사업의 양도·인수합병"보다는 "사업의 양도, 기업의 인수합병"으로 표현되는 것이 더욱 적절하다고 한다(박종희, 1998: 8).

(2) 사업양도

① 사업양도와 사업의 동일성

사업양도란 '사용자가 노동자와 함께 물적·비물질적 수단을 사용하여 노동 기술적 목적을 계속적으로 추구하는 조직적인 통일체'를 '그 동일성을 유지하면서 일체로서 이전하는 행위'라고 정의할 수 있겠는데, 학설·판례·행정해석은 사업양도로 노동관계는 승계된다고 해석한다. 달리 말하자면, 사업양도인 경우에는 노동관계가 승계되지만 그렇지 않은 경우에는 반드시 고용승계가 이루어지는 것은 아니다. 따라서 사업양도에 해당하느냐 그렇지 않으냐의 판단이 중요한 관건이 된다.

창신낙산복지회 사건에서 대법원은 "영업의 양도라 함은 일정한 영업목적에 의하여 조직화된 총체 즉 물적, 인적 조직을 그 동일성을 유지하면서 일체로서 이전하는 것"이므로 "운수업자가 운수업을 폐지하는 자로부터 그 소속 종업원들에 대한 임금 및 퇴직금 등 채무를 청산하기로 하고 그 운수사업의 면허 및 운수업에 제공된 물적 시설을 양수한 후, 폐지 전 종업원 중 일부만을 신규채용의 형식으로 새로이 고용한 경우, 그러한 사정만으로는 영업양도라고 볼 수 없다."는 이유로 노동관계가 당연히 승계되는 것은 아니라고 판단하였다(대법원 1995.7.25 선고 95다7987 판결).[9)]

---

9) 마찬가지로 롯데칠성음료 사건에서도 대법원은 "갑회사가 을회사의 기존 판매망과 생산시설을 바탕으로 하여 동일한 제품을 생산하게 되었다 하더라도 이로써 당연히 을회사와 갑회사 사이에 노동자와의 노동관계를 포함한 유기적 조직체로서의 을회사의 영업 전부나 일부를 양도하기로 하는 내용의 영업양도에 관한 합의가 있었다고 보기 어렵고, 또한 을회사 소속 노동자들 일부를 을회사에서 퇴직하게 한 후 갑회사가 신규입사 형식으로 채용하였다면, 그 영업에 관련된 을회사 소속 노동자들을 종전의 노동조건이나 직급상태로 그대로 인수한 것이 아닐 뿐 아니라 을회사의 노동자 일부는 그대로 잔류하였던 것으로 인정되고 그밖에 갑회사가 을회사에 관련한 다른 자산이나 부채, 채권과 채무 등에 관련하여 이를 모두 인수한 것으로 인정할 아무런 증거가 없다면, 갑회사

판례의 태도를 정확하게 읽기가 쉽지는 않은데 판례는 사업이 양도되면 노동관계도 이전되는데 사업양도에 해당하는지 여부의 판단은 사업양도 전후에 걸쳐 '사업의 동일성'이 유지되는지에 달려 있다고 보는 듯하다.

사업양도시 노동관계의 이전을 인정하는 배후에 깔려 있는 사고는, 사업의 양도가 이루어지면 기존의 사업주, 즉 양도인에 대하여 노동자는 통상적으로 노동을 제공할 수 없다는 것을 전제로 하고 있다. 물적·비물질적 사업수단이 양도되면, 즉 사업의 기초가 양도되면 기존의 사업주에 대한 취로가능성은 사실상 소멸되는 것이다. 그런데 이 경우에 기존의 업무는 당연히 소멸하는 것이 아니라 양수인에게 그대로 이전된다. 이러한 취로가능성이 사실상 그대로 유지되는 경우, 즉 '업무의 동일성'이 유지되는 경우에는 노동관계의 이전을 인정함으로써 노동관계의 존속을 보호하고자 하는 데에 규범의 목적이 있는 것이다. 따라서 양수인이 취득한 사업수단을 투입하여 새로운 업무를 새로이 창출하여야 한다면 사업양도는 인정되지 않을 것이다(이승욱, 1997: 63).

여기에서 사업의 동일성은 사업의 계속운영가능성으로 파악되어야 하며, 본질적 사업수단의 양도라는 점과 사업으로서의 기능능력을 가진 채 양도되어야 한다는 두 가지 요건이 갖추어지면 사업양도에 해당한다고 볼 수 있다.

사업의 동일성이 인정되기 위한 첫 번째 요건은 단순한 사업재산이 양도되는 것만으로는 부족하고 '본질적' 사업수단이 양도되어야 한다는 것이다. 그러나 반드시 전체 사업수단이 모두 양도될 필요는 없다. 이 경우 사업수단의 '본질성'은 사업의 성질에 따라 달리

가 실질적으로 을회사의 영업 전부나 일부를 포괄적으로 양수한 것으로 보기도 어렵다."고 판시하고 있다(대법원 1994.11.18 선고 93다18938 판결).

판단되어야 한다.[10]

사업양도가 인정되기 위한 두 번째 요건은 사업재산이 기능관련성을 가지고 양도되어야 한다는 것이다. 즉 사업은 기능능력을 유지한 채 양도되어야 한다. 본질적인 사업수단이 양도된다고 하여도 당해 사업수단이 기능관련성을 상실한 채 양도되면 사업양도가 아니라 새로운 사업의 설립에 불과하다. 그런데 사업의 기능능력의 판단에 있어서는 노동관계를 포함하여 판단하여야 한다. 따라서 본질적 사업수단만이 양도되고 노동관계가 일체 인수되지 않은 경우에는 사업양도가 인정되지 않는다. 그러나 노동관계의 전부가 이전되어야 하는 것은 아니다. 사업으로서 기능을 유지하기에 족한 정도로 노동관계가 이전되면 족하다.

사업양도 이후 양수인이 사업의 목적을 변경하는지 또는 기존의 목적을 그대로 유지하는지에 대한 양수인의 양수목적은 사업양도의 인정과는 무관하다. 사업양도에서 사업의 동일성은 '객관적' 계속운영가능성을 의미하기 때문이다.

② 사업양도와 노동관계의 이전

이렇듯 사업양도로 노동관계 역시 이전된다. 그런데 사업양도로 노동관계도 이전된다고 하면서도 학자에 따라서 그 내용은 조금 다르게 이해하고 있다. 이 문제는 사업양도계약의 당사자인 양도인과 양수인이 사업양도 때 일부의 노동자를 노동관계 이전의 대상에서 배제할 것을 명시적으로 합의한 경우 그러한 합의가 유효한지 여부

10) 예컨대 제조사업의 경우에는 통상적으로 물적 사업수단을 중심으로 본질적 사업수단인지 여부를 판단하고, 물적 사업수단 중에서 어떠한 것이 본질적인지 여부는 당해 사업의 노동기술적 목적에 따라서 개별적으로 판단되어야 한다. 서비스사업은 물적 사업수단은 본질성을 결여하고 있는 경우가 많고 물적 사업수단 자체가 존재하지 않는 경우가 있기 때문에 사업수단만을 고려한 사업의 동일성 판단은 한계가 있다(이승욱, 1997: 78-81).

에 대한 이른바 당연승계설과 원칙승계설의 대립으로 나타난다[사업양도시 노동관계의 이전에 대해 양도계약당사자의 명시적인 합의가 필요하다는 이른바 특약필요설(하경효, 1997: 56-57)은, 현재 우리나라에서 이러한 입장을 취하는 학설이나 판례·행정해석은 없기 때문에 학설사적 의미만을 가지고 있을 뿐이다[11]].

당연승계설을 취하고 있는 입장에서는 그러한 합의 자체를 무효로 파악하고(김영훈, 1987: 709; 임종률, 1985: 556 이하; 하경효, 1997: 58-68), 원칙승계설의 입장에서는 그러한 합의의 유효성은 일응 인정하면서도 사업양도 그 자체만을 사유로 삼아 노동자를 해고하는 것은 근로기준법 제30조 소정의 '정당한 이유'가 있는 경우에 해당하지 않는다고 본다(손창희, 1998: 86; 대법원 1994.6.28. 선고 93다33173 판결; 1992.7.14. 선고 91다15225 판결; 1991.11.12. 선고 91다12806 판결 등).

당연승계설과 원칙승계설은 사업양도 그 자체를 이유로 한 해고는 근로기준법 제30조 제1항 위반의 해고라고 하는 점에서는 공통되지만, 다음과 같은 점에서 차이가 있다. 당연승계설에 의하면 사업양도 때 일부 노동자에 대해서는 노동관계의 이전을 배제한다는 합의 그 자체가 무효이기 때문에 제외된 노동자는 양수인에 대하여 해고무효를 다투는 반면에, 원칙승계설은 일단 그러한 합의의 유효를 전제로 하기 때문에 양도인에 대하여 해고무효를 다투게 될 것이라는 점에서 차이가 있다. 그런데 사업양도시 해고의 효력을 다투는 노동자의 노동관계도 사업양수인이 양수한다고 보면 이 두 입장은 실질적인 차이가 없게 될 것이다.

판례는 사업양도시 이전되는 노동관계의 범위에 관하여 계약체결일 현재 실제로 그 사업부문에서 근무하고 있는 노동자와의 노동

11) 어떤 형식으로든 노동자가 사업주 개인에게 고용되어 있는 것이 아니라 사업 그 자체와 결합되어 있다는 점을 인정할 수밖에 없는 오늘날의 노사관계하에서는 이러한 입장은 더 이상 논할 필요가 없다고 한다(이승욱, 1997: 176).

관계만을 대상으로 한다고 하여 계약체결일 이전에 해당 사업부문에서 근무하다가 해고된 노동자로서 해고의 효력을 다투는 노동자와의 노동관계까지 승계되는 것은 아니라는 원칙을 밝히고 있다(대법원 1995.9.29. 선고 94다54245 판결). 다만 예외적으로 해고의 효력을 다투고 있는 자에 대한 해고의 무효가 명백한 경우와 같이 특별한 사정이 있는 경우에는 이러한 노동자의 노동관계는 이전된다고 한다(대법원 1996.5.31. 선고 95다33238 판결).[12]

그러나 판례의 태도는 비판을 받고 있다. 사업양도의 상황은 일반적으로 정리해고, 전적 등 여러 가지 법적 쟁점이 포함되어 있는 경우가 많다. 사업양도가 이루어지기 이전 또는 그 이후의 상황에서 노동관계의 종료와 관련되는 조치를 취할 경우에 그 조치가 해고에 해당하는 것인지는 불분명한 경우가 보통이다. 판례의 원칙에 따른다면 그러한 불명확성에서 야기되는 위험을 사실상 노동자에게만 부담시키는 결과가 된다. 그런데 양수회사의 사정이나 양도계약과 관련되는 상황을 구체적으로 알 수 없는 노동자가 그러한 특별한 사정을 입증하는 것은 사실상 불가능하다. 따라서 사업양도가 이루어지는 경우에는 해고의 효력을 다투고 있는 노동자에 대해서 양수인은 '계속 중인 재판에서 노동자의 승소를 정지조건으로 하는 노동계약'을 승계한다고 이론 구성하는 것이 타당하다는 것이다.

이렇게 본다고 하여도 사업양수인에게 불합리한 부담이 되는 것은 아니다. 양수인은 양수하려는 사업의 상황에 대하여 자세히 조사검토하는 것이 일반적이기 때문이다. 또한 판례의 태도를 존중한다고 할지라도, 양도인이 사업양도 때 일부 노동자를 배제한다는

12) 이 사건에서 법원은, 해고의 원인이 된 전적명령 자체가 아무런 효력이 없음이 객관적으로 명확하게 되었다는 점, 양도회사와 양수회사의 임원의 구성원이 중첩되고 있기 때문에 양수회사도 해고의 무효를 알고 있었다는 사정 등을 고려하여 해고의 효력을 다투고 있는 노동자의 노동관계의 이전을 인정하고 있다.

합의를 한 이상 양도인의 당해 해고가 이러한 배제합의에 근거하여 이루어진 것이라면, 배제합의를 유효로 만드는 특별한 사정이 없는 한, 해고의 무효가 명백한 경우에 해당하기 때문에 이러한 노동자의 노동관계는 양수인에게 이전되게 될 것이라는 해석이다(이승욱, 1997: 177).

이 당연승계설을 지지하는 견해가 사업양도의 본질을 더욱 적절히 파악하고 있는 것으로 생각된다. 원칙승계설을 주장하는 쪽에서는 이러한 이치를 직접 밝히고 있는 명문의 규정이 없는 현행법체계 아래서는 입법론이 아닌 해석론으로서는 받아들이기 어렵다고 반론을 제기하기도 하나(현천욱, 1997: 34), 현행 근로기준법 제31조 1항 2문의 해석론으로 충분히 그러한 결론을 도출할 수 있을 것으로 여겨진다. 이 조항에서 "경영악화를 방지하기 위한 사업의 양도·인수·합병은 긴박한 경영상의 필요가 있는 것으로 본다."는 것은 경영악화 방지와 무관한 사업의 양도·인수·합병은 긴박한 경영상의 필요가 없다는 것이고, 그 경우에는 당연히 노동관계가 승계된다는 것을 전제하는 것으로 해석되기 때문이다.

③ 노동자의 거부권 행사

한편 사업양도에서 노동관계의 이전 여부는 노동관계가 이전되지 않은 노동자가 자신의 노동관계의 이전을 주장하는 형식으로 주로 문제되기 때문에 노동관계가 이전되는 노동자의 의사는 특별히 문제되지 않는 경우가 대부분이다. 그런데, 노동자가 사업양도로 인한 노동관계의 이전을 거부하고 원래의 사용자인 양도인의 사업에서 계속 노동을 제공하려고 하는 경우[13]에는 노동관계의 이전에 대한 노동자의 동의문제가 핵심적인 쟁점으로 부각된다. 이에 관해

13) 예컨대 양수기업보다 양도기업의 각종 여건이 훨씬 좋은 경우를 생각해보라.

서는 同意必要說과 同意不要說간의 다툼이 있다.

동의필요설은, 민법 제657조 1항이 "사용자는 노무자의 동의없이 그 권리를 제3자에게 양도하지 못한다."고 (노무제공의 이른바 一身專屬性을) 규정하고 있는 점을 전제로 하여, 노동관계에서 사용자 권리의 일신전속성을 규정한 민법 제657조 제1항이 사업양도의 경우라고 하여 그 적용이 배제되어야 할 합리적인 이유가 없다는 점, 노동계약의 상대방인 사용자는 노동계약의 본질적인 요소로서 그 변경이 계약당사자인 노동자의 의사와 무관하게 변경된다는 것은 있을 수 없다는 점, 노동자가 일상적으로 기업이라는 유기적 조직체의 일부에 편입되어 있다고는 하여도 사업양도의 대상이 되는 다른 유형·무형의 의사를 가지지 않는 재산과 동일하게 취급하는 것은 인간의 인격적 존엄성을 침해하는 것으로서 허용될 수 없다는 점, 이른바 轉籍의 경우에 노동자의 개별적인 동의를 요하는 것과 달리 볼 이유가 없다는 점 등을 근거로 제시하고 있다. 다만, 노동자의 동의는 반드시 명시적일 필요는 없고, 노동자가 별다른 이의를 제기하지 않고 양수회사에서 근무하고 있다면 노동자의 묵시적인 동의가 있었다고 인정한다(김홍준, 1994: 43; 이용구, 1997: 138; 현천욱, 1997: 41).

반면에 동의불요설은 민법 제657조에서 규정하는 노무계약은 노동법상의 노동계약과 그 성질을 달리하므로 노동계약의 이전에는 적용되지 않는다는 것을 주된 논거로 하는 듯하다(이상윤, 1997: 474; 박홍규, 1995: 537). 이 논리의 연장에서 노동자의 직업선택의 자유와 인간의 존엄성 보장이라는 측면에서 노동자의 즉시해지권을 인정하자거나(김형배, 1997: 387-8) 노동자에게 노동관계의 이전에 대한 거부권을 인정하자고 주장하는 견해(이승욱, 1997: 119-175; 하경효, 1997: 69-74)가 있다.

사업양도에 따른 노동관계의 이전에 대하여 노동자가 동의를 하지 않는다거나 거부권을 행사하는 것은 보통의 경우 그 직장에서의 노동생활의 종료를 의미한다. 이는 곧 생계원천의 소진을 의미하는 것이고 그 때문에 동의필요설이나 동의불요설이 전혀 지평이 다른 논의가 아니라는 것을 의미한다.

하지만, 그럼에도 다음과 같은 실익을 생각할 때 노동자에게 거부권을 인정하자는 견해에 주목할 필요가 있을 듯하다. 첫째로, 거부권은 소급효를 가진다. 둘째로, 거부권이 사업양도 실시 이후에 행사되면 거부권을 행사한 노동자는 그 사이에 이루어진 노동에 관하여 사실적 노동관계론에 따라 사업양수인에 대해 책임을 물을 수 있다. 셋째로, 노동자가 거부권을 행사하여 양수한 사업의 계속운영이 불가능하다고 하여도 양수인은 사업양도계약 그 자체를 해제 또는 취소할 수 없다(이승욱, 1997: 175).

(3) 기업의 인수·합병

(1)

앞에서 본 바와 같이 기업의 인수합병은 크게 구별하려 하지 않고 기업매수 하나로 설명하기도 하지만, 현행 근로기준법에서 이를 나누어 규정하고 있으므로 그 법적인 의미를 획정하는 것은 불가피하다.

먼저 합병이란 2개 이상의 회사가 계약에 의하여 신회사를 설립하거나(이 경우에는 종전의 회사가 모두 소멸한다), 또는 그 중의 한 회사가 다른 회사를 흡수하고(이 경우에는 흡수되는 회사만 소멸한다), 소멸회사의 재산과 사원이 신설회사 또는 존속회사로 법률상 당연히 포괄적으로 이전·수용되는 효과를 가져오는 현상을 가리킨다(정동윤,

1988: 799)[14].

이렇듯 회사 합병으로 인한 사업주변경 때에는 신사업주(신설회사 또는 존속회사)가 구사업주(소멸회사)의 모든 재산상의 권리의무를 '법률상 포괄적으로 승계'하는 것이므로 신 사업주는 기존의 노동관계도 당연히 — 구사업주와 노동관계의 인수에 관한 특별한 합의를 하지 않은 경우라 하더라도 — 인수한다고 해석한다. 따라서 회사의 합병에 의하여 사업주가 변경되는 경우에는 신사업주가 기존의 노동관계(로부터 발생하는 권리의무)를 자동적으로 승계한다는 점에 대하여 異論이 없다(임종률, 1985: 537-8; 夏本信行, 1986: 42).

다만, 권리의무의 포괄승계에 관한 이론구성을 재산관계상의 권리의무에 관한 상법의 규정을 그대로 적용시켜 노동계약의 승계의 근거로 삼는 것은 의문이다. 합병에 관한 상법의 규정은 기본적으로 기업 변동의 경우 기업의 존속보호라는 기업법의 법리에 따라 재산법적인 측면에 중점을 두고 있는 것이지 회사의 합병과 관련하여 노동자의 법적 이익을 보호하려는 규정이라고 생각되지는 않기 때문이다.[15] 따라서 합병으로 인한 노동관계의 '포괄적 이전'은 합병 전후를 통해 기업이 폐지되지 않고 그 실질적 동일성을 유지하고 있다고 인정되는 한, 법형식적인 경영주체와의 관계가 아니라 기업과의 결합관계인 노동계약도 당연히 동일성을 유지하는 데서 나타나는 현상이라고 이해하는 데에서 그 이론적 근거를 찾아야 할 것이다[沼田稻次郞(外) 編集, 1979: 286]. 즉 사업양도의 경우처럼 사업의 동일성이 유지되는 결과 노동관계가 이전된다고 해석하여야 옳지 않을까 하는 것이다.

---

14) 이렇듯 합병은 ① 둘 이상의 법인격 있는 회사, ② 해산회사 재산의 포괄승계, ③ 사원의 원칙적인 수용을 기본적인 개념요소로 하고 있다(권기범, 1990: 23).

15) 합병에 관한 상법학에서의 논의는 노동자의 법적 이익을 보호하려는 측면에 대한 고려가 불충분한 게 사실이라는 지적이 있다(김지형, 1994: 88).

여하튼 그 이론구성의 차이는 별론으로 하고, 회사합병과 관련하여 노동관계의 존속보호를 목적으로 하는 노동법학에서의 논의를 통해 합병으로 노동관계도 포괄 승계된다는 이론이 정립되어 있는 것은 분명하다.[16] 판례 역시 합병으로 노동관계가 포괄 승계된다고 보고 있다. 즉 대법원 1980.3.25 선고 77누265 판결에서 "합병의 경우에는 피합병회사의 권리의무는 사법상의 관계나 공법상의 관계를 불문하고 그 성질상 이전을 허용하지 않는 것을 제외하고는 모두 합병으로 인하여 존속할 회사에게 승계되는 것으로 보아야 한다"고 판시하는 등 판례의 일관된 태도로 이해된다.

(2)

한편 좁은 의미의 기업인수는 상대방회사의 주식을 매수하는 것을 의미한다. 이 방식은 상대회사의 경영지배권을 획득하면서도 그 독립적인 법인격은 유지시키므로 기존의 권리의무관계에는 아무런 변동이 없어 절차가 가장 간명하다. 예컨대 A사가 B사를 인수하는 경우를 생각해보자. A사의 이사회 결의 후 A사의 대표자(대리인)가 B사의 주주(혹은 주주로부터 위임을 받은 자)와 주식매매계약을 체결하고 주권의 인도를 받은 다음 B사 주주명부에 명의개서를 하면 인수조치가 끝난다. 의결권대리행사의 위임장(proxy)을 취득하는 것도 한 방법이다.

회사의 경영지배권이 이전되는 것은 B사에서 주주총회를 개최하여 이사선임결의를 통해 A사가 지명하는 사람들이 B사 이사회의 과반수를 차지하는 순간이 될 것이다. 기업실무에서 우호적 M&A에서는 B사의 주주 전원 또는 대주주가 A사에게 주식을 매도할 때

---

16) 때문에 합병을 하고자 할 때 피합병회사 소속 노동자 전부 또는 일부를 승계대상에서 제외한다는 합병당사회사간의 특약은 합병의 성질상 무효라고 해석된다(김영훈, 1987: 1729).

경영권을 이전하기 전에 B사 경영진의 사표를 미리 받아 A사에 제공하는 경우가 많다고 한다. 적대적 M&A에서는 법원으로부터 임원 선임을 위한 임시주주총회 소집허가를 받아 경영진을 개편하는 단계를 밟는 것이 보통이다(서동우, 1997: 8, 17-18).

기업인수의 경우 경영지배권은 다른 회사에 넘어가지만 사업 내용은 전혀 변함이 없다. 따라서 이 경우도 사업의 동일성이 유지되고 있고, 그러한 측면에서 노동계약관계에 변함이 없음은 당연한 이치라 하겠다.

(3)

문제가 되는 것은 기업의 인수·합병이 아니라 기업재산만을 인수하는 경우 이를 어떻게 평가할 것인가 하는 것이다.

사업운영에 필요한 물적 시설만 매입하는 것은 기업인수가 아니라 자산인수이므로 노동계약관계는 승계되지 않겠으나(손창희, 1998: 85) 이 때 단순히 밖으로 드러난 현상만 보고 '자산인수 → 노동관계의 단절'이라고 도식화할 수는 없다.

자산인수는 미국에서 주로 이용되고 있는 부실은행의 정리방법으로 건전한 은행이 부실은행의 자산을 취득하고 예금 등 부채를 인수하는 것이다(자산인수; 자산취득·채무인수). 우리나라에서도 최근 부실은행의 퇴출에 이 방식을 활용하였다. 그런데 이 방식은 정형화된 법률개념도 아니고 그 처리방식도 다양하여 많은 문제를 안고 있다. 기실 이 제도는 퇴출은행의 노동자는 남겨둔 채 자산만 이전하려는 의도를 가지고 있기 때문이다.[17]

---

17) 제조업체에서 문제가 된 대표적인 사례는 포철의 자회사인 창원특수강(주)이 삼미종합특수강(주)의 봉강 및 강관사업부문을 인수하는 과정에서 자산인수방식을 활용하여 기존 노조원만을 배제하려 한 예를 들 수 있다. 이 사안을 사업양도로 분석한 글로는 이상덕(1997)이 있다.

이 문제와 관련 대법원은 외형이 아닌 그 실질을 따져 법적 효과를 인정하려고 하는 태도를 보이고 있는 듯하다. 즉 대법원 1997. 6.27. 선고 96다49674 판결은 "모기업의 일부 사업 부문이 상법상의 영업양도에 해당하는 요건을 갖추지 못하였다 하더라도 인적 조직 및 물적 시설은 해체됨이 없이 동일성을 유지하면서 계열회사에 이관되었고 그에 따라 그 소속 노동자들이 회사방침에 의하여 중간퇴직을 하고 퇴직금을 수령한 후 신규 입사절차를 밟은 경우, 그 중간퇴직은 통정허위표시로서 무효이므로 노동자의 모기업과 계열회사에서의 각 근무는 단절됨이 없이 노동의 계속성이 유지 된다"고 판시하고 있는데 자산인수의 외형을 갖추어도 그것이 사업양도라면 사업양도로서의 법적 효력을 부여하여야 한다는 것이다. 결국 형식은 자산인수라고 하여도 실질적으로 재산과 노동자를 포괄적으로 인수하는 경우는 사업양도라고 보아야 한다는 것이다(이병태, 2005: 678-9).

3) '경영악화를 방지하기 위한' 사업의 양도·인수·합병

이렇듯 사업의 양도·인수·합병은 본래 노동자의 지위의 이전을 수반하며 해고와는 친하지 않다. 그러나 경영악화를 방지하기 위해서 사업의 양도·인수·합병을 한 때에는 경영해고의 한 요건인 긴박한 경영상의 필요성이 있다고 인정받는다.

결국 경영악화를 방지하기 위한 기업조직의 변동이 무엇을 의미하는지가 근로기준법 해석의 관건이 되겠다. 이를 광의로 해석하자면 현재의 경영이 나빠질 조짐이 보여 미리 사업양도 등을 통해 구조조정을 하면 그 때의 경영해고도 정당하다고 볼 수 있겠다. 반대로 이 조항을 좁게 해석한다면 기업조직의 변동 말고는 현재의 경영난을 해소할 수 없고 그러한 정책의사결정에 따라 합병 등 구조조정을 하고 그에 기해 경영해고를 했을 때만 정당하다고 인정받는 결과가 된다.

이 부분의 해석에 관해서는 아직 법원의 판단은 없다. 그런데 이는 긴박한 경영상의 필요성을 판단하는 기준으로 작용하므로 법원이 긴박한 경영상의 필요라는 것을 어떻게 이해하는지를 살펴보면 앞으로의 해석방향을 미루어 짐작할 수 있을 것이다.

법원은 처음에는 '긴박한 경영상의 필요'를 기업이 일정수의 노동자를 경영해고하지 않으면 경영악화로 사업을 계속할 수 없거나 적어도 기업재정상 심히 곤란한 처지에 놓일 개연성이 있을 긴박한 경영상의 필요성이 있어야 하는 것이라고 엄격하게 해석하였다(대법원 1990.1.12 선고 88다카34094 판결).

그런데 나중에는 반드시 기업의 도산을 회피하기 위한 것에 한정할 필요는 없고, 인원삭감이 객관적으로 보아 합리성이 있다고 인정될 때에는 '긴박한 경영상의 필요성'이 있는 것으로 넓게 보아야 한다는 것으로 바뀌었다(대법원 1991.12.10 선고 91다8647 판결).[18] 기업의 인원삭감 조치가 영업성적의 악화라는 기업의 경제적인 이유뿐만 아니라 생산성의 향상, 경쟁력의 회복 내지 증강에 대처하기 위한 작업형태의 변경, 신기술의 도입이라는 기술적인 이유와 그러한 기술혁신에 따라 생기는 산업의 구조적 변화도 이유로 하여 실제 이루어지고 있고 또한 그럴 필요성이 충분히 있다는 점을 반영한 것이다.

이와 같이 판례는 긴박한 경영상의 필요라는 요건을 완화하여 해석하려는 태도를 보이고 있다. 그런데 그 완화된 해석이라는 개념표지가 무엇인지 하는 것은 신중하게 검토할 필요가 있다. 기업의

---

18) 이 판결에 대한 비판적 평석으로는 김선수, 1993: 59 이하.

합리화조치를 인정하였다고 평가받는 대법원 1991.12.10 선고 91다 8647 판결을 면밀히 분석해보면 이와 같은 결론에 이르는 과정에 기업의 경영이 계속적인 적자상태인지가 중요한 사실판단요소로 고려되며, 누적된 기업경영의 적자가 장차 기업경영을 심각하게 곤란케 할 경우를 예방하기 위해 해고가 인정될 수 있다는 것을 의미한다. 이는 기업경영이 적자이어서 더 이상 고용관계를 지속한다는 것이 일반적으로 기대 불가능한 것으로 보는 객관적 인식을 근거로 한다는 것이다. 그러므로 판례가 제시하는 '객관적으로 보아 인원감축의 합리성이 있다고 인정되는 경우'란 결국 기업이 도산에 이르지는 않을지라도 해고를 하지 않으면 기업의 경영이 위태로울 정도를 의미한다. 달리 말하자면 경영해고의 본래적인 요청인 '기업의 존립보호'를 위할 때 그 정당성이 인정된다는 것이다(박종희, 1998: 5). 구체적으로 기업이 어느 정도의 위기에 처하면 긴박한 경영상의 필요성이 인정되는 경영악화라고 볼 수 있는지는 판례의 형성을 기다려야 할 터인데, 그 해석은 상당히 엄격할 것으로 예견된다.

4) 기업조직의 변동과 경영해고(사업의 양도·인수·합병과 경영해고 4요건)

(1)

이상의 논의를 바탕으로 하여 사업양도를 중심으로 경영해고의 정당성 여부를 검토하면 다음과 같이 정리할 수 있다. 우선 경영악화를 방지하기 위한 사업의 양도·인수·합병은 긴박한 경영상의 필요가 있는 해고의 한 요건을 구비한 것으로 해석된다. 즉 판례를 통해 확립되고 이를 근로기준법으로 수용한 현재의 경영해고법리인 경영해고의 4요건 중 긴박한 필요성 요건을 충족시킨다는 것이다.

이 요건이 구비된 후 사용자의 해고회피조치, 공정한 해고기준의 마련, 노동자대표와의 성실한 협의 여부를 따져보아야 한다.

그런데 이러한 일반적인 이해에 대해 조금 다른 주장을 하는 견해가 있다. 긴박한 경영상의 필요와 해고회피노력을 나누는 것은 타당하지 못하다는 것이다. 이 견해는 긴박한 경영상의 필요라는 것을 해고를 불가피하게 하는 원인으로서 일자리의 탈락을 초래하는 '경영상의 필요'와 그 해고가 다른 회피수단을 사용하더라도 피할 수 없다는 의미인 최후수단으로서의 긴박성이라는 두 요건으로 분해하는 독일이론을 차용하고 있다(김형배, 1997: 53-54).

이 주장은 경청할만한 견해이기는 하나 현행 근로기준법 제31조의 구조와 맞지 않고, 경영해고를 손쉽게 인정하는 결과를 낳을 우려가 있다. 즉 경영해고 4요건론이 아닌 3요건론을 택할 때 해고의 정당성판단에서 한 단계가 줄어든다. 또 긴박한 경영상의 필요와 사용자의 해고회피조치를 하나로 묶게 되면 이 두 요소가 상호보완작용을 하여 결국 그 해고는 정당한 것으로 귀결되기 쉽다. 그런데 노동보호법인 근로기준법에 경영해고의 제한을 명시한 것은 그만큼 이러한 유형의 해고를 엄격하게 규제하겠다는 취지이다. 법의 취지를 존중하여 4요건에 해당하는지를 하나하나 검토하는 게 합당하다고 본다.

(2)

사업양도가 이루어지면 당해 노동관계의 성격이 사용자의 인격과 결부된 것이 아닌 한 노동관계는 당연히 이전된다. 양도계약당사자가 명시적으로 특정 노동자의 배제를 합의한 경우 당해 합의는 무효이다. 해고와 사업양도간에 기능적 관련성과 시간적 관련성이 인정된다면 당해 해고는 사업양도를 이유로 한 것이라고 추정할 수 있다.

그런데 사업양도가 해고의 단순한 외적인 계기를 형성하는 데 불과하고 사업양도 이외의 다른 해고의 정당한 이유가 있는 경우에는 사업양도의 상황에도 불구하고 해고는 정당하다. 경영해고를 반드시 필요로 하는 사업양도인 경우에도 모든 노동관계를 양수인에게 이전케 한다는 것은 기대하기 어렵기 때문이다(김형배, 1997: 389).

이 때 해고권자는 누구인지가 문제된다. 해고가 유효하기 위해서는 해고에 대하여 정당한 권한을 가진 자가 이를 행사하여야 하고, 노동계약의 당사자인 사용자가 원칙적으로 해고권자가 된다. 그런데 사업양도에서는 양도시점을 기준으로 사용자지위에 변동이 있으므로 누가 해고권자인지를 밝혀야 한다. 사업주의 변경은 양수인이 사업상 지휘권을 사실상 행사할 수 있는 때에 인정되고, 사업양도로 인한 노동관계의 이전은 양수인이 사업을 사실상 운영할 수 있는 때에 이루어진다. 따라서 그 이전까지는 양도인이 해고권자가 되며, 사업주변경이 이루어지고 난 이후에는 양수인이 해고권자가 되는 것으로 해석된다(이승욱, 1997: 193-4).

(3)

이렇듯 사업양도의 전후를 불문하고 경영해고는 가능하지만, 사업양도의 상황으로 인해 경영해고의 요건과 관련하여 문제가 발생한다. 우선 긴박한 경영상의 필요와 관련하여 사업양도가 합리화조치의 하나로 이루어졌다고 해도 그것만으로 경영해고를 정당하다고 볼 수는 없다. 현행 근로기준법은 '경영악화를 방지하기 위한' 사업양도만이 긴박한 경영상의 필요가 있는 것으로 보기 때문이다.

문제는 양수인이 직접적으로 경영해고조치를 취하는 부담을 줄이기 위하여 사업양도계약에서 사업양도가 이루어지기 전에 양수인의 합리화계획에 따라 양도인이 인원삭감을 할 것을 합의한 결과 인원삭감조치가 이루어지는 경우 생겨난다. 예컨대 양수인이 임금이 특히 높은 특정한 노동자를 사업양도에 앞서서 해고하지 않으면 사업양도 자체를 하지 않겠다고 하여 당해 노동자를 해고하는 경우가 그러하다. 이러한 상황은 사업양도에 관한 협상이 실패할 경우에는 당해 사업은 폐업할 수밖에 없는 사정일 경우에는 문제가 더욱 복잡해진다.

사업의 재정적 상황이 극도로 악화된 사업에 대하여 사업양도에 관한 인수교섭을 하고 있는 양수인이 당해 사업의 인수 조건으로서 특정한 합리화조치를 취할 것을 요구하고 이에 따르지 않을 때에는 인수를 하지 않겠다고 하여 어쩔 수 없이 양도인이 인원삭감조치를 취하는 경우 그 불가피성을 인정하여야 할지도 모른다.

그러나 독일연방노동법원은 이러한 상황에 대해서도 사업양도가 발생하면 노동관계는 이전되어야 한다는 원칙에 따라 해고를 무효라고 판단하였다(BAG AP Nr.34 zu §613a BGB). 사업양도와 관련하여 발생한 우연한 사정에서 야기되는 위험은 노동자가 부담하여서는 안되며, 사업양도가 발생하면 노동관계는 그러한 사정 여하에 관계없이 이전되어야 한다. 사업양도 때 노동관계의 당연이전이 양도의 대상이 되는 사업의 경제적 사정에 의해서 부정될 수는 없다는 것이다.

사업양도가 이루어지지 않으면 사업 전체를 폐업하여야 하고 노동자 전체가 해고되어야 한다는 사정이 있다고 하여도, 그 사실이 곧 사용자가 폐업 대신에 사업양도를 결정하는 경우 개별 노동자를 임의로 해고할 수 있다는 것을 의미하지는 않는다. 사업양도를 하는 이상은 사업양도에 수반한 효과를 부담하여야 하는 것은 양도인과 양수인에게 부과된 사회적 제약이다. 사업양도가 이루어지지 않으면 사업이 폐업될 것이라는 가정적인 상황은 이러한 사회적 제약을 부정하는 근거가 될 수 없다. 따라서 양도인이 사업을 전체로서 양도할 수 있도록 하기 위하여 잠재적 양수인의 희망에 굴복하여야 하는 일종의 강박상태가 존재하는지 여부, 그리고 양수인에게 모든 노동자를 인수할 수 있도록 하기 위하여 사업의 매매가격을 타협할 수 있는지 또는 타협하여야 하는지 여부는 중요하지 않다. 사업양도 실시의 곤란함이 노동자의 부담으로 전가되어서는 안되기 때문이다(이승욱, 1997: 194-202).

(4)

경영해고가 정당하게 이루어지기 위해서는 사용자가 해고회피를 위한 노력을 하여야 한다. 따라서 사용자는 노동자의 해고범위를 최소화하기 위하여 경영방침이나 작업방식의 합리화, 신규채용의 금지, 일시휴직 및 희망퇴직의 활용 및 전근 등 가능한 조치를 취하여야 한다(대법원 1992.12.22 선고 92다14779 판결).

특히 사업양도와 관련하여 문제가 되는 해고회피수단은 기업의 다른 사업으로의 배치전환조치이다. 양도인이 사업양도의 상황에서 경영해고를 하는 경우에는 자신의 다른 사업으로의 배치전환을 시도하여야 한다. 마찬가지로 양수인이 사업양도 이후에 경영해고를 하는 경우에는 양수한 사업을 계속 운영하는 형태로 사업양수를 하든 또는 자신의 기존 사업에 편입하는 형태로 사업양수를 하든 자신의 다른 사업으로의 배치전환가능성을 모색하여야 한다. 따라서 해고회피의무에 관해서는 사업양도 때의 경영해고도 일반적인 경영해고 상황에서와 다를 바가 없다(이승욱, 1997: 202-3).

(5)

해고대상자의 선정과 관련하여 해고대상자의 범위는 원칙적으로 인수되는 노동자로 제한된다. 만약 양수인의 기존 종업원을 포함시켜서 해고대상자를 선정하게 되면, 원래 긴박한 경영상의 필요를 야기 시킨 원인과 무관한 노동자에게까지 직장상실의 위협을 줌으로써 결국 사업양도로 노동관계의 이전을 보장받은 노동자가 추가적인 노동관계의 존속보장을 받는 결과가 되기 때문이다.

노동자가 노동관계의 이전에 대하여 거부권을 행사한 결과 양도인의 사업에서 경영해고를 해야 할 때는 거부권행사에 정당한 이유가 있다면 양도인의 나머지 사업의 다른 노동자도 해고대상자의 범위에 포함되어야 하지만, 거부권이 정당한 이유 없이 행사된 경우에는 해고대상자의 범위는 거부권을 행사한 노동자로 국한된다(이승욱, 1997: 203-212).

대상이 되는 노동자 중 과연 어느 누구를 해고해야 하는지 하는 문제는 경영해고 일반의 선정기준과 마찬가지로 보아야 한다. 즉 그 대상은 대상이 되는 노동자의 보호필요성(소위 '사회적 관점')과 경영상 필요성을 조화시켜 해결할 수밖에 없다. 즉 노동자의 연령, 근속기간, 가족사정 및 기타 경제적 상태(예컨대 수입이 있는 가족구성원의 수, 피부양자수, 배우자의 급료에 의한 생활보장 여부, 현재의 재산상태 등)이 우선 고려의 대상이 되겠다. 한편 특정 노동자가 그 업무에 더욱 적격이거나 지식이나 경험, 거래처와의 관계 등을 고려하여 이 노동자는 해고하지 않는 것도 부당하지는 않다고 한다(김형배, 1997: 21-23). 그러나 경영해고라는 것이 아무런 귀책사유 없이 해고된다는 점을 감안할 때 해고기준은 원칙적으로 노동자보호의 필요성이라는 데 두어야 할 것이다.

(6)

경영해고에 관한 성실한 협의와 관련하여서는 구법에서의 판례이기는 하지만 노동자와의 협의절차를 거친다고 하여도 별다른 효과를 기대할 수 없는 경우에는 경영해고시 노동자 측과 협의하지 않아도 무방하다고 한 예가 있다(대법원 1992.11.10 선고 91다19463 판결).

이러한 판례의 태도에 찬성하는 견해도 있다. 즉 사용자가 긴박한 경영상의 필요를 이유로 노동자를 해고하기에 앞서 해고이유와 해고대상자 선정기준 등을 제시하고 노동자 측과 협의하고 설득하는 과정을 거치는 것이 바람직하나 그러한 의무위반이 해고 자체를 무효로 하는 것은 아니라고 한다. 사용자의 사전협의는 해고대상자의 선정 등과 관련하여 해고를 결정하는 과정에서 판단의 정확성을 확보하는 데 요구되는 절차이며 협의를 하지 않은 것이 해고의 효력 자체를 좌우할 수 있는 실질적 요건이라고는 할 수 없기 때문이라고 주장한다(김형배, 1996: 126).

그러나 이 협의요건은 경영해고의 정당성을 판단하는 데 핵심적인 요소이고(唐津 博, 1996) 근로기준법 제31조 5항은 성실한 협의를 거쳐야 정당한 해고가 된다는 것을 분명히 하고 있다. 행정실무 역시 이 절차를 거치지 않은 경우 부당해고가 된다고 해석한다(노동부, 1998a: 20).

경영해고와 관련한 협의의 상대방은 해고대상자가 인수된 노동자로 제한되는 경우에는 이들 노동자의 과반수 대표이며, 사업의 일부가 편입되는 형태의 양도가 이루어진다면 경영해고대상자의 범위는 양수인의 기존의 노동자도 포함되기 때문에 이들을 포함한 노동자의 과반수 대표이다. 근로기준법 제31조 3항에서는 노동자 과반수로 조직된 노동조합이 있으면 그 노동조합을 노동자대표라고 인정하므로 사업의 일부양도 때도 그 노동조합이 양도되는 노동자들을 대표하는지 논란이 있겠으나 그렇게 해석할 바는 아니라고 여겨진다. 관련된 사업별로 판단하여야 하기 때문이다.[19)]

한편 노동조합이 소속 조합원들을 위하여 경영해고와 관련된 고용안정협약을 체결하기 위하여 단체교섭을 하고 교섭이 결렬되면 쟁의행위를 할 수 있는지 논란의 여지가 있다. 이는 단체교섭 대상사항의 범위획정문제이기도 하다. 조합원인사에 관한 사항이 교섭사항인지 논의가 있기는 하나 적어도 전직·징계·해고 등 인사에 관한 기준이나 절차에 관한 사항을 단체교섭 대상사항으로 이해하는 한(김유성, 1997b: 142) 고용안정협약의 체결 역시 교섭사항이라고 해석해야 한다. 이는 현행 근로기준법 제31조와는 별도로 단체협약이 우선하는 우리나라 노동법체제에서 나오는 결론이라고 보아야 할 것이다.

그리고 그 논리적인 귀결로 교섭이 결렬될 때 쟁의행위도 가능하다고 본다.[20)] 다만, 이미 체결된 고용안정협약을 사용자가 지키지 않을 때 그 이행을 위한 쟁의행위가 가능한지는 달리 생각해보아야 한다. 그것은 현행 「노동조합 및 노동관계조정법」 제45조에서 쟁의조정전치주의를 정하고 있고 (입법론상의 논란은 별도 문제로 하고) 조정의 대상은 소위 이익분쟁에 한정하고 있어서(동법 제2조 5호) 권리분쟁에 해당하는 협약의 이행을 요구하는 쟁의행위는 불가능하다고 해석하여야 하겠기 때문이다.[21)]

---

19) 공동체에 참여하고 있는 모든 구성원들은 正義의 중요한 근거에 의해 상이한 취급 내지 불평등한 분배가 정당화되지 않는 한 평등하게 취급받아야 하고 또 권리와 의무, 이익과 부담은 그들에게 평등하게 분배되어야 하기 때문이다(평등취급 내지 평등분배의 원리 ; 심헌섭, 1988: 97).

20) 박종희(1998: 25)는 소수조합의 경우에는 쟁의행위가 가능하나 다수대표조합일 때는 노동자전체의 대표성을 고려하여 쟁의행위를 할 수 없다고 해석하나 이해하기 어렵다.

21) 물론 권리분쟁 역시 쟁의행위의 대상으로 널리 이해하려는 견해(정인섭, 1997)에 따르면 이 경우 역시 쟁의행위가 가능하다고 해석된다.

5) 기업분할과 경영해고

다음으로 현행 근로기준법에는 정한 바가 없는 기업분할과 경영해고 문제를 살펴보자. 회사의 분할이란 하나의 회사가 둘 이상의 회사로 나누어지는 것으로 분할의 대상이 되는 회사(피분할회사)의 재산과 주주가 분리되어 재산은 적어도 하나 이상의 신설회사 또는 기존의 다른 회사(분할회사)에 승계되고 주식(사원권)은 원칙적으로 피분할회사의 주주에게 부여되는 제도이다.

회사분할은 ① 규모가 비대해진 회사가 영업부문별 또는 지역별로 분할하여 적절한 경영규모로 조절하려 할 때, ② 채산성이 없는 사업부문을 분리하여 별개의 독립회사로 운영함으로써 경영효율을 기하려 할 때, ③ 신규사업에 따르는 위험을 자회사를 통해 해결하려 할 때, ④ 이익을 분산하여 법인세의 감면을 꾀할 때, ⑤ 임원자리의 증설 등 노무관리전략상 이용할 수 있다. 또한 ⑥ 다른 회사들과 함께 공동자회사를 설립할 때도 이용된다. ①에서 ⑤까지는 새 회사를 설립하는 형태로, ⑥은 회사분할과 함께 타회사와의 합병을 통한 새 회사의 설립이라는 모습을 갖추게 된다(분할합병; 손주찬, 1998: 475-1).

이 제도는 기업의 조직변경을 더욱 쉽게 해주는 조치로 상법개정안에 모습을 드러냈다. 하지만, 이미 실무에서는 보통 분사화라고 하여 확산되는 추세인데 그 대표적인 예로 삼성전자가 물류와 서비스 부문을 대규모로 분사한 경우를 들 수 있다(동아일보 1998.9.17. B2면). 상법의 규율영역 밖의 회사분할은 사실상의 회사분할 또는 광의의 회사분할이라 부른다(손주찬, 1998: 475-5).

회사의 분할은 합병의 경우처럼 재산의 포괄적 이전과 채무의 승계라는 법적 효력을 낳는다. 기업분할 때 고용의 승계, 경영해고에 관해서는 현행 근로기준법은 침묵하고 있다. 그러나 기업분할 후에도 사업의 동일성이 유지되면 노동관계는 이전되는 게 원칙이나 노동자는 거부권을 행사할 수 있고, 긴박한 경영상의 필요가 있을 때는 근로기준법이 정하는 요건을 갖추어 경영해고가 가능하다고 해석할 수 있을 것이다.

판례는 "기존의 회사로부터 분리하여 신설회사를 별개의 법인체로 독립시킴에 있어서 소속 노동자들로 하여금 기존회사를 퇴직하고 신설회사에 입사하거나 종전의 지위를 그대로 유지하여 신설회사의 사원이 되도록 하는 두 가지 방법 중 하나를 자유로운 의사에 의해 택하도록 하였는데, 소속 노동자들 중 상당수는 종전의 지위를 그대로 유지하고 신설회사의 사원이 되는 방법을 택하였고 원고는 그 자유로운 의사에 의해 위 기존회사를 퇴직하여 이에 대한 퇴직금을 수령한 후, 신설회사에 새로이 입사하는 방법을 선택하였다면, 기존회사와 신설회사, 원고와의 사이에서 원고의 기존회사에 대한 임금에 관한 권리의무가 신설회사에 승계되지 아니하였다고 할 것"(대법원 1991.12.13 선고 91다32657 판결)이라고 판시하고 있다. 그 취지는 기업분할로 노동관계는 이전되는 것이 원칙이라는 것을 전제한다는 것으로 읽을 수 있겠다.

그리고 이 판결 전에도 이미 대법원은 이러한 이치를 밝히고 있다. 즉 "기업의 일부가 분리 독립하여 새로운 회사가 설립된 경우 신설 회사와 구 회사 사이에 기업의 동일성이 있고 구 회사에 속했던 노동자가 그 회사에서의 퇴직이나 신설 회사에의 신규입사절차를 거침이 없이 신설 회사에서 계속 근무하고 있다면, 신설 회사가 구 회사의 권리의무를 포괄승계하지 않은 경우라 할지라도 노동관계는 신설 회사에 포괄승계되어 노동의 계속성이 유지된다 할 것"이라고 판시한 바 있다(대법원 1987.2.24 선고 84다카1409 판결).

따라서 기업분할에서도 노동관계는 이전되므로 경영해고의 정당한 사유에 해당할 때에만 해고가 가능하다고 본다.

3. 경영해고로 인한 충격 완화방안의 모색

기업조직의 변경은 이제 대세로 다가와 있고 그로 인하여 경영상태가 악화일로에 빠지게 될 때 경영해고를 생각하는 것은 인지상정일지 모른다. 그러나 그로 인하여 노동자가 대단히 큰 충격을 받게 된다는 것 역시 누구나 느끼고 예견하는 바이다. 또한 경영해고는 당해 노동자나 사용자에 대해서만 영향을 미치는 것이 아니라 국가에 대해서도 영향을 미친다. 국가도 대량해고가 발생하게 되면 실업급여의 지급, 직업소개, 직업훈련 등 사회적 비용의 부담을 떠맡기 마련이다. 따라서 그 대책도 노사정이 공평하게 그 위험을 부담하는 것이 타당하며 각국의 입법례는 이런 측면에서 여러 가지 제도를 두고 있다.

따라서 그 충격을 어떻게 흡수해나갈 것인지를 고민하는 게 노동을 연구하는 연구자들의 과제로 떠오른다. 그 과제를 풀어헤치는 것은 법제도의 잘잘못을 따지는 법학자(노동법)만이 아니라 현행 제도의 틀 속에서 어떻게 노무관리를 행하고 기업을 운영할지를 연구하는 경제학자(노동경제학)와 경영학자(인사노무관리론)에게 주어진 숙명이다.

우선 노동법학에서는 현행 경영해고제도는 적절한지 법해석론과 입법론 차원의 검토가 필요하다. 우리가 처한 현실과 외국의 입법례(김유성, 1997: 15-35; International Labour Conference 67th Session 1981 Report VIII(1), 70 이하)를 견주어볼 때 먼저 경영해고에 대한 금전적 보상은 필요한지, 필요하다면 과연 어떻게 보상할 것인지를 생각해 보아야 하겠다. 그리고 경영해고의 절차적 정당성이라는 측면을 더욱 주의 깊게 살펴볼 필요가 있다. 특히 그 실천적인 측면이 중요하다. 또한 소위 사회안전망이 갖추어져 있는 경우에는 경영해고로 인한 충격이 완화·흡수된다는 측면에서 현행 사회보장제도(특히 고용보험제도)의 검토도 필요하다. 아울러 법제도를 떠나서 과연 경영해고가 기업에 도움을 주는지 아니면 오히려 해악이 되는지를 기업경영 차원에서 신중하게 검토하여야 할 것이다.

1) 경영해고수당의 지급

경영해고수당은 경영해고 때 실업급여와는 무관하게 해고에 대한 보상조치로 사용자가 노동자에게 지급하는 수당으로서 영국, 이태리, 독일, 프랑스 등에서 활용하는 방법이다. 경영해고를 하는 사용자에게 경영해고수당을 지급하도록 하면 사용자의 노동자에 대한 노동비용은 당연히 증가하게 된다. 따라서 경영해고수당의 지급이 의무화되면 사용자는 경영해고수당 지급이라는 부담과 경영해고에 의한 인원삭감 효과를 비교하여 후자가 전자보다 큰 경우에만 경영해고를 하게 될 것이다.

경영해고수당의 지급이 최초로 제도화된 영국의 경험을 살펴보자. 영국은 1965년 경영해고수당법(Redundancy Payment Act)을 제정하였다. 이 법을 제정한 목적은 크게 세 가지로 설명한다. 첫째로, 경영 해고된 노동자에 대해 실업급여 외에 경영해고수당을 지급함으로써 실업기간 중의 생활보장을 가능하게 하여 노동자를 보호한다. 둘째로, 경영해고를 둘러싼 노사 간의 갈등을 완화시킨다. 경영해고수당을 지급하면 노동자들이 실직에 대한 보상을 받기 때문에 경영해고에 대해 보다 순응적으로 반응하여 결국 산업평화를 촉진한다. 셋째로, 노동력의 유동화를 촉진시킨다. 경직된 노동이동을 혁신하기 위해 경영해고수당이라는 유인책을 제공함으로써 국내 산업의 국제경쟁력을 향상시키고 신기술도입을 촉진시킴으로써 노동력 유동화를 달성한다는 것이다(Grunfeld, 1980: 2 이하).

요컨대 경영해고수당을 지급하여 경영해고에 대한 노동자와 노동조합의 저항을 완화시키면서 산업간 노동력이동을 촉진시키는 것이 동법의 입법목적이었는데, 이러한 목적은 상당히 달성되었다고 평가된다.22) 따라서 경영해고수당의 지급은 노동력의 이동성과 유연성을 증가시키고, 장기적으로는 기업의 국제경쟁력을 향상시키는 경제적 이점이 있다. 뿐만 아니라 경영해고수당에 대한 사용자의 비용도 경영해고를 둘러싼 노동쟁의의 비용에 비해서는 오히려 적을 수도 있다(Collins, 1992: 165 이하). 단기적으로는 이 제도가 사용자에게 경제적 부담을 지우는 것이지만 장기적으로 보면 사용자에게도 도움이 된다.

이와 관련하여 경영해고를 할 때 해당노동자에게 퇴직금의 1/10 이상에 해당하는 해고수당을 지급토록 하자는 견해(김형배, 1997: 59-60, 66)가 있다.

2) 경영해고의 절차적 정당성

모든 해고가 그러하지만 특히 경영해고는 절차적 정당성이 제도의 정당성을 담보한다고 볼 수 있을 정도로 중요하다. 노동자가 자

---

22) 1971년에 발표된 영국 노동성의 위탁조사보고서인 Effect of the Redundancy Payment Act에 따르면 경영해고수당법은 기업재편과 노동력이동에 효과가 있었으며, 특히 노동쟁의에 의한 노동일수의 손실을 크게 감소시켰다고 한다(김유성, 1997: 36-37).

신으로서는 아무런 잘못을 저지르지 않았는데도 그 기업에서의 노동생활을 마감하도록 강요당하는 게 경영해고이고, 바로 그 때문에 노동자가 반발하는 것은 당연한 이치이라 하겠다. 따라서 경영해고를 피할 수 없다는 것을 노동자 측이 납득하느냐 않느냐는 그만큼 중요한 요소라는 것이다. 이 문제는 노동자에 대해 미리 경영해고를 통지하고 노동자대표와 그 대책을 논의하는 절차에 관한 것이다. 절차적 정당성이 갖추어지도록 해석론과 입법론의 재검토, 행정기관의 적절한 감독조치가 필요하다.

(1) 노동자에 대한 사전통지

노동자에게 사전에 경영해고를 통지하는 것 그 자체는 외형적으로 사용자에게 큰 부담이 되지 않는 것처럼 보이지만, 실질적인 부담이 초래될 수도 있겠다. 경영해고를 사전통지하게 되면 노동자들이 일할 의욕을 상실하고 조기 이직하여 생산성이 저하될 가능성이 있기 때문이다.

그러나 이러한 우려는 근거가 부실하다고 한다. 우선 노동의욕은 사전통지로 인해 더 향상될 가능성도 있다. 즉 생산성을 향상시키면 사용자가 경영해고의 계획을 변경하리라는 희망으로 바뀔 수도 있다는 것이다. 실제로 사전통지를 하는 경우에는 오히려 파업이 감소된다는 연구결과가 있다(Collins, 1992: 166).

다음으로 조기이직으로 인해 생산성이 저하될 가능성이 있다는 우려도 비현실적이라고 한다. 왜냐하면 우리나라와 같이 경직적인 노동현실에서 노동하던 기업에 특유한 기술을 가진 노동자가 유사한 임금수준의 대체적인 고용을 찾기는 어려울 것이기 때문이다. 따라서 사전통지를 하지 않은 결과 경영해고에 대한 불확실한 정보로 인해 노동자들이 동요하도록 하기 보다는 신뢰성 있는 정보를 사전에 제공함으로써 노동생활에 안정감을 부여하는 편이 생산성 향상에 도움이 될 것이다(김유성, 1997: 37-38).

이와 같이 경영해고의 사전통지는 사용자에게는 특별한 부담이 되지 않는 반면, 당해 노동자에 대한 경영해고의 사전통지는 노동자가 새로운 직장을 찾는 데 도움이 되므로[23] 사회적인 유용성은 상대적으로 높다.

사전통지가 생산성 저하의 원인이 되지 않으며 사회적으로 유용하다고 하면 사전통지는 어떠한 방법으로 언제 하는 것이 바람직한가의 문제가 남는다. 해고당한 노동자에 대한 미국정부의 조사를 분석한 연구결과에 따르면 비공식적인 통지보다는 서면통지가 실업기간을 단축시키는 데 효과적이며, 통지기간은 최소한 60일 이전에 이루어져야 효과가 있다고 한다(Nord & Ting, 1991: 681-691). 이런 관점에서 현행 근로기준법에서 60일전에 경영해고의사를 통보하고 노동자대표와 성실하게 협의토록 규정하고 있는 점은 적절한 규제라 하겠다.

(2) 노동자대표와의 협의

경영진을 중심으로 경영해고를 노동자 측과 협의하는 것은 적절치 못하다는 시각도 없지는 않다. 이러한 입장의 배경에는 경영해고시 노동자보다 사용자가 노무관리를 비롯한 경영사정에 대해 정확한 판단을 할 수 있다는 생각이 깔려 있다.

---

23) 구체적인 사례를 분석하여 사전통지를 하는 경우에는 실업기간이 약 35%정도 줄어든다는 연구결과가 있다(Addison & Portugal, 1987: 3-16). 이러한 실업기간의 감소는 특히 실직한 남자노동자에 대해 현저하며, 그중에서도 사무직 노동자의 경우가 가장 혜택을 받는다는 연구결과도 있다(Ehrenberg & Jakubson, 1989: 60-71).

그러나 해고를 피하기 위해 노동조합이 임금이나 노동조건에 대해 양보할 수 있는 범위를 사용자가 과소평가할 수도 있다. 사용자의 예상을 넘는 양보가 노동자 측과의 교섭에서 이루어질 수 있는 것이다. 외국 기업의 구조조정 사례는 노사의 진지한 대화가 그 성패를 좌우한다는 것을 시사한다(김은환/고현철, 1998).

1980년대 초반의 경기침체기에 미국의 거대노조들은 일시해고(lay-off)에 직면하여 사용자와의 교섭에서 임금삭감과 고용보장을 교환하였는데, 이는 사용자로부터도 가장 효율적이었다고 평가받았다. 왜냐하면 숙련노동자를 해고시키지 않고서도 노동비용이 감소될 수 있었기 때문이다(Collins, 1992: 168). 협상과정에서 해고조치 이외의 대안이 도출될 수가 있는 것이다.[24]

그리고 이 협의과정에서 특히 각종 관련정보를 충분히 그리고 성의껏 공유할 때 바람직한 결론을 얻어낼 수 있다는 데 유념하여야 한다. 정보가 왜곡되는 데서 오는 노사 간의 불신과 갈등이 잘못된 결과를 초래하기 쉽기 때문이다.[25]

(3) 행정관청에 대한 신고

현행법 제31조 4항은 일정규모 이상의 노동자를 경영 해고하고자 할 때 노동부장관에게 신고하라고만 규정할 뿐 그 후의 대책에 대해서는 침묵하고 있다.[26] 그리고 신고라는 행위의 효력 일반론에

24) 경영해고에서 절차적 정당성의 중요성을 잘 설명해주는 자료로 이홍재, 1993: 182 이하가 많은 도움을 준다.

25) 그 대표적인 사례로 1998년 여름을 뜨겁게 달구었던 현대자동차의 경영해고-파업사태를 들 수 있겠다. 애당초 회사 측은 1997년 7,300억 원의 적자, 98년도 8,000억 원 이상의 적자를 주장한 데 반해 노조 측은 97년 주주총회 감사보고서에는 분명히 465억 원 흑자로 표시되어 있다고 반박하는 데서 협상은 진전을 볼 수 없음을 예견케 했다.

26) 노동자가 해고되고 나서야 그를 위하여 생계안정, 재취업, 직업훈련 등의 조치를 우선 취하도록 한다(근로기준법 제31조의 2 제2항).

따라 이 규정은 효력규정이 아닌 것으로 이해한다. 노동부의 행정실무도 "일정규모 이상을 해고할 경우 신고하도록 한 것은 이를 통해 노사 간 원만한 협의를 유도하고, 해고인원 등을 미리 파악하여 취업알선 등의 서비스를 제공해 주기 위한 취지"27)이므로 신고를 하지 않고 해고를 한 경우 해고 자체의 효력을 부인할 수는 없다고 해석하고 있다(노동부, 1998a: 21).

그러나 이러한 소극적인 대처로는 경영해고가 가져오는 파장에 잘 대응해나갈 수 없다. 따라서 외국의 제도를 참조하여 법의 정비를 꾀해야 하겠다. 예컨대 독일의 경우에는 대량해고의 경우 사용자가 이를 신고하면 일정기간동안 해고의 효력발생을 연기시킴으로써 해고회피를 위한 다양한 조치가 강구되고, 프랑스에서는 적극적으로 행정기관에게 사용자의 경영해고경위 및 사후조치에 대한 심사권한을 인정하고 있다. 두 나라 모두 사용자가 신고의무를 게을리할 때 당해 대량해고의 효력을 인정하지 않는다(김형배, 1997: 62).

3) 사회안전망의 확충

경영해고로 인한 충격을 덜기 위해서는 소위 사회안전망(social safety net)이라 불리 우는 각종 소득보장대책을 마련하여야 한다. 고용보험법은 각종 고용안정 지원제도를 통하여 그러한 기능을 하고 있다. 휴업수당지원금, 노동시간단축지원금, 고용유지훈련지원금, 노동자사외파견지원금 및 인력재배치지원금 등이 그러하다.

휴업수당 지원금제도란 사업주가 경기의 변동, 산업구조의 변화 등에 따라 사업규모의 축소, 사업의 폐지 또는 전환으로 인하여 고

27) 행정관청에 대한 통지는 직업소개에 빨리 착수할 수 있도록 하여 직업알선비용을 줄일 뿐만 아니라 노동자가 구직을 빨리 하게 되면 실업급여비용도 줄어드는 순기능을 하는 것은 분명하다(김유성, 1997: 38).

용조정이 불가피하게 된 경우에 노동자를 감원하지 아니하고 휴업을 실시하는 경우 금전적 지원을 하는 제도를 말한다. 노동시간단축 지원금제도는 경기불황 등에 따라 생산물량을 감축하고 이에 비례하여 노동자 또한 감원할 필요성이 생겼을 때 노동자를 감원하지 아니하고 실노동 시간을 단축하여 고용을 유지하는 조건으로 일정기간 노동시간 단축분에 상응하는 일정율의 임금손실분을 지원한다. 고용유지 훈련 지원금제도는 기업이 단기적으로는 인건비절감을 위하여 감축이 필요하나 장기적으로는 원래 수준의 인력이 다시 필요한 경우 노동자를 감원하지 않고 일정기간 동안 교육훈련을 실시하는 사업주에게 일정비율의 지원금을 지급하는 제도이다. 그리고 노동자 사외파견 지원금제도는 고용조정이 불가피한 사업주가 잉여인력을 협력회사, 계열회사 등에 파견하면서 계속 고용을 유지하는 경우에 지원하는 제도이다. 인력재배치 지원금제도란 시설 또는 설비를 설치하거나 정비하여 새로운 업종으로 사업을 전환하면서 노동자대표와의 협의에 따라 기존 인력의 60% 이상을 전환업종에 재배치하는 경우에 지원금을 지급하는 제도이다(박종희, 1998: 21-22).

1998년 7월부터는 이들 제도가 고용유지지원금제도로 통합되면서 지원수준이 지급받던 임금의 1/5~1/2에서 1/2~2/3로 상향조정되었다. 아울러 특히 고용조정과정에서 휴직을 통하여 고용을 유지할 경우 지원할 수 있도록 하는 제도를 신설하였다. 휴직에 대한 지원은 유급일 경우 휴직기간동안 사업주가 지급하는 급여의 1/2~2/3을 지급하고, 무급의 경우 사업주가 부담하는 의료보험료, 연차유급휴가수당, 퇴직적립금 등 노무비용을 지원한다는 내용이다(개정 고용보험법 시행령 제17조). 또한 고용보험제도가 적용되는 사업장의 범위나 노동자계층이 점차 확대되고 있어(노동부, 1998b) 이 제도가 노동자의 실직에 대한 보상으로 제대로 기능할 수 있기를 기대케 한다. 그러나 고용보험의 규율영역은 아직도 더 넓힐 여지가 충분히 있다 하겠다.

또한 일반적인 업종에서의 고용안정을 위한 각종 제도와 함께 특수지역이나 특수직종에 대한 배려 역시 필요한데 우리 고용보험법은 이 부문에서는 아직 제도가 정비되어 있지 못하다. 물론 고용보험법에서 "고용기회가 현저히 부족하거나 산업구조의 변화 등으로 고용사정이 급속하게 악화되고 있는 지역으로 사업을 이전하거나 그러한 지역에서 사업을 신설 또는 증설함으로써 당해 지역의 실업의 예방, 재취직의 촉진에 기여한 사업주, 기타 당해 지역의 고용기회의 확대에 필요한 조치를 취한 사업주에 대하여" 지역고용촉진지원금을 지급토록 하고는 있으나(동법 제17조, 동법 시행령 제20조) 이는 투자의 촉진책에 불과하다.

이 문제에 대해서는 일본의 사례가 좋은 본보기가 될 듯하다. 일본은 각종 고용안정지원사업과 함께 산업구조의 변화에 따른 불황업종을 지원하는 제도도 갖추고 있다. 「특정불황업종 이직자 임시조치법」(1977년), 「특정불황지역 이직자 임시조치법」(1978년), 그리고 이 두 법을 통합한 「특별불황업종·특별불황지역 관계 노동자의 고용안정에 관한 특별조치법」(1983년)이 관계법규이다. 1987년에는 「지역고용개발 등 촉진법」을 내놓고 있다(膠沼謙一, 1987: 12-14).

실직 저소득층을 위한 사회보장 지출의 확대도 중요한 과제이다. 실직자에 대한 생계보호, 의료보호, 교육비 지원, 영구임대주택 지원, 직업훈련 확대 등의 조치가 그러하다. 아울러 물가안정의 중요성이 강조되는 한편(손창희, 1998: 93) 노동의 경영참여·정책참여, 노동시간의 단축, 노동의 인간화를 위한 실질적인 조치가 절실하다는 지적이다(윤진호, 1998: 236-7).

4. 구조조정의 적절성에 대한 신중한 검토

이상의 법제도와 관련한 논의와 함께 경영해고를 불러오는 구조조정에 대해서는 그 실익을 곰곰이 따져보는 일이 중요하다.

경영해고를 통한 구조조정은 기업 내 온정주의와 거품을 없애고 성과와 연동된 인력관리를 가능케 한다. 또한 종업원에게 경각심을 불러일으켜 인력 수준의 하향평준화 현상을 막는 순기능을 한다.

그러나 경영해고는 조직기강의 해이, 업무에 대한 책임감 결여, 우수인력과 노하우의 유출 등 많은 부작용을 초래하기도 한다. 이 충격과 후유증을 일찍 극복하지 못할 때는 사기 저하와 경영성과의 하락이라는 악순환에 빠져 회생불능의 나락으로 떨어질 위험도 크다. 미국의 경우에도 다운사이징의 성과는 기대에 미치지 못하는 것으로 나타났다.

〈표 2-1〉 다운사이징의 결과

(단위 : %)

	증가한 기업	변화가 없는 기업	감소한 기업
영업이익	50.6	29.1	20.4
종업원의 생산성	34.4	35.5	30.1
종업원의 사기	1.9	12.1	86.1

자료: 미국경영자협회(AMA) 보고서(1991-1994년간)
(김은환/고현철, 1998에서 재인용)

종업원들은 허탈감, 불안, 배신감으로 사기가 떨어지고, 정상적인 공식의사소통경로가 위축되고 허위정보가 유통되어 불신풍조가 만연해지기도 한다. 유언 무언의 해고 위협이라는 과도한 스트레스로

직장분위기가 침체되고 노동자의 건강에도 나쁜 영향을 미친다.28)

따라서 구조조정은 시간을 두고 좋은 계획을 짠 후 실행해야 한다. 그리고 종업원들과 충분한 협의를 거쳐야 한다. 그리고 사후대책이 지속적으로 추진되어야 한다는 점이 지적된다. 맥킨지 컨설팅의 제임스 비모스키는 다음과 같은 말로 그러한 이치를 설파하고 있다:

구조조정은 일종의 다이어트와 같다. 밥을 굶어 체중을 줄이더라도 생활방식을 바꾸지 않으면 6개월 후에 원래 몸무게로 돌아온다. 구조조정도 근본적으로 기업의 경영마인드와 시스템, 체질 등을 바꾸는 방향으로 진행되지 않으면 기업의 체력만 약화시키는 결과를 가져온다.

28) 미국의 경우 구조조정 이전에는 고혈압 노동자가 전체의 11%였는데 구조조정이 있고 나서는 22%로 증가하였고, 연간 100-300억 달러의 비용이 질병으로 인한 노동시간 상실 및 의료비용으로 지출된다는 연구보고가 소개된다(김은환/고현철, 1998).

III

비전형노동의 법리

1. 비전형노동의 문제 상황

산업구조가 고도화되고 노동력구조가 변화함에 따라 점차 고용·취업형태가 다양화하고 파견노동자, 하도급노동자, 단시간노동자와 같은 비정규노동자가 늘어나게 된다. 또한 정부로서는 실업문제에 대한 대책으로 단시간노동을 널리 활용하고자 한다.

이렇듯 비정규노동자가 증가하는 원인은 어디에서 찾을 수 있을까? 이에 대해서는 크게 보아 노동수요와 노동공급 및 정부의 노동정책이라는 세 가지 측면에서 설명할 수 있겠다(오문완, 1994: 1-3).

우선 기업의 노동수요 측면에서 들 수 있는 것이 극소전자화(ME화)와 서비스경제화의 진전에 따른 비전형노동에 대한 수요증가이다. ME화는 종래 하나의 직종으로 통합되어 있던 업무를 보다 전문적인 직종과 보다 기능을 요하지 않는 직종으로 분화하였고, 이에 따라 각 영역에서는 노동력확보의 어려움을 타개하기 위해서 또는 경비절감 등을 위해 비정규노동에 대한 수요가 증가하고 있다. 그리고 서비스경제화 역시 업무량의 단기적 변동에 대한 탄력적 대응 또는 노동시간 단축 움직임 속에서의 영업시간의 연장을 위해 비정규노동에 대한 수요를 촉진시키고 있다. 더욱이 기업 간 경쟁이나 국제경쟁의 심화에 따라 기업은 감량경영의 이름 아래 고정인건비를 절감하려고 함으로써 비정규노동자에 대한 수요는 한층 늘고 있다. 요컨대 노동수요측면에서는 산업구조의 고도화와 정보산업화의 진전 등에 따라 필요한 전문인력을 적기에 확보하고, 인력관리·임금관리면에서의 유연성을 확보하기 위하여 일정 업무를 파견노동, 단시간노동, 하도급노동 등으로 해결하려는 경향이 보이고 있다.

다음으로 노동공급 측면에서 들 수 있는 것이 여성화, 고령화, 고학력화 등으로 불리는 노동력구조의 변화이다. 이에 따라 고용기간의 일시성, 근무시간의 탄력성 등을 확보할 수 있는 비정규적 형태의 근무를 원하거나 또는 일부 전문직·기술직 노동자들이 특정 직장에 얽매이지 않고 자신의 지식과 기술을 자유롭게 활용하려는 경향도 나타나고 있다. 특히 학생이나 주부 또는 고령자들의 사회참가의욕이 높아지고 있는데, 이들은 학교생활이나 가사·육아의 필요 내지는 체력적인 이유에서 자신의 형편에 맞는 노동시간과 근무일을 선택하고자 하고 이러한 욕구를 충족시키는 것으로서 비정규적인 고용형태를 선호하곤 한다.[1)]

한편 노동력의 수요와 공급측면에서의 이상과 같은 요인과 함께 비전형노동의 증가원인으로 또 하나 들 수 있는 것이 정부의 노동

---

1) 제조업부문 단시간노동자의 구성을 보면 중장년여성과 고령노동력이 상대적으로 많이 진출하고 있어, 이들이 한계노동자(marginal workers)의 성격을 가지면서 젊은 노동력의 제조업 기피로 인한 공백을 보완하고 있는 현실을 확인할 수 있다(어수봉, 1991: 63).

정책이다. 최근 들어 우리 사회에는 취업난과 구인난이 함께 병존하는 인력수급의 불균형현상이 나타났고 정부는 이에 대한 대처방안으로 기존의 실업해소를 중심으로 한 소극적 고용정책에서 탈피하여 산업간 노동력이동의 촉진, 유휴노동력의 활용, 직업안내와 직업소개의 체계화 등 이른바 종합적 고용정책을 적극적으로 추진하고 있다. 특히 중소기업을 중심으로 심화되고 있는 인력난에 대처하기 위해서는 유휴노동력의 활용이 매우 필요하다고 판단하고 이를 위한 효율적인 방안으로서 단시간노동의 활성화 등 비전형노동의 확대를 염두에 두고 있는 것으로 보여 비정규노동자는 더욱 늘어날 전망이다(경제기획원, 1991).

그런데 이러한 '고용·취업형태의 다양화현상'의 결과 종신고용제나 연공서열형 임금체계 등 통상적인 노동자를 기반으로 한 종래의 고용관행이 붕괴되는 것이 아닌가 하는 의문이 제기되기도 한다.[2] 또한 이러한 현상은 이른바 정규노동자의 보호를 주로 염두에 두고 만들어진 현행 노동법제와 노동법학에 대해서도 새로운 문제를 제기하고 있다(오문완, 1998).[3]

---

2) "역사적으로 '안정된' 일자리라는 개념은 그리 오래된 것이 아니다. 그리고 지금 상황으로 보아 그 수명 또한 길지 않을 것이다. 대량 생산의 시대 150년 동안 미국과 다른 선진국에서 '안정된' 일자리가 한창 그 꽃을 피웠지만, 이제 종말이 가까워오고 있다."[Robert B. Reich, 2001: 130)는 진단은 우리를 전율케 한다.

3) 이러한 문제는 우리나라 특유의 일은 아니고, 전지구적인 차원에서 노동유연성과 연관되어 추진되고 있는 현상이다[西谷 敏, 2000; Craig Becker, 1996 등). 우리 노동법학에서도 노동유연성 문제가 중요한 이슈로 등장하고 있는데(오문완, 2000 등) 이에 적극 대처하여 국내자-국외자(insider-outsider) 문제를 해결하자는 주장(채호일, 2001)도 주목된다.

2. 비전형노동의 특징

비정규노동자란 종래의 정규(전형; typical)노동자에 대비되는 의미에서 사용되는 용어인데, 정규노동자는 다음과 같은 속성을 지니고 있다(김성환, 1992: 15-16). ① 노동자의 지위는 사용자에게 종속적이다. 즉, 사용자와 노동자가 노동계약을 맺으면 노동자는 사용자의 지시를 수행할 자세를 갖추어야 한다. ② 노동계약은 특별한 사유가 없는 한 기간을 정하지 않은 상용고용이다. ③ 노동시간은 전일제(full-time)이다. ④ 노동시간의 배분은 균일하고 노동 장소가 일정하다. ⑤ 임금은 월급으로 지급한다. ⑥ 법과 단체교섭에 의해 임금을 보장받을 수 있고 노동조합과 같이 고용의 안정성을 보장받을 수 있는 장치가 있다. 그리고 노동자의 이해관계는 노동조합과 같은 대표기구를 통해 집단적으로 보호받는다. ⑦ 임금의 수준은 숙련도와 (기업 내) 근속년수에 의한다.

비정규노동은 이러한 전형적인 특징들에서 벗어나는 형태의 노동라고 할 수 있겠다. 비정규노동 혹은 주변적 노동(contingent work)의 개념 징표로는 대략 다음과 같은 것을 들 수 있다. 첫째로, 고용보장이 희박하고 그 노동관계는 임시적이다. 둘째로, 노동시간의 변동이 큰데, 그 변동은 노동자가 원하기 때문에 바뀌는 것이라기보다는 사용자가 그때그때 바꾸기를 바라기 때문에 그러한 결과를 초래하는 것이다. 셋째로, 복리후생 혜택이 없거나 그 수준이 미미하다는 점 등이다(A. E. Polivka & T. Nardone, 1989: 9-12). 이는 그만큼 개별 노동자와 기업 간의 결합도가 낮다는 것을 의미하는데 정규노동자와 비정규노동자의 차이를 도표화하면 다음과 같이 정리할 수 있다(<표 2-2> 참조; R. S. Belous, 1989: 8).

〈표 2-2〉 노사간의 결합도 스펙트럼

종 신 고 용 모 델 (강한 결합도)	비 정 규 근 로 모 델 (약한 결합도)
·노동자는 한 기업에서 모든 경력을 보낸다. ·노사는 서로 깊은 관련성을 가지고 장기간에 걸쳐 서로 책임을 진다. ·노동자는 자신의 장래를 회사의 운명과 연계시키고 회사와 강한 일체감을 가진다. ·사용자는 노동자에게 (예를 들어 숙련 개발, 교육·훈련 등) 중요한 인적 자본 투자를 할 강한 인센티브를 가진다.	·노사는 아주 짧은 기간을 규율하는 계약을 체결한다. ·노사는 서로간의 관련성이 결여되어 장기적으로 볼 때 아주 높은 정도의 유연성과 자유를 가진다. ·노동자는 자신의 장래를 특정 사용자의 운명에 연계시키지 않는 바,(사용자가 아니라) 그들의 직업에 강한 일체감을 가진다. ·사용자는 특정 노동자에게 중요한 인적 투자를 할 인센티브가 없다. 다만, 인적 자본 투자를 제공하는 시스템을 지원할 수는 있다.

이를 보다 상세히 설명하자면 다음과 같다.

첫째로, 정규노동자의 고용은 계속적이고 규칙적임에 비해 비정규노동자의 고용은 단속적이고 불규칙적이다. 즉, 정규노동자는 고용에 기간의 정함이 없는 종신고용관행 아래 고용이 보장되고 있는 동시에 노동시장에서의 이동성이 거의 없고 노동시간도 고정적이다. 더욱이 이러한 정규노동자의 기본적인 지위는 법률과 취업규칙, 그리고 단체협약에 의해 강화되고 있다. 이에 대해 비정규노동자는 고용에 기간의 정함이 있는 경우가 많고 계약이 반복갱신되고 있다 하여도 종신고용의 관행 아래 있는 것은 아니고 신분적으로 불안정하고 계약의 해지와 기간만료에 의한 종료는 고용의 단절을 낳으며 노동시장에서의 이동이 빈번하고 노동시간도 변동적이다.

둘째로, 연공제도는 일반적으로 정규노동자에게만 적용된다. 연공제도는 장기근속자의 임금을 확실하게 증가시킬 뿐만 아니라 교육훈련과 승진기회의 증가, 책임과 결정권한의 증가에 결부되어 있다. 이에 대해 비정규노동자는 연공제도에서 배제되고 있기 때문에 임금의 증가만이 아니라 승진에서도 배제되고 고용의 계속에 따른 노동관계의 전개를 기대할 수 없는 지위에 있다.

셋째로, 정규노동자의 노동계약에서 일반적으로 발견되는 고용의 계속을 전제로 한 보호규정이 비정규노동자에게는 결여되어 있다. 정규노동자의 경우 사고와 질병 때 그 지위와 급여를 보장하는 제도가 마련되어 있지만 비정규노동자는 그 대상에서 제외되어 있다. 그리고 통근수당을 제외하고는 각종 수당이 지급되지 않는 경우가 많고 기업 내의 복리후생시설의 이용 등에 관해서는 차별이 없다 하여도 기본적인 노동자로서의 지위와 신분의 보호라는 관점에서는 정규노동자와는 구별되고 있다.

3. 비전형노동의 유형과 법적 평가

1) 임시노동

임시노동자의 법적 지위에 관해서는 그 고용의 계속성이 관건이 되는데 1년을 초과하는 노동계약기간을 정한 노동계약의 효력에 관한 대법원판결(대법원 1996.8.29. 선고 95다5783 전원합의체 판결)이 눈길을 끈다. 그 판결요지는 다음과 같다.

근로기준법 제21조는 "노동계약은 기간의 정함이 없는 것과 일정한 사업완료에 필요한 기간을 정한 것을 제외하고는 그 기간은 1년을 초과하지 못한다."고 규정하고 있는 바, 그 입법취지는 장기의 근로기간을 정함으로 인하여 노동자가 퇴직의 자유를 제한 당하게 됨으로써 장기간 근로의 계속을 강요당하는 것을 방지할 목적으로 노동자 보호를 위하여 1년을 초과하는 근로계약기간 부분의 노동관계에 있어서 노동자에게 퇴직의 자유를 보장하려는 것에 있고, 근로계약기간은 단지 근로계약의 존속기간에 불과할 뿐 '근로관계에 있어서 임금·노동시간·후생·해고 등 노동자의 대우에 관하여 정한 조건'을 의미하는 근로기준법 제20조 소정의 근로조건에 해당하지 아니하므로 근로계약 당사자는 원칙적으로 이를 임의적으로 정할 수 있으며, 따라서 1년을 초과하는 근로계약기간을 정하여 근로계약을 체결하였다 하더라도 그 계약기간의 정함 자체는 유효하므로 약정기간 범위 내에서는 사용자는 근로기준법 제21조를 근거로 단순히 노동자에게 1년의 기간이 경과하였음을 이유로 근로관계의 종료를 주장할 수 없고 다만 노동자로서는 1년이 경과한 후에는 언제든지 당해 근로계약을 해지할 수 있다 할 것이며, 한편 근로계약기간을 정한 경우에 있어서 근로계약 당사자 사이의 근로관계는 특별한 사정이 없는 한 그 기간이 만료함에 따라 사용자의 해고 등 별도의 조처를 기다릴 것 없이 당연히 종료된다.

이 판결은 1년을 초과하는 노동계약기간을 정한 경우에 그 노동계약은 1년의 계약기간을 가진 노동계약으로 인정되고, 그 이후의 노동관계는 특별한 사정이 없는 한 기간의 약정이 없는 것으로 보아야 한다는 기존의 판례법리(대법원 1989. 7. 11. 선고 88다카21296 판결)를 변경하였다. 그 논리에 따르면 당사자가 원하는 고용기간을 설정할 수 있다는 장점이 있는 반면 임시노동자의 법적 지위가 장기간 고착된다는 문제점이 있다. 입법론으로는 "노동자의 퇴직의 자유를 보장하고자 하는 근로기준법 제 23조의 입법취지가 현 시점에서는 퇴색되었으므로 계약직 노동의 활성화를 위해 동 규정을 '노동자의 직장보호'와 '기업 활동의 유연화'라는 두 가지 목적이 달성될 수 있도록 합리적으로 개정할 필요가 있다. 즉 노동계약은 원칙적으로 기간의 정함이 없는 것으로 하되 예외적으로 유기계약으로 할 수 있는 경우를 법에 명시하여야 할 것"이라는 주장이 있다(김소영, 1997b).

이 판결을 포함하여 현재 기간의 정함이 있는 노동계약에 관한 근로기준법의 규정 및 이에 근거한 대법원판례상의 규율은 다음과 같다. 우선 그 기간을 1년 이내로 정한 경우에는 당해 계약이 반복갱신된 경우를 제외하고는, 기간의 설정한 이유를 묻지 않고 합법적이며, 정해진 기간이 만료됨으로써 노동관계는 자동적으로 종료한다. 둘째, 1년을 초과하는 기간을 정한 경우에도, 대법원 1996. 8. 29 선고, 95다5783 전원합의체 판결에 의하면, 그 계약기간의 정함 자체는 유효하기 때문에, 약정기간 범위 내에서는 사용자는 1년의 기간이 경과하였음을 이유로 노동관계의 종료를 주장할 수 없고, 다만 노동자로서는 1년이 경과한 후에는 언제든지 당해 노동계약을 해지할 수 있다. 그리고 노동계약기간을 정한 경우에는 노동관계는 특별한 사정이 없는 한 그 기간이 만료함에 따라 사용자의 해고 등 별도의 조처를 기다릴 것 없이 당연히 종료된다. 셋째, 노동계약의 기간이 만료된 후 노동자가 사실상 노무를 계속 제공함으로써 행해진 묵시적 갱신의 경우에, 이후의 노동조건과 기간은 이전의 노동계약상의 그것과 동일하다(대법원 1986. 2. 25. 선고, 85다카2096 판결). 넷째, 기간을 정하여 채용된 노동자라 할지라도 장시간에 걸쳐 그 기간의 갱신이 반복되어 그 정한 기간이 단지 형식에 불과하게 된 경우에는 사실상 기간의 정함이 없는 노동자의 경우와 다를 바 없게 되는 것이고 그 경우에 사용자가 정당한 사유 없이 갱신계약의 체결을 거절하는 것은 해고와 마찬가지로 무효이다(대법원 제2부 1994. 1. 11. 선고, 93다17843 판결).

이러한 판례 법리는 비판을 받고 있다. 노동계약의 기간에 관한 근로기준법 제23조의 취지를, 노동자의 고용보장이라는 측면에서, "기간을 정하지 않은 노동계약의 체결을 원칙으로 하면서, 사용자 측의 특수한 사업목적이나 노동자의 진정한 요구 또는 사업상의 일시적·임시적 특별수요에의 대응 등 예외적인 경우에 기간의 정함을 인정하되, 그 기간의 길이는 기간설정의 일시적·예외적 목적에 비추어 원칙적으로 1년으로 제한하는 한편, 건축토목업에서와 같이 특정한 사업의 완료에 필요한 기간을 설정할 수요가 많은 경우에는 1년을 초과할 수 있도록 한 것"으로 본다. 이에 따라 기간의 정함이 있는 노동계약과 관련된 여러 문제도 다음과 같이 보아야 할 것으로 생각된다. 첫째, 1년 이하의 기간을 정한 경우에도 기간 설정에 객관적이고 합리적인 이유가 있었던 경우에는 원칙적으로 기간의 만료에 의해 노동관계는 종료되는 것이지만, 기간설정의 객관적·합리적 사유가 없는 경우에는 처음부터 기간의 정함이 없는 노동계약이 체결된 것으로 보아, 기간의 만료에 의해 자동적으로 노동관계가 종료되는 것은 아니고, 해고의 정당한 이유가 있어야 한다. 그리고 단시간노동 그 자체가 기간설정의 객관적·합리적 이유가 될 수는 없다. 둘째, 1년을 초과하는 기간을 정한 경우에는 일정한 사업의 완료에 필요한 경우를 제외하고는 탈법을 목적으로 한 것으로 애초부터 기간을 정하지 않은 노동계약이 체결된 것으로 보아야 한다. 셋째, 계약기간 만료 후 사실상의 노무제공으로 인한 묵시적 갱신이 이루어진 경우에, 이후 계약기간은 최후의 갱신 시에도 기간설정의 객관적·합리적 이유가 존재하는가에 따라 판단하여야 한다. 마지막으로, 계약의 반복갱신에 의해 기간설정이 무의미하게 되었다면, 당해 계약은 기간의 정함이 없는 노동계약으로 되고, 이후의 갱신거절은 실질적으로 해고에 해당하기 때문에 갱신거절에 의해 노동관계가 종료되기 위해서는 근기법 제30조 1항의 '정당한 이유'가 있어야 한다(강성태, 2000b: 54-56).

2) 단시간노동

아직까지 우리나라에서는 단시간노동이 크게 부각되고 있지는 않지만, 구미 각국에서는 이미 중요한 노동형태로서 자리 잡고 있는 실정이다. 우리나라에서도 꾸준히 단시간노동자가 증가하고 있고 특히 90년대 들어 증가속도가 빨라지고 있다.

단시간노동의 문제점 가운데 특징적인 것 몇 가지를 들면, 첫째로 기업에서 유사 단시간노동자를 널리 활용하고 있다는 점을 지적할 수 있다. 단시간노동자를 활용하는 본래의 목적은 유휴노동력의 활용, 특히 기혼여성의 경우 가정과 직장을 병존시킬 수 있는 고용형태로서 활용한다는 것인데, 유사 단시간노동자의 활용은 이러한 기본취지를 변질시키고 있다는 것이다. 즉, 유사 단시간노동자의 경우 장시간의 연장노동이 상태화하여 통상노동자와 유사하게 노동시키면서 인건비를 절감하기 위해 낮은 임금, 부당한 대우를 함으로써 단시간노동자의 활용에 장애요인이 되고 있다(예컨대 주 30시간 근무키로 계약한 단시간노동자가 주 12시간의 시간외 근무를 하는 경우에도 주 44시간을 넘지 않으므로 법정시간외 노동수당을 받지 못하고 있으며 상여금, 수당 등도 차등 지급되고 있는 실정이다). 둘째로, 단시간노동이 통상노동을 대체하는 경향이 나타나고 있다. 통상노동자가 퇴직하면 그 자리를 단시간노동자가 대신하게 되면서도, 이들은 정규직으로 채용되지 아니하여 고용불안이 초래되고 있다는 것이다. 금융노련 내부 자료에 따르면, 1994년 은행의 신규채용자중 단시간노동자 채용이 63.2%이며, 고졸자가 맡는 단순 업무를 단시간노동로 대체하고 있다고 한다. 셋째로, 단시간노동자는 국민연금, 고용보험, 직장 의료보험 등 각종 사회보장제도의 보호대상에서 제외되어 생활의 안정을 기하기가 어렵다. 넷째로, 통상노동자로 조직된 기존노조의 자체 규약에서 단시간노동자를 가입대상에 포함시키지 않는 예가 많아 단시간노동자의 보호가 불충분하다는 문제를 안고 있다(노동부 근로기준국, 1996).

이런 문제를 해결하고자 노동부는 1992.1.4.「시간제노동자의 노동조건보장에 관한 지침」(근기 32003-2호)을 정하였으나 별다른 호응을 얻지 못했다. 개정근로기준법(1997. 3. 13. 법률 제5309호)은 단시간노동자의 정의와 함께 노동조건의 보호에 관한 규정을 신설하였다. 이에 의하면, 우선 근기법상 단시간노동자란 "1주간의 소정노동시간이 당해 사업장의 동종 업무에 종사하는 통상노동자의 1주간의 소정노동시간에 비하여 짧은 노동자"를 말한다(제21조). 다음으로 단시간노동자의 노동조건에 관해서는 제25조에서 규정하고 있다. 즉 "단시간노동자의 근로조건은 당해 사업장의 동종 업무에 종사하는 통상노동자의 노동시간을 기준으로 산정한 비율에 따라 결정하여야 한다(제1항)"고 규정하면서, 단시간노동자의 노동조건을 결정함에 있어서 기준이 되는 사항 기타 필요한 사항은 동법시행령에 위임하고 있다(제2항). 이에 따라 개정근로기준법시행령(1997. 3. 27. 대통령령 제15320호)은 근로기준법 제25조 제2항에 의한 위임에 따라 단시간노동자의 노동조건의 기준을 다음과 같이 정하고 있다(제9조 제1항에 의한 별표1).

첫째, 노동계약의 체결에 관한 것으로 다음 두 가지이다. 하나는 "사용자가 단시간노동자를 고용할 경우에는 임금·노동시간 기타의 노동조건을 명확히 기재한 노동계약서를 작성하여 노동자에게 교부하여야 한다."(1-가)는 것이고, 다른 하나는 "단시간노동자의 노동계약서에는 계약기간, 노동일, 노동시간의 시작과 종료시각, 시간급 임금 기타 노동부장관이 정하는 사항이 명시되어야 한다."(1-나)는 것이다. 통상노동자의 경우에도 사용자는 노동계약체결시에 노동조건을 명시하여야 하고 특히 임금의 구성항목, 계산방법 및 지불방법에 관해서는 서면으로 명시하여야 한다(근기법 제24조 및 동법시행령 8조 참조). 그러나 단시간노동자는 이것만으로는 노동조건상의 불안정성과 불명확성이 제거되지 않기 때문에 근기법 시행령에서 특별히 사용자에 대하여 노동조건을 명시한 노동계약서의 작성과 교부의무를 부과한 것이다.

둘째, 임금의 계산 등에 관한 것으로 다음 두 가지이다. 하나는 임금계산의 기초가 되는 "단시간노동자의 1일소정노동시간수는 4주간의 소정노동시간을 그 기간의 총 일수로 나눈 시간수로 한다."(2-나)는 것이고, 다른 하나는 "단시간노동자의 임금산정 단위는 시간급을 원칙으로 하며, 시간급임금을 일급통상임금으로 산정할 경우에는 나목의 규정에 의한 1일소정노동시간수(바로 위의 계산방법: 필자주)에 시간급임금을 곱하여 산정 한다"(2-가)는 것이다. 이는 근로기준법상의 각종 수당의 계산이 시간급임금이나 일급임금을 기초로 한 경우가 많기 때문에 정해진 것이다.

셋째, 초과노동에 관한 것으로 다음 두 가지이다. 하나는 "사용자는 단시간노동자에 대하여 소정노동일이 아닌 날에 노동시키거나 소정노동시간을 초과하여 노동시키고자 할 경우에는 노동계약서·취업규칙 등에 그 내용 및 정도를 명시하여야 하며, 초과노동에 대하여 가산임금을 지급하기로 한 경우에는 그 지급률을 명시하여야 한다."(3-가)는 것이고, 다른 하나는 "사용자는 노동자와의 합의가 있는 경우에 한하여 초과노동을 시킬 수 있다"(3-나)는 것이다. 요컨대 사용자는 단시간노동자에게 초과노동을 시키기 위해서는 노동계약서·취업규칙 등에 그 내용 및 정도를 명시함과 동시에 노동자의 동의를 받아야 하고, 실제로 이루어진 초과노동에 대해서는 약정된 가산임금을 지급하여야 한다는 것이다.

넷째, 휴일·휴가의 적용에 관한 것으로 다음 네 가지이다. ① 사용자는 단시간노동자에 대하여 법 제54조의 규정에 의한 유급휴일을 주어야 한다(4-가). ② 사용자는 단시간노동자에 대하여 법 제57조의 규정에 의한 월차유급휴가 및 법 제59조의 규정에 의한 연차유급휴가를 주어야 한다. 이 경우 유급휴가는 각각 다음의 방식으로 계산한 시간단위로 하며 1시간미만은 1시간으로 본다. 통상노동자의 월차 또는 연차유급휴가일수×단시간노동자의 소정노동시간/통상노동자의 소정노동시간×8(4-나). 한편 사용자가 지급하여야 하는 임금은 시간급을 기준으로 한다(4-마). ③ 사용자는 여자인 단시간노동자에 대하여 법 제71조의 규정에 의한 유급 생리휴가 및 법 제72조의 규정에 의한 산전후휴가를 주어야 한다. 이 경우 통상노동자와 휴가일수에 차이를 두어서는 아니 된다(4-다). ④ 앞의 세 가지 경우에 사용자가 지급하여야 하는 임금은 2-가에 의한 일급통상임금을 기준으로 한다(4-라).

다섯째, 취업규칙의 작성 및 변경에 관한 것으로 다음 세 가지이다. 하나는 사용자는 통상노동자에게 적용되는 취업규칙과는 별도로 단시간노동자에게 적용되는 취업규칙을 작성할 수 있는데(5-가), 이렇게 별도의 취업규칙을 작성하거나 이를 변경하고자 하는 경우에는 적용대상이 되는 단시간노동자 과반수의 의견을 들어야 하고,

특히 취업규칙을 단시간노동자에게 불이익하게 변경하고자 하는 경우에는 그 동의를 얻어야 한다(5-나)는 것이다. 다른 하나는 단시간노동자에게 적용될 별도의 취업규칙이 작성되지 아니한 경우에는 통상노동자에게 적용되는 취업규칙이 적용되고, 취업규칙에서 단시간노동자에 대하여 적용이 배제되는 규정을 두거나 달리 적용한다는 규정을 둔 경우에는 이에 따르도록(5-다) 한 것이다. 나머지 하나는 5-가 내지 5-다에 의하여 단시간노동자에게 적용되는 취업규칙을 작성 또는 변경하는 경우에는 노동시간 수에 따른 비례적 평등을 정한 법 제25조 제1항의 취지에 반하는 내용이 포함되어서는 아니 된다(5-라)는 것이다.

한편 근기법 제25조 제3항은 "1주간의 소정노동시간이 현저히 짧은 단시간노동자로서 대통령령이 정하는 자에 대하여는 이 법의 일부규정을 대통령령이 정하는 바에 따라 적용하지 아니할 수 있다"고 규정하고 있다. 여기서 '1주간의 소정노동시간이 현저히 짧은 단시간노동자로서 대통령령이 정하는 자'라 함은 4주간(4주간미만으로 노동하는 경우에는 그 주간)을 평균하여 1주간의 소정노동시간이 15시간미만인 노동자를 말한다(동법시행령 제9조 제2항). 그리고 이들에 대해서는 근로기준법 제34조(퇴직금제도), 제54조(유급휴일), 제57조(월차유급휴가) 및 제59조(연차유급휴가)를 적용하지 아니한다(동법시행령 제9조 제3항).

그러나 현행법제 역시 문제를 안고 있다. 특히 다음과 같은 점을 지적할 수 있겠다. 단시간노동자에 대한 대우의 기본원칙은 균등대우원칙으로 잡아야 하고, 단시간노동자가 동일가치의 노동 즉 직종, 작업내용, 기능, 책임, 노동밀도, 능률 등의 점에서 동등한 노무를 제공하고 있는 한 동등한 노동조건으로써 대우토록 하여야 할 것이다(다만, 단시간노동자에 대해 노동조건에 격차를 두는 것에 합리성이 있다는 것을 사용자측이 입증할 수 있다면 차별이라고 볼 수 없다. 다시 말해 합리적인 이유 없는 차별만 금지된다). 특히 단결권이나 안전보건면에서는 통상노동자와 꼭 같은 보호를 받을 수 있도록 하여야 한다. 다만, 사회보장과 관련해서는 극소시간노동자(예컨대 주 8시간미만 노동자)를 일정 기간 보호의 대상에서 제외하는 방안을 생각해 볼 수 있다. 합리적인 구별이유가 없을 때는 기본급을 비롯하여 각종 수당, 휴업수당, 퇴직금은 동종(또는 유사) 업무에 종사하는 통상노동자와 동일한 임금률 및 승급률로 계산한 금액(시간급의 경우에는 시간당 임금)을 단시간노동자의 노동시간에 비례하여 지급하여야 한다. 퇴직금, 휴업수당, 휴업보상(재해보상)액 산정의 기준임금은 앞에서 말한 바 있는 일급평균임금이 되어야 한다.

고용관리와 관련해서는 특히 노동시간에 관한 관리를 엄격하게 하여 단시간노동자가 時間主權을 누릴 수 있도록 하여야 한다. 특히 단시간노동자에게는 자신에게 주어진 시간을 어떻게 활용하는가 하는 게 주된 관심사이므로 초과노동의 제한이 중요한 과제이다. 따라서 초과노동시간의 총량을 미리 제한하는 한편 실노동시간과 소정노동시간의 차이를 가능한 한 감축함으로써 초과노동에 대한 사용자의 자유를 제약해야 한다. 또한 단시간노동제도의 취지를 살리기 위해서는 초과노동수당과 관련하여 단시간노동자에 대해서는 소정노동시간을 넘는 초과노동(즉, 법정내초과노동)에 대해서도 초과노동수당을 지급토록 하여야 할 것이다. 단시간노동자의 각종 휴가일수는 통상노동자의 노동시간에 비례하여 산정토록 한다. 단, 연월차유급휴가와 달리 모성보호 및 여성보호기능을 하는 유급산전산후휴가와 유급 생리휴가 등은 노동시간에 비례하여 주어질 성격의 휴가가 아니므로 통상노동자와 꼭 같이 주어야 할 것이다. 그러나 이 경우 휴가수당은 노동시간에 비례하여 지급토록 하는 것이 합당하다.

단시간노동자의 노동조건은 취업규칙과 노동계약서에 분명히 밝히도록 하여야 하고, 단시간노동자 취업규칙의 작성·변경에는 단시간노동자의 의견이 반영되도록 하여야 한다. 단시간노동과 통상노동 사이의 전환을 인정하는 것이 중요하다. 통상노동자가 단시간노동로의 전환을 요구할 때 사용자는 합당한 이유없이 이를 거부하지 못하도록 하고, 단시간노동자가 통상 노동로의 전환을 요청할 때 사용자는 신규채용 때 이들에게 우선권(기대권)을 주도록 한다. 이 두 노동형태 사이의 전환조건은 현행 법령의 틀 속에서 노사가 자율적으로 정하도록 한다. 단시간노동의 활성화를 위한 전제요건(육아휴직제도의 정비와 사용자에 대한 원조조치 등)의 구비를 위한 노력도 중요하다(오문완, 1994: 46-47).

3) 파견노동

노동자파견은 자신이 고용하는 노동자를 타인의 지휘명령 하에서 일하도록 하는 것으로 쉽게 인력용역업체를 연상하면 된다. 기존노동법이론에서 볼 경우 그것은 노동자와 사용자라는 2자관계로 구성되던 종래의 노사관계에서 노동자, 파견사업주, 사용사업주라는 3자관계를 예외적으로 인정하는 것인데, 현재는 직업안정법에 의해 노동자공급사업의 한 유형으로 파악되어 금지되고 있다.[4] 그리고 이를 위반할 때는 5년 이하의 징역이나 2천만원 이하의 벌금에 처하도록 하고 있다(직업안정법 제47조).

먼저 노동자파견과 노동자공급의 관계에 대한 이해가 필요하다.

4) 직업안정법 제33조와 동법 시행령 제33조는 노동조합에 한해 노동부장관의 허가를 받아 국내 노동자공급사업을 할 수 있도록 하고 있다.

1993년의 노동자파견법안(현행 파견노동자 보호 등에 관한 법률)이 나오기 전까지 노동자파견은 넓은 의미의 노동자공급의 일종으로서 파악되었으나, 이 법안이 나오면서 양자는 구별되게 되었다. 즉 노동자 공급이란 자신의 지배하에 있는 노동자를 직접 타인에게 고용시키는 것만을 지칭하는 것으로 바뀌었다. 따라서 노동자파견에서는 파견노동자와 파견사업주간에만 고용 내지 노동계약관계가 성립하고 노동자와 사용사업주 즉 파견을 받은 사업주 사이에는 직접적인 고용 내지 노동계약관계가 성립하지 않음에 비해서, 노동자 공급에서는 노동자 공급을 받아 이를 사용하는 사업주와 노동자 사이에 직접적으로 고용 내지 노동계약관계가 성립하는 점에서 양자는 근본적으로 차이가 있다. 현재 입법적으로 합법화된 것은 전자인 노동자 파견뿐이고 노동자 공급은 특히 국내 노동자 공급 사업은 여전히 직업 안정법 제33조에 의해 금지되어 있다.[5)]

많은 논란을 거치면서 특히 1997년 말부터 몰아닥친 IMF 사태라는 미증유의 경제적 어려움이 계기가 되어 노동자파견법은 성립되었다. 그 개괄적인 내용은 다음과 같다. 우선 노동자파견이라는 개념을 파견사업주가 노동자를 고용한 후 그 고용관계를 유지하면서 노동자파견계약의 내용에 따라 사용사업주의 지휘·명령을 받아 사용사업주를 위한 노동에 종사하게 하는 것이라고 정의하였다(동법 제2조 1호).

파견대상업무는 두 종류로 나뉘는데, 전문지식과 기술, 경험 등을 필요로 하는 업무는 대통령령으로 정하는 업무가 그 대상이 되고(positive system) 단순 업무의 경우에는 출산이나 질병, 부상 등으로

---

5) 노동자공급사업에서는 노동자가 계속 공급업자의 지배를 받고 강제노동과 중간착취를 당할 가능성이 있고, 또 공급상대방이 공급노동자와 고용계약을 체결하지 않아 실제로 노동자를 사용하는 자가 노동보호법규상의 사용자책임을 회피하기 쉽게 되므로 여전히 금지된다(임종률, 2004: 586).

결원이 생기거나 임시적·간헐적으로 인력확보가 필요할 때 법령으로 금지하는 업무를 제외하고는 파견대상이 되도록 한다(negative system). 후자의 경우 사용사업주는 노동조합 또는 노동자대표와 사전에 성실히 협의하여야 하고, 건설현장업무, 항만·철도 등의 하역업무, 선원업무, 유해·위험업무 등에서는 노동자파견이 허용되지 않는다(동법 제5조).

파견기간은 전문지식·기술 또는 경험 등을 필요로 하는 업무는 1년 이내를 원칙으로 하되, 파견사업주-사용사업주-파견노동자간의 합의가 있을 경우 1회에 한하여 1년 더 연장이 가능하다. 출산·질병·부상 등 그 사유가 객관적으로 명백한 경우에는 그 사유가 해소되는 데 필요한 기간 동안 파견이 가능하다. 계절적 요인 등 일시적 사유로 인력확보가 필요한 경우에는 3월 이내를 원칙으로 하되, 당사자 간의 합의로 1회에 한하여 3월 더 연장이 가능하다(동법 제6조). 파견노동이 사회전체의 시각에서 볼 때 긍정적인 평가를 받을 수 있는 가장 큰 이유는 고용시장의 확대 내지 고용창출에 있다. 달리 말하자면 파견노동의 도입이 기존 정규노동자에게는 부정적인 효과가 없다는 것이 전제가 되어야 한다. 때문에 파견이 허용될 수 있는 사업과 기간에 제한을 두는 것은 필수적이라고 하겠다.

파견법에 의하면, 사용사업주는 2년을 초과하여 계속적으로 파견노동자를 사용할 수 없다. 만약 2년을 초과하여 사용한 때에는 2년 만료일의 다음날부터 사용사업주가 파견노동자를 고용한 것으로 본다(제6조제2항). 그런데 이 규정과 관련하여 문제될 수 있는 것은 2년이 특정 파견노동자의 사용기간의 최장한도인가 아니면 어떠한 파견노동자이든 불문하고 계속사용기간의 최장한도인가 하는 점이다. 노동법상 상시고용이 원칙이라는 점, 그러므로 파견노동자의 사용은 상시허용업무든 일시허용업무든 상시고용을 계속적으로 대체하기 위해 사용되어서는 아니 된다는 점에 비추어 보면 후자로 해석하여야 할 것이지만, 법문의 표현 즉 당해 파견노동자가 명시적인 반대의사를 표시하는 경우를 제외한다는 단서규정을 보면 전자를 염두에 두고 규정된 것으로 보인다.

그리고 이와 관련하여 또 문제될 수 있는 것은 2년의 기간제한을 회피하기 위하여, 일시적인 中間休止期間을 두고 반복하여 파견노동자를 사용하는 경우이다. 이 점에 관해서는 독일의 예를 참조하여 직전 파견기간의 일정비율(독일의 경우 25%)이내에서 재사용하면 당해 기간을 통산하도록 하는 것이 타당할 것이다.

노동자 파견사업은 노동부장관의 허가를 받아야 가능한데, 노동자파견사업의 허가를 받기 위해서는 노동자 파견사업을 적정하게 수행할 수 있는 자산과 시설 등을 갖춰야 하며 근로기준법, 직업안정법 등을 위반하여 처벌을 받은 자에게는 일정 기간 허가가 제한된다. 허가의 유효기간은 3년으로 하되, 3년 후 갱신이 가능하다(동법 제7조-제10조). 한편 노동자파견법은 노동자파견의 제한에 관하여 규정하고 있는데, 파견사업주는 쟁의행위중인 사업장에 그 쟁의행위로 중단된 업무의 수행을 위해 노동자를 파견해서는 안되고 사용사업주는 경영상의 이유로 해고를 한 후 그 업무에 일정 기간 파견노동자를 사용해서는 안된다(동법 제16조).

파견노동자의 보호를 위하여 법은 파견사업주와 사용사업주의 의무에 관하여 정하고 있다. 그 내용은 파견중인 노동자의 임금·재해보상 등에 관한 사용자의 의무는 파견사업주가 부담토록 하고, 노동시간·휴게·휴일 및 산업안전보건법상의 의무는 사용사업주가 부담한다는 것이다(동법 제23조-제33조). 한편, 파견노동자를 사용하기 위해서는 사용사업주와 파견사업주간에 노동자파견계약을 서면으로 체결해야 하는데, 동 계약서에는 파견노동자가 행할 업무의

〈파견사업주와 사용사업주의 근로기준법상 사용자책임의 분배〉

사용자 책임의 소재	적용되는 근로기준법 규정
파견사업주	제22조 내지 제36조(계약기간, 근로조건의 명시, 근로조건의 위반, 위약예정의 금지, 전차금상쇄금지, 강제저축의 금지, 해고 등의 제한, 경영상 이유에 의한 해고의 제한, 해고예고, 정당한 이유 없는 해고 등의 구제신청, 퇴직금제도, 금품청산 등) 제38조(사용증명서), 제40조(노동자의 명부), 제41조(계약서류의 보존) 제42조 내지 제47조(임금지불의 방법, 도급사업에 대한 임금지급, 비상시지불, 휴업수당, 임금대장), 제55조(연장근로 등에 대한 가산임금지급) 제59조(연차유급휴가), 유급휴일 및 유급휴가시의 임금 제62조(최저연령과 취직인허증), 제64조 내지 제66조(연소자증명서, 미성년자의 근로계약과 임금청구), 제74조(여자 및 연소자에 대한 귀향여비) 제81조 내지 제95조(재해보상)
사용사업주	제49조 내지 제54조(노동시간, 변형노동시간제, 연장근로의 제한, 휴게, 휴일), 제56조 내지 제58조(노동시간계산의 특례, 월차유급휴가, 노동시간 및 휴게시간의 특례), 제60조(유급휴가의 대체), 제61조(노동시간·휴게·휴일규정의 적용제외) 제67조 내지 제73조(여자와 연소노동자의 노동시간, 야간·휴일·시간외·갱내근로의 금지, 생리휴가, 산전후휴가, 육아시간), 제75조(연소노동자에 대한 교육시설)
양　　자	위에서 언급되지 않은 나머지 조항. 사용사업주의 귀책사유로 파견사업주가 노동자의 임금을 체불한 경우에 제42조(임금지불방법) 및 제66조(미성년자의 임금청구)의 적용. 파견사업주와 사용사업주가 근로기준법을 위반하는 내용을 포함한 노동자파견계약을 체결하고 그 계약에 따라 파견노동자를 근로하게 함으로써 동법을 위반한 경우

내용, 근무하는 사업장의 명칭과 소재지, 파견기간, 노동자파견의 대가 등이 포함되어야 한다. 파견사업주가 노동자를 파견할 때에는 동 계약의 내용을 노동자에게 미리 알려줘야 한다(동법 제20조).

그런데 적어도 현행법에 다음과 같은 사항은 보완될 필요가 있다. 첫째로, 파견사업주의 임금체불 등 일정한 사유가 있는 경우에는 사용사업주에게도 연대책임을 지우는 방안이 검토되어야 할 것이다. 둘째로, 파견노동자의 노동기본권이 보장되어야 함은 물론이다. 이 경우 파견노동자의 노동기본권이 실효 있게 행사될 수 있도록 일정한 경우 사용사업주도 집단적 노사관계법상의 사용자로서의 지위에 있음을 확인할 필요가 있고, 파견노동자들의 자조적인 단체에게도 파견계약에 관한 참가권을 보장하여야 할 것이다.

4) 사내하도급

노동자 공급과 노동자 파견의 구분이 애매한 것처럼 도급과 노동자 파견의 개념도 애매하다. 노동자파견과 도급은 공급자가 노동자와 고용관계를 맺는다는 점에서 동일하지만, 지휘감독의 주체가 공급자인가 사용업체인가하는 점이 다르다. 즉 노동자의 지휘감독 주체가 공급자이면 하도급이고, 사용업체이면 노동자 파견이 된다. 현행 법제 하에서는 노동자 파견이 금지되어 있음에도, 형식적으로 지휘감독의 주체가 노동자 공급업자이기만 하다면 얼마든지 합법적인 도급업체로 인정받을 수 있다.

본래 도급이란 민법상의 의미로는 일의 완성을 목적으로 하는 노무공급계약인데, 현실에서 보면 발주기업으로부터 업무를 주문받은 기업이 자신이 직접 고용한 노동자를 또한 직접 지휘감독하여 작업을 마치고 대가를 발주자로부터 받는 것을 말한다. 따라서 수급기업은 독립된 사업체이며 노동계약책임과 사용자 책임은 원칙적으로 수급기업이 맡는다. 그런 점에서 도급은 노동자 파견과는 완전히 구별된다고 할 수 있지만 실제로는 파견업을 하면서도 외형상으로는 도급사업의 형태를 취하고 있는 경우가 많다(김유성, 1994: 7).

그래서 노동부는 불법적인 노동자파견사업과 합법적인 도급사업을 구별하기 위하여 다음과 같이 노동부 예규로 정하고 있다(권혜자, 1997: 57).

국내 노동자 공급 사업허가 관리규정(노동부예규 제259호) 제2조(도급 등과의 구별)

① 노동자를 타인에게 제공하여 사용시키는 자는 다음의 각호에 해당하는 경우를 제외하고는 공급사업을 행하는 자로 본다.

1. 노동자를 공급한 자가 그 노동자의 업무수행, 노동시간, 배치결정과 그 변경 및 복무상 규율에 관한 사항에 대한 지시 기타 관리를 스스로 함으로써 실질적으로 지휘감독하는 경우
2. 노동자를 공급한 자가 스스로 제공하는 기계, 설비, 기재(업무상 필요한 간이한 공구를 제외한다) 또는 재료나 자재를 사용하거나, 스스로의 기획 또는 전문적 기술과 경험에 따라 업무를 행하는 경우로서 단순히 육체적 노동을 제공하는 것이 아닌 경우
3. 노동자를 공급한 자가 소요자금을 자기 책임하에 조달 지변하며 민법, 상법 기타 법률에 규정한 사업주로서의 모든 책임을 부담하는 경우
4. 노동자를 공급한 자가 그 노동자에 대하여 법률에 규정된 사용자로서의 모든 의무를 부담하는 경우

② 제1항 각호에 해당하는 경우라도 그것이 법 제33조 제1항의 규정에 위반하는 것을 면하기 위하여 고의로 위장된 것으로서 그 사업의 본 목적이 노동력의 공급일 때에는 공급사업을 행하는 자로 본다.

그러나 행정해석에 지나지 않은 노동부예규로 이 문제를 정리하

려는 것은 지나치게 소극적인 태도라고 생각된다. 이와 관련하여 일본의 법제도를 주의 깊게 살펴볼 필요가 있을 듯하다. 일본 직업안정법 시행규칙 제4조는 제1항에서 다음 4가지 요건을 모두 갖추어야 도급에 해당한다는 취지를 분명히 밝히고 있다.

1. 작업의 완성에 관하여 사업주로서의 재정상·법률상의 모든 책임을 지는 자일 것
2. 작업에 종사하는 노동자를 지휘감독하는 자일 것
3. 작업에 종사하는 노동자에 대하여 사용자로서 법률에 규정된 모든 의무를 지는 자일 것
4. 스스로 제공하는 기계, 설비, 기재 또는 그 작업에 필요한 재료 자재를 사용하거나 기획 또는 전문적 기술이나 경험을 필요로 하는 작업을 행하는 자로서 단지 육체적인 노동력을 제공하는 자가 아닐 것

그리고 이들 요건에 해당한다고 하여도 그것이 노동자공급사업 금지규정에 위반하는 것을 면하기 위하여 고의로 위장된 것으로 그 사업의 참 목적이 노동력공급에 있을 때는 노동자공급사업을 행하는 자로 본다(동조 2항).

어쨌든 도급업체는 노동자에 대한 실질적인 지휘감독, 생산수단의 보유, 자금운용 등의 측면에서 주문업체에 대하여 사업주로서의 독립성을 가지고 있어야 한다. 그리고 독립성을 가진 경우라도 노동력의 공급을 목적으로 한 위장일 때에는 노동자 공급 사업에 해당되어 위법이 된다. 이러한 규정은 불법적인 노동자공급을 막기 위한 장치이면서도, 그만큼 도급과 노동자파견의 경계가 애매하다는 것을 보여준다.

이렇듯 대다수의 불법 노동자 파견업체가 하도급으로 등록하고 있는 경우, 도급업과 파견업을 구분해 내는 것은 개념적으로는 가능하지만, 현실적으로는 대단히 어렵다. 특히 도급이 제조업체의 사내 하도급인 경우에는 그 구분이 더욱 모호할 수밖에 없다. 이 경우에 도급과 파견의 구분방법은 실제로 노동자에 대한 지휘감독을 하청회사에서 하고 있는가, 혹은 원청회사에서 하고 있는가의 차이이다.

제조업 사내 하도급의 경우 지휘감독의 주체는 다양하게 나타날 수 있다. 원청회사에서 일정한 공정이나 작업을 사내하청으로 주었을 경우, 지휘감독은 ① 원청회사에서 하청노동자를 지휘감독하는 경우, ② 하청회사에서 하청노동자를 지휘감독하는 경우, ③ 부서나 공정에 따라 원청과 하청이 함께 지휘감독을 하는 경우, ④ 하청업체에서 형식상의 지휘감독자를 두고 원청에서 지휘감독을 하는 경우 등이 존재하며, 이는 필요에 따라 언제든지 바뀔 수 있다.

또 하청업체의 입장에서 볼 때 사외하청과 사내하청을 동시에 수행할 수도 있다. 대기업의 협력업체로 표현되는 하청업체에서는 원청으로부터 독립적인 공정을 도급받아 별도의 사업체에서 도급을 수행하면서, 노동자들의 일부를 원청회사에 들여보내 원청회사의 지휘감독을 받게 하는 경우도 있다. 이 경우 하청업체에서 원청업체로 파견된 노동자들은 파견 노동자인지 도급 노동자인지 분명히 구분되지 않는다. 하청업주조차도 그것이 노동력 공급과 도급이라는 동시적인 목적을 가지고 있음을 부인하지 않는다. 이러한 개념상의 모호성은 용역노동자와 파견노동자, 그리고 하청 노동자를 혼동하게 하는 중요한 이유이다. 이렇게 세 가지 개념이 중첩되어 나타나고 혼동되는 이유는 용역노동자, 파견노동자, 사내하청 노동자 모두가 사용자가 직접 노동자를 지휘감독을 하든 하지 않든 간에 모두 저임금 노동력 수급의 목적을 가진 인력공급의 성격을 갖고 있기 때문이다(권혜자, 1997: 58).

따라서 하도급노동자의 보호를 위해서는 그 노동자의 사실상의 사용자가 누구인가를 확정하는 작업이 필요하다. 만약 그 노동자가 하도급사업주와의 계약을 통하여 그의 노무지시권 행사에 따라 작업을 해왔다면 하도급노동자의 사용자는 그 하도급 사업주임이 분명하다. 그러나 그 사업주는 명목상의 사용자에 불과하고 사실상 노무지시는 원기업(도급업체)이 행해 왔다면 그 실질에 따라 도급업주가 사용자가 된다고 보아야 할 것이다. 하도급기업이 전체로서 도급업체의 노무지시를 받을 때도 그 도급업체가 사용자가 된다고 보아야 한다고 해석한다.

5) 가내노동과 재택노동

가내노동은 산업화과정에서 주로 저소득층의 기혼여성을 중심으로 꾸준히 이어져 온 고용형태이다. 고용형태 다양화의 한 모습으로 앞으로는 하도급에 의한 가내노동이 더욱 활성화할 것으로 보인다. 경영합리화를 구실로 장차 기업들이 단순노동은 직접적인 노동관계를 맺지 않은 채 주문(물량) 변동에 따라 손쉽게 동원할 수 있는 노동력을 활용할 것이기 때문이다. 더욱이 위탁업자와 수급업자간의 계약에 의한 생산분업관계인 하도급이 확산되면서 최종단계로 가내노동이 선호될 것이라는 전망이다.

아직까지 우리나라에서는 가내노동에 관한 연구가 부진할뿐더러 그 법적 개념조차 잡혀 있지 않은 실정이다. 그런데 이미 ILO는 제177호 협약인 「가내노동에 관한 협약」(1996)에서 「가내노동(homework)는 가내노동자(homeworker)라고 불리는 사람들에 의해 수행되는 일을 의미 한다」고 정의하고 법적 보호를 꾀하고 있다. 그리고 그 개념표지로 가내노동자가 국가법규나 법원의 결정에 따를 때 자영노동자로 간주되는 데 필요한 정도의 자율성이나 조건들을 갖추지 않을 것을 전제로 ① 그의 집에서 또는 (사업주가 제공한 장소가 아닌) 그가 선택한 다른 장소에서, ② 보수를 위하여, ③ 사용되는 장비, 재료, 또는 투입물의 제공자가 누구든지 간에 사용주에 의해 정해진 재화나 용역을 생산하는 것을 제시하고 있다. 그리고 노동자가 때때로 그들의 일상적 작업장이 아닌 집에서 일하는 경우는 이 협약에서 가내노동자로 보지 않는다고 못 박고 있다. 고용주는 직접 또는 중개인을 통해서 사업 활동의 일환으로 가내작업을 제공하는 자연인 또는 법인을 의미한다고 정의한다(동 협약 제1조).

가내노동자는 과다한 작업량을 떠맡는다든가 기계·작업용구의 사용과 관련된 산업재해, 위탁자에 의한 정당한 이유 없는 계약의 해지 등의 위험에 노출되어 있다. 즉 가내노동자들은 특별한 전문기술이 없는 한 대부분 단순작업을 하면서 일반노동자에 비하여 임금이나 노동조건, 작업환경, 고용안정에서 훨씬 열악한 상황에서 일하고 있다는 것이다. 때문에 가내노동자의 개념을 분명히 하고 이들을 법제도적으로 보호할 수 있는 방안을 강구하여야 할 것이다.

한편 정보화와 더불어 가내노동의 한 형태로 볼 수 있는 재택노동(telework 또는 telecommuting)가 유연화된 근무형태로 널리 확산되고 있는 추세이다. 아직 우리나라에서는 일반화되고 있지 않으나 컴퓨터 관련 직종과 영업직 등을 중심으로 확산되고 있다. 그런데 최근 개정된 노동기준법에서 도입하고 있는 재량노동제를 제외하고는 재택노동에 관한 법적 장치가 없어 재택노동의 도입 및 활성화에 장애가 되고 있다.

ILO 및 선진각국에서도 현재 재택근무에 대한 조사연구가 진행되고 있으나 재택노동자에 대한 별도의 입법은 찾아보기 어렵다. 다만 독일의 경우에서와 같이 유사노동자(인적 종속성의 정도가 낮거나 종속되지 않은 것으로 여겨져 노동자로 보기 어려우나 경제적으로는 종속되어 있어 독립 자영업자로 보기도 어려운 경우)의 개념을 규정하여 재택노동자에게 노동법을 일부 적용하는 경우가 있다.

재택노동은 여성잠재인력 활용 등을 비롯한 고용기회의 확대, 노동자 삶의 질 개선, 교통난 해소 등에 기여할 수 있으므로, 이에 대한 법제도적 정비가 필요하다. 따라서 우선 노동시장의 변화에 맞는 노동자 개념을 재정립하고, 재택노동자의 임금, 노동시간, 휴일·휴가, 산재보상 판단 등에 대한 기준을 마련하는 것이 중요하며, 재택노동의 확산과 발맞추어 별도의 입법을 마련해야 할 것이라고 한다(어수봉, 1997: 21-22).

4. 공통의 쟁점사항

이들 비정규노동자에 대한 처우는 그 담당하는 업무나 신분상의 특성으로 말미암아 조금씩 달라지기 마련일 터인데 이들에 대한 대우를 정할 때 꼭 염두에 두어야 하는 것은 헌법상의 평등권 문제, 노동기준법상의 균등대우 문제이다. 특히 동일가치노동 동일임금 원칙과 관련하여 문제가 된다.

남녀고용평등법 제6조의 2는 '동일가치노동 동일임금 원칙'을 명시하고 있는데, 이 조항은 우리 현실상 가장 차별 대우를 받고 있는 여성 노동에 대한 보호를 목적으로 한 규정이라고 이해할 수 있다. 그러나 이 원칙은 남녀 간의 임금차별금지에만 적용되는 것은 아니다. 이 원칙은 헌법상의 평등권조항(제11조)을 비롯하여 근로기준법

제5조의 차별대우금지(균등처우원칙) 조항에서도 도출될 수 있다고 생각된다. 그리고 보다 직접적인 규정으로는 「경제적, 사회적 및 문화적 권리에 관한 국제규약」 제7조를 들 수 있다. 동조 (a)(1)은 모든 노동자에게 공정한 임금과 어떠한 종류의 차별도 없는 동일가치노동에 대해 동일한 보수(fair wages and equal remuneration for work of equal value without distinction of any kind)를 지급할 것을 정하고 있다.

따라서 동일가치의 노동 즉 직종, 작업내용, 기능, 책임, 노동밀도, 능률 등의 점에서 동등한 노무를 제공하고 있는 한 동일한 임금이 주어져야 할 것이다. 그런데 우리나라의 경우 임금체계와 임금결정의 틀을 보면 구미 각국과는 달리 동일노동인가 아닌가를 엄밀하게 묻지 않은 채 임금은 연령, 학력, 근속년수라는 속인적 요소에 의해 결정되는 경우가 많다. 그리고 제공하는 노동에 따른 급여부분만이 아니라 생활보장을 취지로 하는 급여부분도 많다. 만약 동일가치노동 동일임금 원칙이 구미 제국에서 이해하는 바와 같이 직무평가를 불가결한 전제로 하고 있다고 생각하면 우리나라의 임금결정 틀 자체를 근저에서부터 뜯어고쳐야 한다는 얘기가 된다. 직무평가를 통한 임금결정방법에 관한 노사간 합의형성이라는 조건이 성숙하지 않는 한 엄밀한 의미에서 이 원칙을 실시하는 것이 불가능에 가깝다고 볼 수도 있겠다.

그러나 근로기준법 제5조 및 「경제적, 사회적 및 문화적 권리에 관한 국제규약」[6] 제7조는 동일가치노동 동일임금 원칙을 예정하고 있다고는 해도 직무평가의 도입까지를 요청하는 규정이라고는 해석하기 어렵다(반드시 직무평가를 통한 동일임금 지급이 의무화되어 있는 것은 아니다). 임금결정방법은 계약당사자의 자유에 맡겨져 있다고

6) 우리나라는 1990.6.13. 이 조약을 비준하여(조약 제1006호) 1990.7.10.부터 국내법률과 같은 효력을 가지고 있다.

이해되기 때문이다. 달리 말하자면 직무내용의 가치(value of job content)만으로 동일임금 지급 여부를 결정할 수는 없고, (동일직무에 대한 동일임금만이 아니라 동일 연공에 대한 동일임금, 동일 능력에 대한 동일 임금 등) 각 기업의 임금결정요소에 상응하는 기준을 동일가치노동의 기준으로 삼으면 된다는 것이다. 남녀고용평등법 제6조의 2 제2항에서는 그 기준을 노동수행에서 요구되는 기술, 노력, 책임 및 작업조건이라고 제시하고 있다.

다만, 임금에 격차를 두는 것에 합리성이 있다면 그 한도에서 차별대우도 합리적임은 물론이다. 판례도 "근로기준법 제5조에서 말하는 남녀 간의 차별적 대우란 합리적인 이유 없이 남성 또는 여성이라는 이유만으로 부당하게 차별대우하는 것을 의미 한다"고 하여 합리적인 이유 없는 차별만을 금지하고 있다. 행정해석에서 합리적인 차별이라고 판단하는 예로는 근속년수에 따른 상여금 지급률의 차등, 개인적 직무, 기능, 능률, 근무부서의 난이도에 따른 상여금 지급 차등, 근무부서 난이도에 따라 상여금, 학자금 및 근속수당을 차등 지급하기로 합의한 경우 등이 있다.

5. 비정규노동에 대한 기본 시각의 정립

이상 비정규노동자의 법적 지위를 어떻게 이해할 것인지를 살펴보았다. 그리고 무엇보다도 균등처우라는 데 주목하여 문제에 접근하여야 한다는 점도 지적하였다. 글을 마무리하면서 애당초 비정규노동에 대한 우리의 시각 자체에 대해 검토할 필요는 없는지를 생각해 보기로 한다. 실상 비정규노동의 문제는 노동유연성을 살린다는 차원에서 접근해 왔는데 이를 위해서는 규제가 완화되어야 하는

지 아니면 적절한 규제가 필요한지에 대한 신중한 검토가 요망된다.

오늘날 노동시장의 효율성을 높이는 방법으로서 노동입법의 중요성에 관해 활발한 논의가 전개되고 있는데 이 논의는 크게 두 가지로 가닥을 잡을 수가 있다. 하나는 규제강화에 반대하는 견해로 노동입법에서 지나친 규제가 고용제도의 경직화를 초래한다고 한다. 이 견해는 역동적인 경제절차와 시장의 탄력성을 확보하기 위해 노동시장에 대한 규제를 하지 않는 것이 좋다고 한다. 이들은 특히 경직된 임금구조, 노동시간에 대한 엄격한 규제, 고용보장법제, 그리고 해고에 대한 보호규정 등의 탄력화를 꾀해야 한다고 주장한다.

반대로 규제강화론자는 노동입법의 분야에서 노동자보호의 필요성을 강조하면서 바람직한 소득 수준과 노동조건에 관한 노동자 측의 욕구를 충족시키는 가운데 생산 절차 면에서 기술적으로 필요한 재구축을 기하는 것이 중요하고, 노동시장에서의 당사자간의 협력 촉진이 필요하다고 한다. 전자는 노동유연성 가운데 수량적 유연성을 강조하는 입장이고 후자는 기능적 유연성을 강조하는 입장이라 할 수 있다.

주의할 것은 국가 간의 경쟁이 심화하고 특정 소비자의 기호에 맞는 상품을 생산하여야 한다는 요청 때문에 노동시장의 내부적 유연성과 기능적 유연성이 더욱 중요해지고 있다는 사실이다. OECD는 "업무간의 작업이동 원활화, 작업간의 단절 완화, 작업 설정의 유연성 제고, 훈련과 재훈련 등 기능적 유연성이 노동시간과 고용량을 조정하는 수량적 유연성과 노동의 양을 지나치게 중시하는 포드주의를 명백히 뛰어넘고 있다."(Melvin M. Brodsky, 1994: 59)고 결론짓고 있다. 이러한 외국의 경험을 바탕으로 하여 노동유연성 문제에도 접근하여야 할 것이다.

즉 생산적인 노동유연성은 단순한 규제완화가 아니라는 점이다.

이는 작업조직과 기업조직을 다양하게 결합하여야 한다는 것을 시사해준다. 한편으로는 노동자의 숙련을 향상시키고 교육훈련에 집중투자를 하여 고능률작업장을 만들어야 한다. 또 한편으로는 노동자들의 직장귀속의식을 고취시키고 장기간에 걸친 노사협조체제를 구축할 수 있도록 하여야 한다. 비정규노동의 문제 역시 이런 차원에서 접근하여야 한다는 것을 의미한다. 기실 외국에서도 비정규노동자에 대해서도 일반 노동자와 같이 보호한다는 원칙은 지켜지고 있다.

IV

특수고용의 법리

1. 머리말

산업구조가 고도화하고 노동력구조가 변화함에 따라 점차 고용·취업형태가 다양화하고 파견노동자, 하도급노동자, 단시간노동자와 같은 비전형노동자가 늘어나게 된다. 이렇듯 비전형노동자가 증가하는 원인은 노동수요 측면에서는 극소전자화(ME화)와 서비스경제화의 진전에 따른 비전형노동에 대한 수요증가이다. 노동공급 측면으로는 여성화, 고령화, 고학력화 등으로 불리는 노동력 구조의 변화이다. 이에 따라 고용기간의 일시성, 근무시간의 탄력성 등을 확보할 수 있는 비전형적 형태의 근무를 원하곤 한다. 또한 취업난과 구인난이 병존하는 인력수급의 불균형현상의 대처방안으로 종합적 고용정책을 추진하는 정부의 노동정책도 영향을 미치고 있다.

그런데 이러한 '고용·취업형태의 다양화 현상'의 결과 종신고용제나 연공서열형 임금체계 등 통상적인 노동자를 기반으로 한 종래의 고용관행이 붕괴되는 것이 아닌가 하는 의문이 제기되기도 한다. 또한 이러한 현상은 이른바 정규노동자의 보호를 주로 염두에 두고 만들어진 현행 노동법제와 노동법학에 대해서도 새로운 문제를 제기하고 있다(오문완, 2002; 상세한 것은 이 책의 VII. 1. 참조).

이와 같이 비전형노동자인 경우에는 (노동시간이 짧다거나 노동계약기간이 짧다는 등의) 정규노동자와는 다른 특성으로 인하여 그에 합당한 다른 대우를 받느냐 아니냐 하는 게 논의의 핵심이다. 그런데 산업의 발달로 인하여 고용형태가 더욱 다양화하는 가운데 이제는 그 노동자성조차 의심할 수밖에 없는 취업자들이 등장한다. 예를 들면 보험회사의 외무원, 전기·가스 점검원, 서적·자동차 판매원, 라디오·TV에 출연하는 연예인, 프로운동선수, 무용단의 무용수, 교향악단의 악단원과 같은 경우에는 고용형식, 직무내용, 근무형태, 보수지급방법 등이 일반 노동자의 경우와 현저히 다른 것이 보통이기 때문에 근로기준법상의 노동자인지의 여부가 문제되는 경우가 많다. 이미 골프장 캐디나 학습지교사를 비롯하여 상당수 특수고용형태의 취업자와 관련하여 법원에서 판단을 내리고 있기도 하다. 이러한 독립사업자 형태의 노동자 문제에 관해서는 노동자에게 일방적으로 불리한 계약을 맺은 상태에서 사용자 책임을 회피하는 기업들의 횡포로 노동법상의 제반 권리를 박탈당한 채 항상적인 계약해지 위협과 노동조건 악화에 시달리고 있다는 비난이 가해진다(박승흡, 2001). 이에 대해 업계에서는 학습지교사의 경우를 예로 들어 반론을 제기한다. 대부분 학습지업체는 4년제 대졸 중심의 일반공채형식으로 채용한 정규직원(비정규 계약 노동자 포함)과 민법상 자유소득업자인 위탁사업자, 외부 파견사를 통해 업무를 대행케 하는 소수의 파견인력을 포함 탄력적이고 다양한 인력운용형태를 보이고 있다는 것이다. 학습지 교사의 특징을 고려해 볼 때, 학습지 교사는 위탁수행시간(출·퇴근), 업무수행 과정에서의 사용자의 구체적인 지휘감독, 보수의 노무 대가성, 회사의 제재(징계) 권한행사, 업무의 전속성, 업무의 성질과 내용 등 실질적 내용을 살펴볼 때 사용종속 관계가 인정되는 노동자로 볼 수 없으며, 민법상 위임에 관한 법리가 적용되어야 마땅하다고 한다(학습지산업 협의회, 2001).

이렇듯 첨예하게 이해가 엇갈리는 비전형노동의 문제에 대하여 우리는 과연 어떻게 접근하여야 할 것인가? 이 문제는 단순하게 비전형노동자를 어떻게 보호할 것인가 하는 문제로 국한되는 게 아니라 정규노동자와의 조화 문제, 취업준비계층과의 이해 조정 문제 등이 얽혀 있는 복잡다단한 것이라는 점을 염두에 두면서 접근하여야 한다. 그렇지 않으면 문제를 더 복잡하게 엮어 갈 위험도 있다. 이들의 경우 애당초 노동관계의 존부 내지 노동자성이 문제되고 있는 것은 이들이 노무를 공급하는 모습이 노동관계의 요소와 노동관계의 요소로 볼 수 없는 것들이 혼합되어 나타난다는 데서 비롯한다. 특히 각 산업 내지 직업분야의 직무수행의 특수성, 기업에서의 노무관리의 특성 등으로 노동관계의 모습이 다양하게 생성되고 있는데, 이러한 경우에 노동관계의 존부를 일률적으로 결정한다는 것은 그만큼 어려운 일이다.[1)]

이 글에서는 이와 같이 노동자성 유무가 애매한 고용형태를 '특수고용형태'라 부르기로 하는데, 특수고용관계는 종속적 노동의 모습(노동계약적 특성)과 함께 독립적 노동의 모습(민법상의 계약적 특성)을 아울러 가지고 있는 노무공급관계를 뜻한다. 계약의 외형은 도급이나 위임이라는 형식을 띠고 있는데 그 계약이 실행되는 모습은

---

1) 이 문제를 해결하기 위하여 노사정위원회는 비정규직노동자대책특별위원회를 구성하여 다양한 논의를 전개하고 있으나 뚜렷한 대안을 제시하고 있지는 못하다. 상세한 내용은 동 특별위원회 홈페이지 http:// www.lmg.go.kr/kor/index2.htm에서 찾아볼 수 있다. 특히 노사의 공방에 대해서는 김재훈, 2002 참조.

노동관계와 차별성을 (쉽사리) 찾기 어려운 노무공급관계가 그러하다 이들의 고용에 관한 법리를 탐색하는 작업이 이 글의 목적이다.

2. 노동자성의 판단

이렇듯 특수고용형태로 취업하고 있는 계층의 법률관계를 논할 때 그 노동자성의 유무 판단은 가장 시급한 과제가 되고 있다. 그런데 기실 어떠한 사람을 노동자로 부르는지에 대해서 추상적인 합의는 이루어지고 있지만, 개별 사례에서 구체적으로 판단한다는 게 쉬운 일은 아니다. 따라서 먼저 노동자란 어떠한 사람을 뜻하는지가 규명되어야 한다.

1) 노동자의 개념 표지

실정법에서 노동자에 관한 정의규정을 두는 경우로는 근로기준법(이하 '근기법')이 대표적인데, 동법 제14조는 "직업의 종류를 불문하고 사업 또는 사업장에 임금을 목적으로 노동을 제공하는 자"를 노동자라고 파악한다. 한편 노동조합 및 노동관계조정법(이하 '노조법') 제2조 1호는 "직업의 종류를 불문하고 임금, 급료 기타 이에 준하는 수입에 의하여 생활하는 자"를 노동자로 본다. 노동자직업훈련촉진법 제2조 3호에서는 "사업주에 고용된 자와 취업할 의사를 가진 자"가 노동자이다. 이와 같이 노동자 개념이 통일되지 않고 법마다 차이가 나는데 그것은 그 법의 목적에 따라 규율대상을 달리하기 때문이다. 가장 논란이 되고 있는 근로기준법과 노조법상의 노동자 개념에 대해 생각해보자. 학설은 노조법상 노동자의 개념은 근로기준법상 노동자의 개념보다 넓은 것으로 이해하여 노조법상 노동자에는 현실적으로 취업하고 있는 자뿐만 아니라 '실업자'도 포함되는 것으로 해석하는 것이 일반적 견해이다. 그 이유는 근로기준법과 노조법의 입법 목적에 차이가 있기 때문인데 즉, 근로기준법은 최저 노동조건 기준의 강제를 목적으로 하는 만큼 현실적으로 사용종속관계에 있는 자만을 대상으로 함에 비하여, 노조법은 노동3권의 보장을 목적으로 하기 때문에 그 대상을 현실적 취업자에 한정할 이유가 없기 때문이라는 것이다(김형배, 2006: 52-53).

그러나 입법의 목적에 비추어 조금씩 차이를 보이기는 하면서도 노동관련 입법에서 공통으로 생각하는 노동자상을 찾아볼 수는 있다. 그것은 노동법에서 말하는 노동자는 사용자에게 노동력을 제공하고 그 대가인 임금을 받아 생활하는 자를 상정하고 있다는 것이다. 그리고 그 속성은 종속노동으로 나타난다. 최근 전통적인 노동법학에 대한 문제가 제기되고 있기는 하지만, 종래 노동법의 문제의식 또는 노동법의 대상은 소위 '종속노동'에 한정된다. 노동의 종속성에 관해서는 여러 가지 견해가 있지만 오늘날 학설이나 판례에서는 사용종속관계를 판단하는 기준을 인격적종속성과 경제적종속성에서 찾는 게 보통이다. 인격적 종속성이란 "노동자가 인적노무급부, 즉 노동자의 신체 및 인격과 분리할 수 없는 노무의 급부를 해야 할 의무를 지기 때문에 생산과정에서 사용자의 지배 아래 놓이게 되는 것", 즉 노무의 타인결정성을 뜻한다. 경제적 종속성이란 "노동자가 노동력 이외에는 계약의 목적물을 가지고 있지 않기 때문에 그의 노동력을 생산수단의 소유자에게 팔지 않으면 생활할 수 없는 경제적 지위"로 인하여 사용자의 지배 아래 놓이는 것을 말한다. 그러면 왜 노동은 종속적이어야 하는가? 그것은 남의 밑에서 일한다고 할 때 그 '일', '노동'이 그러한 특징을 지니고 있기 때문이다. 노동의 특성(다른 상품과는 다른 노동력이라는 상품)은 크게 두 가지를 들 수 있다. 하나는 노동인격이라는 표현에서 보듯이 인격과의 불가분리성이라는 커다란 특징이고, 다른 하나는 노동력은 저장되지 않는다고 하는 (숙명이라고 할만한) 특성이다. 특히 두번째 특성과 관련하여 각종 노동문제는 시작된다고 볼 수 있다. 그리고 불평등이라고 하는 문제가 그 이면에 가로놓여 있다. 구체적인 인간(Mensch; mankind)으로서의 노동자는 자본재를 소유하지 못하고 있다는 데서 문제가 시작된다. 노동운동 또는 노동법이 탄생하는 배경과 관련하여 산업혁명기의 영국노동자계급의 상태를 생각해보자.

자본주의 초기의 노동자계급의 상태에 관해서는 예컨대 엥겔스의「영국 노동자계급의 상태」에 잘 묘사돼 있다. 당시에는 16-18시간노동이 일반적이었고, 6-8세 아동까지 14-16시간 일하고 있었다. 부인노동자는 분만시간에 이르기까지 공장에서 일하고 분만후 3-4일 후에는 다시 공장에 나와 전과 같이 일했다. 그리고 노동자가 사는 거리는 불결하고 황폐하며, 질병, 빈곤, 타락으로 가득차 있다. 자녀를 둔 여성노동자는 모유를 줄 시간이 없어 자녀에게 마약을 준 후 일하러 나온다고도 한다. 노동자계급의 이러한 상태는 영국에 한정된 게 아니고 미국에도, 독일에도, 프랑스에도 그리고 일본에도 마찬가지였다. 19세기 프랑스노동자의 상태에 관해 연구한 블랑빵(Blanpain)이 지적한 바대로 당시의 노동자들에게 산다는 것은 단지 죽지 않는다고 하는 것일 뿐이었다(外尾健一, 1987: 7-8).

이러한 질곡에서 노동자들을 벗어나게 해주어야 노동자의 생존은 물론 국가의 장래가 보장된다. 민법의 고용계약이 있는데도 불구하고 굳이 노동법이라는 것을 구상하여 사법상의 계약질서에 수정을 가한 것은 다 그러한 이치 때문이다. 사회법의 하나로서 노동법의 존재를 시인케 된 것은 근대법의 인간상과 현대법의 인간의 모습이 다르다는 데서 출발한다. 라드브르흐는 이를 '시민법에서 사회법으로'라고 표현하는데, 한 마디로 근대시민법은 추상적 인격체(Person)를, 사회법(현대법)은 구체적 인간(계급인; Mensch)을 인식의 대상으로 하는 출발의 차이점을 드러내고 있다(구스타브 라드브루흐, 1981). 쉽게 이해하자면 근대시민법은 권위와 재산, 명예를 갖춘 사람 사이의 법률관계를 규율하는데 반해, 사회법은 우리 주변에서 쉽게 마주치는 탐욕스럽고 돈과 권력이 있는 사람과 없는 사람이 섞여 있는 사람의 집합체를 떠올리면 된다. 앞의 집단에서는 계약의 자유가 가능하지만, 뒤의 집단에서는 계약의 자유는 불평등의 온존을 뜻하는 것이다(김유미 외, 2001: 56-57). 다만, 최근에는 경제적 종속성보다는 인격적 종속성을 종속노동의 본질적 지표로 이해하는 게 보통이다. 따라서 법문에는 나타나 있지 않으나 노동자는 타인이 결정하는 노무를 제공하는 자라고 이해하는 게 합당하다.

주의할 것은 노동자성의 판단은 하나의 그룹으로 유형화하여 판단할 것이 아니라 개개의 사안을 검토하여 판단하여야 한다는 점이다. 예컨대 '학습지 교사는 노동자', '보험외무사원은 비노동자' 하는 식의 직업군에 따른 노동자성 인정은 곤란하다는 것이다. 오히려 노동자성이 인정되는 직업군에서도 개별사례에 따라 전체적 상황을 종합적으로 고려하면 노동자성이 부인되는 학습지 교사도 있을 수 있고, 노동자성이 인정되는 학습지 교사도 있을 수 있다. 또한 보험회사의 외근원도 직업형식에 따라 노동자성이 판단되는 것이 아니라, 어느 외근원은 회사와 고용계약을 체결하고 보험모집인을 지원하기 위해서 외근하는 경우도 있을 수 있고 따라서 노동자성이 인정될 여지가 있는 반면에 어느 외근원은 전형적인 자영인으로서 기능하는 경우도 있을 수 있다(강희원/김영문, 2001).

2) 구체적인 판단의 기준

그런데 이렇듯 사용종속관계를 노동자성 판단의 지표로 삼는다고 하여도 그 지표는 과연 어떠한 모습으로 구체화하느냐 하는 문제가 남는다. 개별 사안이 법적 쟁점이 되었을 때 명칭이 문제가 아니라 그 실체가 문제가 된다고 볼 때(예컨대 학습지교사라고 하여도 계약서대로 실제도 위임계약인 경우도 있겠지만 계약과는 달리 실제로는 노동계약인 경우도 있을 수 있다) 사안 사안마다 법적 평가는 달라질 수밖에 없고, 노동법학은 그 구체적인 기준에 관하여 모든 것은 아니라도 상당 부분에 대하여 답을 주어야 하기 때문이다.

이와 관련하여 행정해석은 근로기준법상 노동자라 함은 사용자와의 사용종속관계하에서 임금을 목적으로 노동을 제공하는 자를 말하며, 여기에서 사용종속관계에 해당하는지 여부는 아래와 같은 기준에 따라 판단할 수 있다고 한다. 즉, ① 업무의 내용이 사용자에 의하여 정하여지고 업무의 수행과정도 구체적으로 지휘감독을 받는지 여부, ② 노동자가 업무를 수행함에 있어서 사용자로부터 정상적인 업무수행명령과 지휘감독에 대하여 거부할 수 있는지 여부, ③ 시업과 종업시각이 정하여지거나 사용자의 구속을 받는 노동시간이 구체적으로 정하여져 있는지 여부, ④ 지급받는 금품이 업무처리의 수수료 성격이 아닌 순수한 노동의 대가인지 여부, ⑤ 복무위반에 대하여 징계 등 제재를 받는지 여부 등이다.2)

법원 역시 일정한 공식을 정립하고 있다. 그 대표적인 예가 대법원 1994.12.9. 선고, 94다22859 판결이다. 법원은 "근로기준법상의

---

2) 1988년의 업무지침(1988.4.25., 근기 01254-6463)이 그 대표적인 예이다.

노동자에 해당하는지 여부를 판단함에 있어서는 그 계약의 형식이 민법상의 고용계약인지 또는 도급계약인지에 관계없이 그 실질에 있어 노동자가 사업 또는 사업장에 임금을 목적으로 종속적인 관계에서 사용자에게 노동을 제공하였는지 여부에 따라 판단하여야 할 것이고, 위에서 말하는 종속적인 관계가 있는지 여부를 판단함에 있어서는, 업무의 내용이 사용자에 의하여 정하여지고 취업규칙 또는 복무(인사)규정 등의 적용을 받으며 업무수행과정에 있어서도 사용자로부터 구체적, 개별적인 지휘·감독을 받는지 여부, 사용자에 의하여 근무시간과 근무장소가 지정되고 이에 구속을 받는지 여부, 노동자 스스로가 제3자를 고용하여 업무를 대행케 하는 등 업무의 대체성 유무, 비품, 원자재나 작업도구 등의 소유관계, 보수의 성격이 노동 자체의 대상적 성격이 있는지 여부와 기본급이나 고정급이 정하여져 있는지 여부 및 노동소득세의 원천징수 여부 등 보수에 관한 사항, 노동제공관계의 계속성과 사용자에의 전속성의 유무와 정도, 사회보장제도에 관한 법령 등 다른 법령에 의하여 노동자로서의 지위를 인정받는지 여부, 양 당사자의 경제 · 사회적 조건 등을 종합적으로 고려하여 판단하여야 할 것이다."라고 판시한다. 기실 이러한 견해는 뉘앙스의 차이는 있지만 이 판결 전후를 통하여 일관성을 보이고 있다고 평가된다(대법원 1972. 3. 28. 선고, 72도334 판결; 대법원 1978. 7. 25. 선고, 78다510 판결; 대법원 1987. 5. 26. 선고, 87도604 판결; 대법원 1992. 4. 14. 선고, 91다45653 판결; 대법원 1996.7.30. 선고, 96도732 판결; 대법원 2000.1.28. 선고, 98두9219 판결 등).

이러한 판례의 태도를 정리하자면 판례는 사용종속관계의 존재 여부에 따라 노동자성을 판단하기로 하고(종속성에 의한 판단), 사용종속관계의 존재 여부는 계약의 형식이나 명칭이 아니라 노무공급관계의 실질에 따라 판단하며(실질적 판단), 노무공급관계의 실질은 이를 둘러싼 제반요소를 종합적으로 고려하여 판단한다(종합적 고려)는 태도라고 이해한다. 이러한 공식이 종래의 판례·학설과 다른 점은 종합적 고려의 대상이 되는 제반요소를 정형화 내지 유형화하였다는 데 있다. 제반요소는 크게 분류하여 지휘명령의 존재여부를 판단하는 요소(지휘명령성의 요소), 보수의 성격과 구성에 관한 요소(임금성의 요소) 및 기타의 요소로 나뉜다. 지휘명령의 요소로 분류되는 것은 ① 노동자가 담당하는 업무의 내용이 사용자에 의하여 정하여지는가, ② 취업규칙·복무규정·인사규정 등의 적용을 받는가, ③ 업무수행과정에 있어서도 노동자가 사용자로부터 구체적이고 직접적인 지휘·감독을 받는가, ④ 사용자에 의하여 근무시간과 근무 장소가 지정되고 이에 구속을 받는가, ⑤ 노동자 스스로가 제3자를 고용하여 업무를 대행케 하는 등 업무의 대체성이 있는가 등이고, 임금성의 요소로는 ① 보수가 노동 자체의 대상적 성격을 갖고 있는가, ② 기본급이나 고정급이 정하여져 있는가, 기타의 요소로는 ① 비품·원자재·작업도구 등의 소유관계, ② 노동제공관계의 계속성과 전속성의 유무와 정도, ③ 노동소득세의 공제여부나 사회보장제도에 관한 법령 등 다른 법령 등에 의하여 노동자의 지위를 인정받는지 여부, ④ 당사자의 경제·사회적 여건 등이 이에 속한다고 분석된다(강성태, 2000a).

3) 노동자 개념에 대한 혼란?

이러한 기본적인 시각에 따라 법원은 캐디의 근기법상의 지위가 문제가 된 사안(대법원 1996.7.30. 선고, 96도732 판결)에서 그 노동자성을 부인한다. 그런데 꼭 같이 캐디의 노동자성이 문제가 된 다른 사안(대법원 1993.5.25. 선고, 90누1731 판결)에서는 캐디를 노동자로 인정하고 있다(다만, 이 판결은 노조법상의 노동자 여부에 관한 것이다). 이러한 차이를 보고 판례는 근로기준법상의 노동자와 노조법상의 노동자를 달리 이해하고 있다고 판단하기도 하나(김소영, 2000: 33-35) 그 차이는 정도(범위)의 차이이지 본질(종속성)의 차이는 아니라고 이해하여야 한다.3) 그것은 이 판결의 이유를 살펴보면 확인할 수 있는 바이다.4)

이 판결과 관련하여 근래에 들어 사용종속관계라는 전통적인 기준으로는 노동자성 여부를 결정하기 어려운 다양한 노무공급형태가 계속 증가하고 있고, 이러한 고용형태의 다양화 및 비전형적 노동관계의 등장을 감안할 때 '기타 이에 준하는 수입'의 의미를 보다 적극적으로 활용함으로써 노동자성 판단에서의 탄력성을 도모하는 것이 타당하다고 하거나(김유성, 1999: 55) '기타 이에 준하는 수입'의 의미를 살려 근기법상의 노동자와 유사한 정도로 단결권 등의 보호가 필요한 노무공급자도 포함하는 것으로 해석하여야 할 것(김소영, 2000: 32)이라는 견해도 제시된다. 그러나 예전에 구체적으로 해석하지 않고 있던 법률문구를 구체화하고 있다는 점에서 이 판결에 대해 평가를 하는 부분에 대해서는 찬동하지만 그렇다고 하여 법원의 태도가 더 나아가 새로운 노동관계 유형까지 창설(혹은 확인)한 것으로 이해하기는 어렵지 않을까 생각된다.

---

3) 임종률교수는 이를 협의의 노동자와 광의의 노동자 개념으로 설명한다(2004: 24-28).

4) 즉 캐디의 노조법상의 노동자성을 인정한 1993년 대법원판결도 "노조법상 노동자란 타인과의 사용종속관계 하에서 노무에 종사하고 그 대가로 임금 등을 받아 생활하는 자를 말한다고 할 것이고, 타인과 사용종속관계가 있는 한 당해 노무공급계약의 형태가 고용, 도급, 위임, 무명계약 등 어느 형태이든 상관없다고 보아야 할 것이며, 그 사용종속관계는 사용자와 노무제공자 사이에 지휘 감독관계의 여부, 보수의 노무대가성 여부, 노무의 성질과 내용 등 그 노무의 실질관계에 의하여 결정된다 할 것이고, 그 사용종속관계가 인정되는 한 노동조합법상의 노동자로 보아도 무방할 것"이라는 논리에 따라 이 사건 사실관계를 검토해본 결과 골프장 캐디도 (이 사건에서는) 노동자라는 결론에 도달하였다는 것이다.

기실 이 문제는 근로기준법상의 노동자 개념과 관련하여 이미 문제된 바 있다. '시청료징수원'의 근로기준법상 노동자 해당 여부가 문제로 된 KBS 시청료징수원 사건(대법원 1993. 2. 9. 선고, 91다21381 판결)이 그러한데, 법원은 "기본급이나 고정급이 없이 징수한 시청료에 대한 일정 비율의 금액만을 수수료 명목으로 지급받아 왔다 하더라도 그것이 전체 노동에 대한 대가로서 지급된 것임이 명백한 이상 임금으로서의 성격(일종의 성과급 또는 능률급)이 부정되어지는 것은 아니라 할 것"이라고 판시한 바 있다. 전기회사 수금원이 회사의 수금업무에 종사하는 자체에 중점이 있다기보다 수금의 실적, 곧 일의 완성된 결과 자체에 오히려 중점이 있다 하겠고, 또한 그 수금방법이나 과정에 있어서도 수금원의 재량이나 독립성이 저해될만한 회사로부터의 지휘감독을 받지 않는다면 회사에 대하여 종속관계가 있다고 말할 수 없다고 하여 노조법상의 노동조합을 조직할 수 있는 노동자가 아니라고 본 사안(대법원 1970.7.21. 선고, 69누152 판결)도 같은 취지를 말하고 있다고 생각된다.

결국 근로기준법 제18조가 말하는 '기타 어떠한 명칭으로든지 지급하는 일체의 금품'이나 노조법 제2조 1호의 '기타 이에 준하는 수입'은 전혀 다른 의미로 이해할 바는 아니라고 생각된다. 그러한 금품이나 수입을 얻는 자는 근로기준법상의 노동자로 보호받는 것이고, 노조법상은 사용자의 일방적 결정이 아닌 참여(단체교섭)를 통한 결정을 통해 불리한 상태에서 벗어날 수 있는 길을 열어주고 있는 것이다. 따라서 사용종속관계의 존부를 노동자성 인정의 기준으로 삼고 있는 판례의 태도는 변함이 없다고 이해하는 게 적절한 해석이다.

4) 노동자 개념의 재정립(私見)

이제 검토를 요하는 것은 과연 판례가 취하고 있는 노동자의 개념 표지가 적절한지 하는 문제가 된다. 이와 관련해서는 크게 두 방면에서의 비판이 제기된다. 먼저 현재의 노동법학의 방법론 자체에 대해 비판을 하면서 당사자가 체결한 계약을 중심으로 노동자성을 판단하여야 한다는 주장이 있다. 강희원/김영문교수의 전반적인 시각이 그러한 듯하고 특히 아래와 같은 부분이 그러하다.

계약을 자발적으로 체결한 자영인을 사회적으로 보호할 필요가 없어도 객관적으로 고찰하여 노동자성이 인정되면 노동자로서 지위를 갖게 되므로 자유로운 법률관계의 형성의 여지는 적다고 할 수 있다. 그러나 특정의 법률관계를 형성하기 위해서는 당사자의 의사표시의 합치가 있어야 한다. 물론 그와 같은 의사표시에 있어서는 당사자의 의사, 사실상 표시된 외부적 형상(표시행위), 계약의 사실상의 수행, 계약자유의 남용에 의한 규범적 평가 등이 문제가 될 것이다. 노동법에서는 어느 범위에서 법률관계형태 강제가 허용되는가가 문제되며, 이 경우 당사자의 의사, 표시행위, 계약의 사실상의 수행이 어떤 역할을 하며, 법률관계형태 강제로부터 어떠한 법률효과가 귀속되는가가 문제된다. 의사와 표시에 있어서는 법률행위이론에 따라 표시행위, 즉 당사자들이 계약서상에 계약을 어떻게 위치지웠는가가 문제가 문제될 것이지만, 의사와 표시의 불일치보다는 표시행위와 객관적으로 드러난 형상이 더 문제가 된다. 우리 대법원 판례는 이 경우 당사자에 의한 특정계약의 자격부여보다는 계약의 사실상의 수행, 즉 노무급부관계의 실질을 중시한다. 또한 법률행위가 강행법규 위반으로 무효가 되는 경우 민법의 무효의 법리에 의해서 전부무효가 되어야 할 것이지만, 이는 노부급부제공자로서 노동자에게는 실직을 의미한다. 따라서 법률행위 원인의 유효·무효에도 불구하고 하자있는 노동관계론에 의해서 당사자의 의사에 반하여 노동관계가 유지될 여지가 있다. 그러나 이와 같은 법률관계형태 강제는 강행법규의 적용이 단행된 경우, 말하자면 법률내용강제의 효과에 의해서 결과하는 것이다.

그러나 계약을 어떻게 위치지울 것인가 하는 문제는 우선은 계약의 체결시가 기준이 되어야 하는 것이고, 판례가 인정하는 노무제공의 실질은 해석을 위하여 개별적인 계약조항을 검토할 때, 특히 계약의 이행단계에서나 문제가 된다. ...... 바로 그 출발점이 당사자의 의사가 무엇인가 하는 의사표시의 해석이다. 그러나 판례가 이러한 문제를 무시하고 계약의 사실상의 수행, 노무급부의 실질에만 치중하는 것은 가장 기초적인 법률행위의 해석조차 행하지 않는 것이다(강의원/김영문, 2001: 325-7).

이 견해는 요컨대 당사자가 체결한 계약을 중시하여 노동자성을 판별하고 계약의 이행과정에서 다른 요소가 발견된다면 권리남용금지의 이론 등을 활용하여 문제점을 시정하자는 것으로 이해된다. 기본적으로 이 주장은 당사자의 의사를 중시하자는 측면에서 충분히 존중하여야 한다. 그러나 현재의 판례나 학설 역시 당사자의 의사를 무시하자는 것이 아닌 다음에야 이 견해와 다를 바가 없다. 문제는 계약의 외형과 그 실제가 다르다는 데 있고, 그 실제를 충실히 반영한 결론을 내려야 한다는 데서 차이를 보인다. 그렇다면 계약중시의 주장은 기본적으로 노동법의 태동을 비롯하여 이 법 영역의 전개과정이 기존의 시민법에 맡겨두어서는 노동자의 생존을 위태롭게 하고 더 나아가 국가의 존립에 해를 끼친다는 전제를 밑바탕에 깔고 있다는 것을 몰각하고 있는 견해라고 여겨진다. 따라서 이러한 주장은 노동법의 전면적 폐기와 함께 주장되어야 하지 않을까 생각된다.

다음으로는 현재와 같은 사용종속성 기준은 적절치 못하고 미국법에서와 같은 경제적 실체기준 혹은 독일법의 경제적 종속과 사회적 보호의 필요성이라는 측면에서의 노동자와의 유사성을 기준으로 삼아야 한다는 주장이다(이철수, 2001). 그러나 이에 대해서는 미국의 경우 최근 미국 연방대법원이 노동자퇴직소득보장법(ERISA)을 해석하면서 다시 관리·통제권한 기준을 채택하고 있다는 점[5], 독일의 경우는 유사노동자에 대해 별도의 보호를 하자는 것이지 일반 노동자와 같은 보호를 하자는 게 아니라는 점[6]에서 전거로 삼을 수 없다 하겠다. 그리고 논리적으로도 사회적 보호의 필요성이 있다고 하여 노동자의 범주에 포섭시킨다는 것은 역시 이해하기 어렵다. 예컨대 다음과 같은 지적을 새겨 보라.

노동법의 적용을 위한 근거로서, 그리고 노동자성의 인정을 위해서 사회적 보호필요성을 끌어오는 것은 사안을 지나치게 단순화시켜 노동자보호라는 사회정책을 수행하는 것이나 다를 바 없다. 사회적 보호필요성은 노동자뿐만 아니라, 미성년자, 임차인, 소비자, 장애인 등 사회전체에서 발견되는 자에 관련될 수 있다. 그러나 노동법의 영역에서는 사회적 보호 필요성이 바로 사용자에 대해서 존재하는지 또는 노동력제공과 관련이 없는 일반 생활상의 위험으로

5) 미국은 전통적으로 사용자에게 노동제공의 결과를 관리·통제할 수 있는 권한이 주어질 때 노동을 제공한 자는 노동자라고 보는 관리·통제권한 기준(right of control test)을 채택하다가 피용자가 고용주에게 경제적으로 종속되면 노동자의 범위에 포함된다는 경제현실기준(economic realities test)으로 가는 추이를 보이다가 최근 다시 관리·통제권한 기준으로 회귀하고 있다고 한다(이상윤, 2001).

6) 독일은 이들을 오히려 독립자영인으로 보고 법적 보호를 한다는 것이다(강희원/김영문, 2001: 368-371).

부터 발생하는지, 어느 범위에서 사용자가 노동자를 보호해야할 의무를 부담할 정도로 사회적으로 권한이 많은 자인지, 노동력제공과 관련이 없는, 어떤 일반생활상의 위험을 노동자가 부담할 수 없어서 사용자가 이를 부담해야 하는지, 왜 그리고 어느 경우에 노동관계가 인정되어서 계약관계에 있는 자를 노동자로 인정하여 각종의 위험에 대한 비용을 사용자에게 전가해야 하는지 등의 문제에 대해서 사회적 보호필요성은 너무도 단순하고 일반적인 수준의 원칙에 지나지 않는다(강희원/김영문, 2001: 297).

그렇다면 해결책은 현재의 판례법리의 장점은 살리고 단점은 보완하는 데서 찾는 게 적절할 듯하다. 판례는 두리뭉실하게 노동자성을 판별하는 요소를 나열하고 있는데 그 요건 모두를 갖추어야 하는지 아니면 일부 요건은 법률효과에 영향을 미치지 않는지에 대한 언급이 없다. 마치 결론을 미리 정해 놓고 그 결론에 이론을 짜맞추고 있다는 느낌을 강하게 준다. 따라서 우리는 우선 판례가 노동자인지를 판가름하는 기준으로 제시하는 요소들을 재구성하여 노동자성의 기본 요소를 추려내고 이를 보완하는 요소로 나누는 작업부터 시작하여야 한다. 노동자는 사용자에게 종속노동을 제공하고 그 대가인 임금을 받아 생활하는 사람을 말한다, 그렇다면 노동관계의 본질적 징표는 사용자의 지시권과 노동자의 임금청구권의 견련성에 있다는 데 착안할 필요가 있다. 앞에서 제시한 판례의 논리구조상으로는 지휘명령성의 요소와 임금성의 요소는 없어서는 안될 법률요건으로 그리고 기타의 요소는 그 요건을 보완하는 기능을 하는 것으로 이해할 수 있겠다.

그 다음에 하여야 할 작업은 판례가 제시하는 개별 요건은 과연 적절한가를 판별하는 일이다. 먼저 지휘명령성과 관련해서는 사용자의 업무지시에 따라 노동자가 일을 하여야 하고 그 지시를 어겼을 때는 징계의 대상이 된다는 게 핵심적인 요소가 되겠다.[7] 즉 노무공급관계의 성립과 종료의 주도권을 누가 쥐는가 하는 문제이다. 따라서 지휘명령의 첫째 요소 '노동자가 담당하는 업무의 내용이 사용자에 의하여 정하여지는가'는 중요한 관건이 된다고 본다. 다음으로 '취업규칙·복무규정·인사규정 등의 적용을 받는가' 여부가 노동자성 판단의 준거가 될지는 의문이다. 모든 사회는 그 질서의 유지를 위하여 사회규범을 갖추기 마련이고 사회구성원은 그 규범에 따라야 한다. 그것은 그 사회에 편입하게 된 이유가 노동(고용)에 있든 위임이나 도급 때문이든 마찬가지이다. 판례에서 굳이 이러한 기준을 제시한 이유는 사용자의 업무지시에 따르지 않을 때 제재가 가능한지 여부를 보려고 한 게 아닌가 여겨지고, 그렇다면 이 기준은 그러한 취지를 반영하여 다시 정하여야 한다. 세 번째로 '업무수행과정에 있어서도 노동자가 사용자로부터 구체적이고 직접적인 지휘·감독을 받는가' 하는 요소도 문제이다. 이러한 요청은 전통적인 조립라인에서 일하는 생산직 노동자의 경우에는 여전히 타당하다고 하겠다. 그러나 노동의 모습이 다양화하고 있고 점차 더욱 다양해질 게 당연히 예견되는 현 시점에서 '구체적이고 직접적인' 지휘·감독을 받는지 여부가 노동자성의 개념 표지가 되기에는 적절치 못하다는 것이다. 대다수의 사무직노동자 역시 그러하겠지만, 외근사원이나 출장 중인 노동자를 누가 구체적이고 직접적으로 지휘·감독할 수 있겠는가. 그렇다고 해서 사용자의 지휘감독을 받지 않고 일하는 경우까지 노동자로 보는 것은 역시 무리이다. 따라서 적절한 지휘감독이라는 요소를 반영하면 적절할 듯하다. 네 번째로 '사용자에 의하여 근무시간과 근무 장소가 지정되고 이에 구속을

7) 일본 판례도 기본적으로 동일한 태도를 보이고 있다(김재훈, 2001: 87-88).

받는가' 하는 요소는 세 번째 요소와 중복되기는 하지만 그 중요성에 비추어 독립요소로 볼 수도 있겠다. 다섯 번째로 '노동자 스스로가 제3자를 고용하여 업무를 대행케 하는 등 업무의 대체성이 있는가' 하는 기준인데, 이 문제는 최근 성행하는 소사장제의 폐해 등을 감안할 때 쉽사리 단정 짓기는 어렵다. 업무의 도급이나 위임이 아니라 사용자의 지휘감독 아래 일을 시키는 고용의 성격을 감안할 때 하나의 판단기준으로 볼 수도 있겠다. 그리고 노무공급자가 노무공급을 하는 데 제3의 노동력을 이용한다면 그것은 노무공급자 자신의 사업으로서의 성격이 강하게 되고 노동자성은 약하다고 보아야 한다. 그런데 그 이용된 제3의 노동력이 독립된 가치를 지니는 게 아니라 단순히 보조적인 것에 그치거나 실제로는 사용자에 의해서 활용되고 있다고 판단되는 경우, 즉 노무공급자가 사용자의 대리인 성격을 띠는 경우에는 그와 같이 보기도 어렵다(강성태, 2000: 49-51). 따라서 이 판단요소 역시 독자적인 기준으로 인정하기 보다는 노동자성을 약화시키는 요인으로 보는 게 적절할 듯하다.

그리고 임금성의 요소로는 '보수가 노동 자체의 대상적 성격을 갖고 있는가'가 제시된다. 이에 대해서는 보수의 노동 자체의 대상성 역시 노동자성 판단의 결정적인 기준이 되지 못한다는 견해(강희원/김영문, 2001: 295)가 있으나 그렇게 보기는 어렵다. 경제적 종속성이 부차적인 요소이기는 하지만 노동문제를 생각하게 한 근원이 된다는 점, 무상위임이라는 관념은 성립이 가능하나 무상노동이라는 것은 현행법질서와 어울리지 않는다고 볼 때 대가 없는 노동라는 것은 상정하기 어렵다고 본다. 이 때 임금이란 사용자가 제공하는 금전적인 이득만을 말하는 것은 아니고 시설의 이용 등 경제적인 가치가 있다면 모두 포함되는 것은 임금 일반론에서 다루는 바와 같다.[8] 다만, 이와 관련하여 보수액의 수준 등 실질적 측면에서 접근할 필요가 있다는 지적이 주목된다. 특히 특수고용관계와 같이 보수가 성과급제 내지 도급제 등으로 정해지는 경우 보수액이 업무의 집중도나 업무수행방법을 독자적으로 결정할 수 있을 정도인가 아닌가를 보아야 한다는 지적이다. 일의 결과에 대해 보수가 지급되는 경우라도 보수가 결정되는 단위가 세분화되어 있고 단위기간당 그 총액이 높은 수준이 아니라면 오히려 노동법상의 임금으로 이해할 수도 있지 않느냐 하는 문제를 제기하기도 한다(강성태, 2000a: 51). 한편 '기본급이나 고정급이 정하여져 있는가' 하는 것을 임금성의 한 요소로 제시하는 것은 의문이다. 기본급이 없다고 해서 노동자성이 부정될 이유는 없기 때문이다. 우리 근기법은 "사용자는 도급 기타 이에 준하는 제도로 사용하는 노동자에 대하여는 노동시간에 따라 일정액의 임금을 보장하여야 한다."고 규정하여(동법 제46조) 기본급 없이 업적에 따라 보수가 정해질 수도 있음을 밝히고 있다. 물론 기본급이 있다는 것은 노동자성을 추정·보강하는 요소로는 작용할 것이다.

한편 기타의 요소로 제시되는 ① 비품·원자재·작업도구 등의 소유관계, ② 노동제공관계의 계속성과 전속성의 유무와 정도, ③ 노동소득세의 공제여부나 사회보장제도에 관한 법령 등 다른 법령 등에 의하여 노동자의 지위를 인정받는지 여부, ④ 당사자의 경제·사회적 여건 등은 역시 노동자성의 인부에 직접적인 판단준거로 활용할 수는 없겠고 노동자성을 보강하거나 약화시키는 증거로만 쓰일 수 있겠다.[9]

이상의 논의를 정리하면 다음과 같다. 노동자성을 인정받기 위해

---

8) 시설이용 등 경제적 이익이 있는 것, 기술이나 예능 전수를 목적으로 노동을 제공할 때의 기술이나 예능도 임금이라는 지적은 이병태, 2005: 778.

9) 임종률 교수 역시 고정된 보수의 유무, 사회보험의 적용 여부, 세법상의 판단은 노동자성의 판단요소로 부적절하다고 밝히고 있다(2004: 27).

서는 사용자의 지시권에 복종하여야 하고 그 대가로 임금을 지급받아야 한다. 지휘명령성의 요소로는 ① 노동자가 담당하는 업무의 내용이 사용자에 의하여 정하여지는가, ② 업무수행과정에서 노동자가 사용자로부터 지휘 · 감독을 받는가, 그리고 사용자의 지시에 따르지 않을 때는 (해고를 포함한) 징계의 대상이 되는가, ③ 사용자에 의하여 근무시간과 근무 장소가 지정되고 이에 구속을 받는가 등을 들 수 있겠다. 임금성의 요소로는 ④ 보수가 노동 자체의 대상적 성격을 갖고 있는가 하는 지표를 제시할 수 있다.

그리고 아래의 요소는 노동자성을 결정하는 직접적인 준거로 활용하기 보다는 노동자성을 보강하거나 약화시키는 요소라고 보는 게 적절하다. 그 요소는 판례를 감안할 때 여섯 가지를 들 수 있겠다. ① 기본급이나 고정급이 정하여져 있는가, ② 노동자 스스로 제3자를 고용하여 업무를 대행케 하는 등 업무의 대체성이 있는가, ③ 노동제공관계의 계속성과 전속성의 유무와 정도, ④ 비품·원자재·작업도구 등의 소유관계, ⑤ 노동소득세의 공제여부나 사회보장제도에 관한 법령 등 다른 법령에 의하여 노동자의 지위를 인정받는지 여부, ⑥ 당사자의 경제·사회적 여건이 그러하다.

3. 균등대우 원칙의 정립

특수고용형태 취업자가 노동자 지위를 가진다고 여겨질 때에, 이들에 대한 대우와 관련하여 꼭 염두에 두어야 하는 것은 헌법상의 평등권 문제, 근기법상의 균등대우 문제이다(深谷信夫, 2000). 특히 동일가치노동 동일임금원칙과 관련하여 문제가 된다(이 문제는 Ⅶ. 4.에서 자세히 언급한 바와 같다).

이와 같이 특수고용형태 취업자의 법적 지위를 이해하기 위해서는 데는 무엇보다도 균등처우라는 데 주목하여 문제에 접근하여야 한다. 그리고 애당초 비전형 노동에 대한 우리의 시각 자체에 대해 검토할 필요는 없는지를 생각해 보아야 한다. 실상 비전형노동의 문제는 노동유연성을 살린다는 차원에서 접근해 왔는데 이를 위해서는 규제가 완화되어야 하는지 아니면 적절한 규제가 필요한지에 대한 신중한 검토가 요망된다. 결론적으로 생산적인 노동유연성은 단순한 규제완화가 아니라는 점이다. 이는 작업조직과 기업조직을 다양하게 결합하여야 한다는 것을 시사해준다. 한편으로는 노동자의 숙련을 향상시키고 교육훈련에 집중 투자하여 고능률작업장을 만들어야 한다. 또 한편으로는 노동자들의 직장귀속의식을 고취시키고 장기간에 걸친 노사협조체제를 구축할 수 있도록 하여야 한다(Tiziano Treu, 1992). 비전형노동의 문제 역시 이런 차원에서 접근하여야 한다는 것을 의미한다.[10] 기실 외국에서도 비전형노동자에 대해서도 일반 노동자와 같이 보호한다는 원칙은 지켜지고 있다(Vai Io. Lo, 1996).

따라서 임금은 물론이고 해고, 건강이나 퇴직금, 남녀평등 등에서 합리적인 이유 없이 특수고용형태 취업자를 차별하는 것은 위법이라고 판단한다(Mark Berger, 1997; Gwen Thayer Handelman, 1995; EEOC).

10) 노동시장의 시민권 없는 시민(B. Veneziani, 1993: 204), 그 중에서도 그러한 특성이 가장 두드러진다고 평가할 수 있는 특수고용형태 취업자에게 진쯔하이머의 다음 경구(Hugo Sinzheimer, 1976: 145)는 언제나 유효하다는 것이다: “만약 법이 기껏해야 노동관계에서 좋은 대우를 받고 있는 노동자의 엘리트계층만을 위한 것이라면, 그리고 노동법의 존재가 ‘구조적 실업’이라는 경제적 묘지를 허용한다면, 과연 노동법이 가지는 의미란 무엇인가?”(강성태, 2001: 10).

4. 노동자로 보기 어려운 특수고용형태 취업자의 보호 문제

한편, 해석상 노동자 기준 속에 포섭되지 않는다고 판단되는 특수고용형태 취업자에 대해서는 노동법이 아닌 민법상의 위임 등의 법리에 의거하여 법률관계가 전개될 수밖에 없다.[11] 그러나 이를 시인한다 하더라도 항상 유념하여야 할 점이 있다.

그 하나는, 고용의 다양화 현상에 편승하여 노동자 보호를 회피하기 위한 편법·탈법으로 노무관리를 행하는 경우 이에 대한 적절한 규제가 필요하다는 것이다. 즉, 우회로를 통해 노동을 시키는 경우에는 노동법의 틀 속으로 끌어들이는 해석 노력이다. 사용종속론의 현대적 의의에 대한 주장(정인섭, 2000; 橋本陽子, 2001)에 귀기울일 필요가 있다. 노동자 개념과 사용자 개념의 확장 노력(이광택, 2002) 역시 같은 맥락으로 이해한다.

또 다른 하나는, 현대사회에서 '일'(노동)의 개념을 재음미하는 작업이 절실하다는 것이다. 건강하고 지속적이며 민주적인 사회를 꾸려가기 위해서는 지속가능한 공동체, 품위 있는(dignified) 일, 그리고 건강한 환경이 필요하다고 한다(International Forum on Globalization, 2002). '품위 있는' 일이든 '고상한'(훌륭한; decent) 일이든 소외된 노동이 아닌, 소외를 극복하는 방안인 노동이 요구된다. 특수고용형태 취업자라고 하여도 그 일은 적어도 이러한 요청에 알맞은 것이어야 한다. 법은 사회가 바람직한 방향이라고 제시하는 것을 반영해야 한다(Amartya Sen, 2002; Alain Supiot, 1996). 따라서 노동법과 사회보장법 기타 사회정책 관련 제도의 정비를 통해 품위 있게 일할 수 있도록 하여야 한다.[12]

---

11) 이러한 민감한 문제의 해법으로, 예전과 같이 노동자인가 아닌가에 따라 온전한 보호냐 전혀 보호를 받지 못하느냐 하는 이분론(all or nothing)에서 벗어나, 중간 영역을 구상하자는 입법론(이철수, 2001: 277-281)이 주목된다.

5. 요약 및 결론

(1)

최근 특수고용형태의 취업자가 증가하고 있고 이들의 처우 향상이 큰 이슈가 되고 있다. 이 문제와 관련하여 노동자개념을 분명히 하는 게 중요하다. 노동자성을 인정받기 위해서는 사용자의 지시권에 복종하여야 하고 그 대가로 임금을 지급받아야 한다. 지휘명령성의 요소로는 ① 노동자가 담당하는 업무의 내용이 사용자에 의하여 정하여지는가, ② 업무수행과정에서 노동자가 사용자로부터 지휘·감독을 받는가, 그리고 사용자의 지시에 따르지 않을 때는 (해고를 포함한) 징계의 대상이 되는가, ③ 사용자에 의하여 근무시간과 근무 장소가 지정되고 이에 구속을 받는가 등을 들 수 있겠다. 임금성의 요소로는 ④ 보수가 노동 자체의 대상적 성격을 갖고 있는가 하는 지표를 제시할 수 있다. 그리고 판례가 제시하는 여섯 가지 요소는 노동자성을 결정하는 직접적인 준거로 활용하기 보다는 노동자성을 보강하거나 약화시키는 요소라고 보는 게 적절하다.

(2)

특수고용형태 취업자가 노동자 지위를 가진다고 여겨질 때에, 이들에 대한 대우와 관련하여 꼭 염두에 두어야 하는 것은 헌법상의 평등권 문제, 근기법상의 균등대우 문제이다. 헌법상의 평등권조항 (제11조)을 비롯하여 근기법 제5조의 차별대우금지(균등처우원칙), 남녀고용평등법 제6조의 2, 「경제적, 사회적 및 문화적 권리에 관한 국제규약」 제7조에 비추어 특수고용형태 취업자에 대해서도 통상

---

12) 세계화니 신자유주의니 하는 것을 주어진(불가피한) 현상으로 받아들이면서도 그 폐해를 극복하기 위한 다양한 대안을 제시하는 견해(Reich, 2000: 341-8)도 주목할 필요가 있다. 이 문제를 경제법적 시각에서 접근하려는 시도도 있다(김재훈, 2002: 161-169).

노동자와 균등하게 대우하여야 할 것이다. 따라서 임금은 물론이고 해고, 건강이나 퇴직금, 남녀평등 등에서 합리적인 이유 없이 특수고용형태 취업자를 차별하는 것은 위법이라고 판단한다.

(3)

한편, 해석상 노동자 기준 속에 포섭되지 않는다고 판단되는 특수고용형태 취업자에 대해서는 노동법이 아닌 민법상의 위임 등의 법리에 의거하여 법률관계가 전개될 수밖에 없다. 그러나 이를 시인한다 하더라도 항상 유념하여야 할 점이 있다. 첫째로, 고용의 다양화 현상에 편승하여 노동자 보호를 회피하기 위한 편법·탈법으로 노무관리를 행하는 경우 이에 대한 적절한 규제가 필요하다. 둘째로, 현대사회에서 '일'(노동)의 개념을 재음미하여 품위 있는 일, 고상한 일을 할 수 있도록 여건을 조성하여야 한다. 셋째로, 스스로 자신의 권리를 지키기 위해서는 단결(결사) 활동이 절실하다.

3 장

노동3권의 정립

I

단결권

- 국제노동기준과 복수노조 문제를 중심으로

1. 문제의 제기

일할 권리라는 것은 고용의 문제가 직접 다가오는 것이지만, 단결권 역시 빠뜨리기 어려운 영역이다. 노동자의 자립 자조적인 조직의 뒷받침 없이 노동자 개개인의 힘으로 자신의 문제를 스스로 헤쳐 나간다는 건 거의 기대하기 어렵기 때문이다. 이런 이치는 인권의 역사, 노동운동의 역사가 분명하게 말해준다. 때문에 단결권을 어떻게 확보하는가 하는 건 대단히 중요한 문제임이 분명하다.

그리고 단결권의 핵심은 단결선택의 자유에 있는데 그 자유가 우리나라에서는 오랜 동안 억압되어온 것 역시 분명한 일이다. 지금은 복수노조의 인정, 그리고 그 보완정치로서의 교섭창구 단일화 제도의 도입이라는 것으로 제도가 정비되어 있지만, 복수노조 불허의 역사를 되새겨보는 것은 단결권을 확보해야 한다는 당위를 되새기는 작업이기도 하다. 현행 제도에 대해서는 이미 헌법재판소에서 합헌이라고 결론을 내리고 있다(헌재 2011.4.12. 결정 2011헌마338). 복수노조의 인정은 문제가 되는 게 아니어서 교섭창구 단일화가 단체교섭권의 침해가 아닌가 하는 게 쟁점이 되었는데, 헌법에 합치한다는 게 헌법재판소의 결론이고 그 논거는 다음과 같다.

1) 목적의 정당성과 수단의 적절성

교섭창구단일화제도는 근로조건의 결정권이 있는 사업 또는 사업장 단위에서 복수 노동조합과 사용자 사이의 교섭절차를 일원화하여 효율적이고 안정적인 교섭체계를 구축하고, 소속 노동조합이 어디든 관계없이 조합원들의 근로조건을 통일하고자 하는 데 그 목적이 있는바, 그 목적의 정당성은 인정되고, 교섭창구를 단일화하여 교섭에 임하는 경우 효율적으로 교섭을 할 수 있으며, 통일된 근로조건을 형성할 수 있다는 점에서 수단의 적절성도 인정된다.

2) 최소침해성

노동조합에 대한 단체교섭권 보장은 사회적 약자인 노동자가 사용자와의 사이에 대등성을 확보하여 적정한 근로조건을 형성할 수 있도록 하는 수단이므로, 반드시 모든 노동조합에게 각별로 단체교섭권을 보장하여야 하는 것은 아니고, 교섭대표노동조합이 사용자와의 사이에서 노사관계의 안정과 적정한 근로조건을 형성하는 기능을 충분히 담당할 수 있다면, 그러한 기능을 할 수 있는 노동조합에 단체교섭권을 인정하는 것이 노동3권을 기본권으로 보장하는 취지에 더 부합할 수 있다.

이 사건 법률조항은 교섭대표노동조합만 사용자와 단체교섭을 할 수 있도록 하여 교섭대표노동조합이 되지 못한 소수 노동조합의 단체교섭권을 제한하고 있지만, 소수 노동조합도 교섭대표노동조합을 정하는 절차에 참여함으로써 단체교섭을 하는 교섭대표노동조합이 사용자와 대등한 입장에 설 수 있는 기반이 되도록 하고 있으며, 그러한 실질적 대등성의 토대 위에서 이뤄낸 결과를 함께 향유하는 주체가 될 수 있도록 하고 있으므로, 이 사건 법률조항의 교섭창구단일화는 노사대등의 원리 위에서 적정한 근로조건의 구현이라는 단체교섭권의 실질적인 보장을 위해 요구되는 불가피한 제도라고 볼 수 있다.

더욱이 노조법은 교섭창구단일화제도를 원칙으로 하되, 사용자의 동의가 있는 경우에는 교섭창구단일화를 요구하지 않고 자율교섭도 가능하도록 하고 있고(노조법 제29조의2 제1항 단서), 노동조합 사이에 현격한 근로조건 등의 차이로 교섭단위를 분리할 필요가 있는 경우에는 당사자의 신청으로 노동위원회가 교섭단위를 분리하는 결정을 할 수 있도록 하여 노동조건의 결정에 다양한 직종의 이해가 적절히 대표될 수 있는 길도 열어두는 한편(노조법 제29조의3 제2항), 교섭대표 노동조합이 되지 못한 소수 노동조합을 보호하기 위해 사용자와 교섭대표 노동조합에게 공정대표의무를 부과하여(노조법 제29조의4 제1항) 교섭창구단일화 절차에 참여한 노동조합 또는 그 조합원에 대한 차별을 금지하고 있다. 위와 같은 제도들은 모두 교섭창구단일화를 일률적으로 강제할 경우 발생하는 문제점을 보완하기 위한 것으로서, 노동조합의 단체교섭권 침해를 최소화하기 위한 제도라 볼 수 있다.

청구인들은 모든 노동조합에게 독자적인 교섭권과 협약체결권을 인정하지 않는 것이 단체교섭권 침해라고 주장한다. 그러나 이와 같은 자율교섭제도를 채택하게 되면, 하나의 사업장에 둘 이상의 협약이 체결·적용됨으로써 동일한 직업적 이해관계를 갖는 노동자 사이에 근로조건의 차이가 발생하고, 특히 교섭력이 약한 소수 노동조합의 경우는 동일한 근로를 제공하면서도 열악한 지위에 머물게 될 가능성이 큰바, 이러한 결과는 노동자가 단결된 집단의 힘을 통해 사용자와 대등한 입장에서 근로조건을 개선할 수 있도록 노동 3권을 보장하는 취지에 반하게 된다. 게다가 자율교섭제도에서는 여러 노동조합이 일시에 혹은 유사한 시기에 자신과 먼저 교섭하자고 요구하는 경우 사용자는 동시다발적인 교섭의 어려움을 들어 자신이 선택한 특정 노동조합과의 선(先) 교섭을 이유로 다른 노동조합과의 교섭을 연기하는 등 사실상 장기적으로 교섭에 응하지 아니함으로써 교섭을 합법적으로 거부할 수 있게 되어 오히려 노동조합을 불리한 지위에 서게 할 위험도 있고, 복수의 노동조합이 각각 교섭을 요구하고 유리한 단체협약을 체결하기 위해 경쟁을 하는 경우 그 세력다툼이나 분열로 교섭력을 현저히 약화시킬 우려도 있다. 이러한 점들에 비추어 보면, 자율교섭제도가 교섭창구단일화제도보다 단체교섭권을 덜 침해하는 제도라고 단언할 수 없다.

이상과 같이 이 사건 법률조항의 교섭창구단일화제도는 노동조합의 교섭력을 담보하여 교섭의 효율성을 높이고 통일적인 근로조건을 형성하기 위한 불가피한 제도라는 점에서 최소 침해성 원칙에 위반된다고 볼 수 없다.

3) 법익균형성

교섭창구단일화를 이루어 교섭에 임하게 되면 효율적이고 안정적인 교섭체계를 구축할 수 있게 됨은 물론, 교섭대표 노동조합이 획득한 협상의 결과를 동일하게 누릴 수 있어 소속 노동조합에 관계없이 조합원들의 근로조건을 통일할 수 있게 됨으로써 얻게 되는 공익은 큰 반면, 이로 인해 발생하는 소수 노동조합의 단체교섭권 제한은 교섭대표 노동조합이 그 지위를 유지하는 기간 동안에 한정되는 잠정적인 것으로, 조합원을 다수 확보하는 경우 차기 교섭대표노동조합이 되어 직접 교섭 당사자가 될 수도 있다는 점에서 그 침해되는 이익은 그렇게 크다고 할 수 없다. 따라서 이 사건 법률조항이 법익균형성 원칙에 위반된다고 볼 수 없다.

그래서 이 사건 법률조항은 과잉금지원칙을 위반하여 청구인들의 단체교섭권을 침해한다고 볼 수 없다는 게 헌재의 결론이다.

이렇듯 이제 논쟁은 단결권에서 단체교섭권으로 넘어간 셈이다. 그런데 여전히 복수노조가 문제가 되고 교섭창구 단일화가 논의가 되는 것은 단결권의 본질을 훼손하는 법제도는 그 존재 자체에 의문을 가지게 마련이라는 것을 얘기해 준다. 다시 말하자면 복수노조 금지의 역사성은 지금도 여전히 유의미하다는 것이다. 따라서 이 문제를 짚고 넘어가는 것은 단결권을 확보하는 시금석의 기능을 할 것으로 여겨진다.

2. ILO와 단결권

1) ILO의 단결권 보장 조치

ILO(국제노동기구)는 단결권을 보장하기 위하여 성립된 단체라고 보아도 잘못된 판단은 아닐 것이다. 물론 ILO 헌장 전문(前文)에도 명시돼 있듯이 ILO의 설립 목적이 '열악한 근로조건을 개선하는 것'임은 분명하나[1]) 그 기본적인 수단이 단결권의 보장에 있다고 보기 때문이다. 이 점, ILO 설립의 기초가 된 1919년의 베르사이유 조약 제13편 '노동'의 서문에 ILO가 추구해야 할 목표 중에 "결사의 자유 원칙을 인정할 것"이 명시되어 있는 점이나 동 조약 제 427조에서 '사용자와 노동자의 모든 합법적 목적을 위한 단결권'에 관한 규정을 두고 있는 점에서도 분명하다. 그리고 필라델피아 선언이 ILO 헌장의 부속 문서로 추가됨에 따라 그 제1조 "표현의 자유 및 결사의 자유는 부단한 진보를 위하여 필수적인 것이다"라는 조항도 당연히 헌장의 핵심적인 내용이 되었다.

뿐만 아니라 UN 총회 역시 1947년 11-12월 회의에서 다음과 같이 단결권의 보장을 확인하고 있다(국제노동연구소 엮음, 1991: 15-21).

UN 총회는,

노동조합의 결사의 자유라는 불변의 권리가 다른 사회적 보장조치와 마찬가지로 노동자의 생활수준 개선과 경제적 후생조건 개선에 필수불가결한 요소라고 생각하며,

노동조합권에 관하여 ILO 총회가 분명히 한 원칙들을 지지함과 더불어 그 중요성이 이미 노동자들 사이에 승인되었고 더욱이 ILO 헌장 및 필라델피아 선언에서도 표명된 원칙들을 지지할 것을 선언한다.

뿐만 아니라 1948년 12월 10일 UN 총회가 채택한 「세계인권선언」 제23조 4항은 "사람은 누구나 자신의 이익을 보호하기 위하여 노동조합을 조직하고 또 이에 가입할 권리를 가진다"고 하여 단결권을 보장하고 있다. 또한 1966년의 「경제적·사회적·문화적 권리에 관한 국제조약」과 「시민권 및 정치적 권리에 관한 국제조약」 및

---

1) 보통 ILO 의 국제노동기준의 목적은 국제경쟁, 평화달성, 사회정의, 경제발전의 사회적·인간적 목표, 노동자 및 상품의 국제적 이동, 국내노동입법의 충실, 국내행동의 근거라고 설명된다(N. Valticos, 1979: 20-27)(이 책의 1984년판 번역본은 박홍규, 1985).

동 의정서에서 UN은 인권의 한 부분을 이루며 또한 노동조합권의 자유로운 행사를 위해 필수적인 시민권을 확립하였다(1976년 발효된 이 조약들에는 단결권 특히 노조 결성권 및 파업권에 관한 조항이 규정되어 있다)(국제노동연구소, 1991: 38-39).

결국 단결권 보장에 관한 사항들은 ILO 회원국은 말할 나위도 없고 비회원국이어도 UN 회원국이면 상당한 준수 의무가 있는 셈이다. ILO 회원국은 관련 조약의 비준 여부를 떠나 단결권에 관한 기본원칙만은 지켜야 하며[2]), 단결권 보장에 관한 사항들은 회원국의 비준 유무에 관계없이 ILO의 '결사의 자유위원회'가 감시할 수 있도록 되어 있다.

ILO가 근로조건에 관한 기준을 실시하는 방법은 공식적으로 조약과 권고를 통하고 그밖에 총회의 결의 등 보다 완화된 비공식적인 방법도 있다. 이 가운데 조약과 권고는 보통 국제노동기준으로 불리는데, 대체로 조약은 가맹국에 의한 비준이라는 행위를 수반하는 의무창설문서이고 권고는 국내조치를 위한 지침(guideline)이라고 구별된다. ILO의 조약과 권고 역시 이러한 성격을 가지지만 양자는 상호보완적인 경우가 많다.

이러한 ILO의 촉진활동에 의하여 채택된 이른 바 국제노동기준은 기본적으로 사회정의의 실현과 경제발전에서의 사회적, 전진적 목표의 강화를 꾀하고 있을 뿐만 아니라 국제사회의 부정경쟁방지와 평화유지에 기여하고 있다. 또한 ILO의 국제노동기준은 많은 개

2) 일본도 1951년 ILO에 재가입한 후 1965년에 가서야 제8호 조약을 비준하였지만 그것은 공공부문의 노동권이 법적으로 제약될 수밖에 없는 시대적 상황 때문이었지 복수노조 문제 등 기본적인 사항은 이미 잘 정비되어 있었다. 그리고 동 조약의 비준 운동의 일환으로 총평, 일교조, 국가공무원노동조합공투회의(국공공투) 등 일본의 노동조합들만이 아니라 국제자유노련(ICFTU), 국제공무원연합(PSI) 등 국제적인 단체들이 수차에 걸쳐 ILO에 진정을 하였고, ILO는 일본 정부에 대해 동 조약을 비준할 것과 노동운동에 대한 탄압을 중지할 것을 요구하였던 것이다(상세한 내용은 花見 忠, 1963; Tadashi Hanami, 1981 참조).

발도상국가에서는 노동입법의 모범이 되고 있으며 선진공업국가에서도 노동관계법의 구조 개선과 재정비의 이정표 구실을 하고 있다.

ILO 조약은 근로조건의 설정이라는 특정 목적 때문에 일반 조약과는 다른 몇 가지 특징을 가진다.

첫째로, ILO 총회는 노·사·정 3자 대표로 구성되는 결과 노동자대표는 총회에서 국제노동기준의 설정을 조약으로 할 것을 주장하는 데 반해 사용자대표는 권고 쪽을 선호하는 것이 보통이다.

둘째로, ILO 조약은 여타 조약이 국가 간의 외교 교섭을 통해 확정되는 것과 달리 입법절차와 유사한 과정을 거친다. 다수결원칙으로 조약이 채택되며 채택된 조약들이 대표자의 서명이 아닌 ILO 사무총장의 서명으로 확정되기 때문이다(물론 각국의 비준 유무의 문제가 남아 있기는 하지만).

셋째로, 일단 조약문이 확정되면 그 체결에 반대한 국가들도 일정한 의무(이를 입법부 등 권한 있는 기관에 제출하여 국민의 판단을 받도록 하는 것)를 지는 한편 조약을 비준하지 않은 나라도 동 조약에 대해 이사회의 요구에 따라 일정 사항을 보고할 의무를 진다(김유성, 1991a: 23).

ILO는 줄곧 근로조건의 향상에 본질적인 요소를 이루는 단결권(결사의 자유)에 대해 특별한 중요성을 부여해 왔고 그 국제적 보장을 위해 여러 가지 조약 및 권고의 채택, 각종 위원회의 활동 및 결의를 채택해 왔다.

조약으로는 가장 기본이 되는 1948년의 「결사의 자유 및 단결권 보호에 관한 조약」(제87호)을 비롯하여 노사쌍방의 단체가 서로의 간섭(특히 사용자의 조합에 대한 간섭)으로부터 보호를 받아야 한다는 내용의 1949년의 「단결권 및 단체교섭에 대한 원칙의 적용에 관한 조약」(제98호), 1978년의 「공공부문의 단결권 보호와 고용조건 결정절차에 관한 조약」(제151호), 1981년의 「단체교섭 촉진에 관한 조약」(제154호) 그리고 1921년에 채택된 「농업노동자의 결사 및 조합의 권리에 관한 조약」(제11호) 등을 들 수 있다. 권고로는 1951년의 「단체협약에 관한 권고」(제91호) 등을 비롯하여 다수의 권고를 채택하고 있다.[3)] 이하 단결권 관련 주요 조약 및 권고의 내용을 소개키로 한다(국제노동연구소, 1991: 22-31, 52-264).

2) 제87호 조약

단결권에 관한 가장 기본적인 조약은 1948년 ILO 제31차 총회에서 채택된 제87호 「결사의 자유 및 단결권의 보호에 관한 조약」(Convention concerning Freedom of Association and Protection of the Right to Organise)으로 투표 결과 찬성 127표, 반대 0표, 기권 11표로 채택되었다.

이하 가장 기본이 되는 조약인 제87호 조약의 내용을 살펴 본다. 동 조약은 단결권에 관한 몇 가지 기본원칙을 정의한 것인데, 4개의 적극적 보장 규정과 2개의 소극적 보호규정으로 구성되어 있다고 볼 수 있다.

4가지 적극적 보장사항은 다음과 같다.

첫째로, 모든 노동자와 사용자는 사전인가 없이 자신이 선택한 단체를 설립하고 가입할 권리를 어떠한 차별도 없이 보장받는다(제2조). 여기서 '어떠한 차별도 없이'란 성, 인종, 종교, 정치적 견해, 국적 등에 관계없이 군대와 경찰을 제외한 모든 노동자(공무원 포함)와

3) 조약 및 권고의 주요 내용에 관해서는 ILO, 69th Session, 1983, Report III(Part 4 B)<*General Survey on the Application of the Conventions on Freedom of Association, the Right to Organise and Collective Bargaining and the Convention and Recommendation concerning Rural Workers' Organisations*> 참조.

사용자의 단결권이 보장됨을 뜻한다(Jane Hodges-Aeberhard, 1989). 그리고 '사전인가를 받지 않고'는 단결권은 국가 자체를 포함하여 모든 사람으로부터 존중되어야 함을 밝힌 것이다. 그리고 '자신이 선택한 단체를 설립하고 가입할 권리'가 바로 복수노조의 당위성을 말하는 것이라 생각한다. 이와 관련하여 ILO 결사의 자유위원회는 기존노조와 조직대상이 같다고 새 노조 결성을 반대함은 조약에 위배된다고 하여 법 개정을 권고한 바 있고(93차 보고서. Case No.303), 노동자들이 스스로 원해서 단일노조로 된 경우가 아니고 입법으로 단일노조를 규정하는 것은 조약에 어긋난다고 하였다(65차 보고서. Case No.266 ; 204차 보고서. Case No.956). 조약 및 권고의 적용에 관한 전문가위원회도 볼리비아가 일반노동법(General Labour Act, 1939년, 제103조)에서 50% 이상의 노동자가 가입해야만 노조결성을 가능케 하여 1기업 1노조 원칙을 규정한 데 대하여 노조선택권을 침해한 것이라고 피력하였다(홍기갑, 1990: 90).

둘째로, 그러한 단체들에게 자신의 규약과 규칙을 제정할 권리, 완전히 자유롭게 자신의 대표를 선출할 권리, 자신의 자체행정과 활동을 결정할 권리, 그리고 자신의 사업계획을 수립할 권리를 부여함으로써(제3조 1항) 단체의 자주성을 보장한다. 이를 위해 제3조 2항은 "공공당국은 이 권리를 제한하거나 이 권리의 합법적인 행사를 저해하는 어떠한 간섭도 하여서는 안된다"고 분명히 밝히고 있다.

셋째로, 이들 단체들을 행정당국에 의한 해산 및 권리정지로부터 보호한다(제4조).

넷째로, 이들 단체가 연합단체 및 총연합단체를 설립하고 가입할 권리와 노동자 및 사용자가 국제단체에 가입할 권리를 부여하며 연합단체와 총연합단체는 그 소속 단체들이 갖는 권리와 동일한 권리를 갖는다(제5조).

제87호 조약은 이러한 보장규정과 함께 2개의 보호규정도 구비하고 있다.

첫째로, 단위조직, 연합체, 총연합단체의 법인격 취득과 관련하여 앞에서 말한 보장사항을 제한하는 성격의 어떠한 조건도 붙여서는 안된다고 규정함으로써(제7조) 노사단체의 법인격 취득과 관련하여 불이익취급을 하지 못하도록 하고 있다.

둘째로, 동 조약에서 규정한 권리를 행사할 때 노동자 및 사용자 그리고 이들의 단체는 국내법을 존중해야 하지만 국내법 역시 조약과 권고에서 규정한 보장사항을 침해하거나 침해하도록 적용되어서는 안된다고 규정하여(제8조) 정부가 결사의 자유를 침해하기 위한 구실로 공공질서 및 법질서의 유지를 악용하지 못하도록 배려하고 있다. 더 나아가 제11조는 "본 조약이 적용되는 모든 회원국은 노동자 및 사용자가 단결권을 자유롭게 행사할 수 있도록 하는 데 필요하고도 적절한 모든 조치를 취할 의무가 있다"고 규정하고 있다.

3) 제98호 조약

그리고 노사 쌍방의 상대방 단결활동에 개입함을 방지하는 것을 주된 내용으로 하는 제98호 「단결권 및 단체교섭권에 대한 원칙의 적용에 관한 조약」(Convention concerning the Application of the Principles of the Right to Organise and to Bargain Collectively) 역시 단결권 관련 조약으로서 중요한 자리를 차지하고 있다. 동 조약은 제87호 조약이 채택된 바로 다음 해인 1949년 제32차 총회에서 찬성 115표, 반대 10표, 기권 25표로 채택되었다.

이 조약은 결사의 자유가 행정당국의 간섭으로부터 충분히 보호를 받는다고 하여도 노사 쌍방의 간섭으로부터 보호를 받지 못한다면 그 실질을 기할 수 없다는 이유로 소위 부당노동행위를 금지하고 단체교섭권을 확보하자는 데 그 취지가 있다. 그 주요 내용은 다음과 같다.

우선 노동자는 고용에 관한 반조합적인 차별대우에 대하여 충분한 보호를 받는다(제1조 1항). 그 구체적인 보호조치로는 ① 노동자가 노동조합에 가입하지 않을 것 또는 노동조합으로부터 탈퇴할 것을 고용조건으로 할 수 없으며 ② 노동조합원인 것을 이유로 하거나 노동시간외 혹은 사용자의 동의를 얻어 노동시간 내에 단체행동에 참가한 것을 이유로 하여 노동자를 해고하거나 기타 불이익한 취급을 할 수 없도록 하는 것(제1조 2항) 등이다.

노동자 및 사용자단체는 그 설립, 운영에 관해 쌍방간에 간섭을 할 수 없으며 특히 "노동자단체를 사용자단체의 지배 아래 두기 위하여 사용자단체의 지배를 받는 노동자단체의 설립을 꾀하거나 노동자단체에 재정이나 기타 수단으로 지원을 하는 행위"를 금지한다(제2조). 또한 단체협약에 의한 고용조건의 규율을 위하여 사용자 및 노동자단체간의 자주적인 교섭을 위한 절차를 완벽하게 개발하고, 이를 촉진하는 데 필요한 장치의 충분한 발전을 도모하는 적절한 조치가 국내 여건에 맞도록 수립되어야 한다(제4조).

그러나 동 조약 제6조는 "본 조약은 국가행정에 종사하는 공무원의 신분에 대해서 다루지 아니하며 또한 그 권리 및 지위에 불리하게 해석되어서도 아니된다"고 함으로써 이 조약이 제87호 조약과는 달리 공무원을 대상으로 하고 있지는 않음을 명시하고 있다.

4) 그 밖의 조약 및 권고

이 제87호 및 제98호 조약 말고도 단결권 관련 ILO 조약은 상당수에 달한다. 이하 이들 모두를 상세히 설명하기는 어렵고 연대순으로 간단히 언급코자 한다. 아울러 관련 권고의 내용도 간단히 소개키로 한다.

우선 단결권을 다룬 최초의 ILO 조약은 1921년에 채택한 제11호 「농업노동자의 결사 및 조합의 권리에 관한 조약」이다. 이 조약에서는 농업부문에 고용된 모든 사람은 공업부문 노동자와 마찬가지로 동일한 결사 및 조합의 권리를 누려야 한다는 것을 밝히고 있다. 그리고 1975년 ILO 총회에서는 「농촌 노동자단체 및 경제사회발전에서의 농촌 노동자단체의 역할에 관한 조약」(제141호 조약)이 채택되어 농촌 노동자들이 단결권을 행사할 때 부딪히는 어려움을 고려한 국제적 기준을 마련하였다. 1947년에는 제84호 조약으로 「비본토지역에서의 단결권 및 노동쟁의의 해결에 관한 조약」이 채택되어 비본토지역에서의 단결권, 단체교섭, 사용자단체와 노동자단체 간의 협의, 노동쟁의 심리절차에 관한 일반적인 조건 등을 다루고 있다.

또한 단위사업장의 노사관계에 대해서는 1971년 「기업체에서 노동자대표에게 제공되는 보호 및 편의에 관한 조약」(제135호 조약)이 채택되어 노동조합대표 혹은 단위 사업장 노동자들이 선출한 노동자대표에 대해서 노동자대표로서의 지위나 활동을 이유로 혹은 노조원이라는 이유로 또는 노조활동에 참여했다는 이유로 해고를 포함한 불이익조치를 취해서는 안됨을 분명히 하고 있다. 1982년의 「사용자 주도하의 고용종료에 관한 조약」(제158호 조약)도 비슷한 내용을 담고 있다.

한편, 1957년의 「강제노동의 폐지에 관한 조약」(제105호)은 ① 노동규제의 수단이나 ② 쟁의참가에 대한 제재로서의 강제노동을 금지하고 있다.

공공부문에 관해서는 1978년 제151호 「공공부문의 단결권 보호와 고용조건 결정절차에 관한 조약」 이 채택되어 공공부문에도 일반 사기업과 마찬가지로 단결권을 보장해야 함을 밝히고 있다. 단체교섭과 관련해서는 1981년의 제154호 「단체교섭 촉진에 관한 조약」에서 ① 노사단체 간에 교섭절차에 관한 합의된 규칙을 수립할 것 ② 교섭절차 규칙의 흠결 또는 그 부적합성 때문에 단체교섭이 방해받지 않도록 할 것 ③ 노동분쟁 해결을 위한 기구 및 절차가 단체교섭에 기여토록 고려할 것(제5조) 등을 정하고 있다.

그리고 관련 권고를 보면 1951년 제91호 「단체협약에 관한 권고」에서 단체교섭제도, 단체협약의 정의, 단체협약의 효력, 효력의 확장, 협약적용시 해석 및 감독에 대해서 다루고 있고, 같은 해의 제92호 「임의조정 및 임의 중재에 관한 권고」에서는 노사가 동등한 대표권을 갖는 임의조정제도의 수립을 증진시키도록 하고 있다.

아울러 다양한 차원에서 노사 간 협의를 제도화하는 데 목적을 둔 일련의 권고가 나오고 있다. 1952년 채택된 제94호 「기업체에서 노동자와 사용자간의 협의에 관한 권고」는 사업장에서의 협의를 촉구하기 위한 것이고, 1960년의 제113호 「산업 및 국가차원의 공공당국, 사용자단체, 노동자단체간의 협의와 협력에 관한 권고」에서는 공공당국 및 사용자단체와 노동자단체가 당사자가 되어 협의를 행하여 서로간의 이해와 우호를 증진시킬 것을 권고하고 있다. 또한 사업장에서의 노동자의 고충을 처리하는 문제에 관해서는 1967년 제130호 「기업에서의 고충 심사와 처리에 관한 권고」를 채택한 바 있다.

이와 함께 제143호 「기업체에서 노동자대표에게 제공되는 보호 및 편의에 관한 권고」(1971년), 제149호 「농촌 노동자단체 및 경제사회발전에서의 농촌 노동자단체의 역할에 관한 권고」(1975년), 제

163호「공공부문의 단결권 보호와 고용조건 결정절차에 관한 권고」(1978년) 등을 채택하여 각각 관련 조약을 보완하고 있다.

5) 단결권 보장 감독 절차

ILO의 단결권 보장 여부에 관한 감독절차에는 모든 조약 및 권고에 적용되는 일반 감독절차와 단결권 관련 문제에만 특별히 적용되는 특별 감독절차가 있다.

일반감독절차에는 또 두 종류의 절차가 있는데, 하나는 정기적·자동적으로 운용되는 절차이고 다른 하나는 고발에 의해 발동된다. 정기적인 절차는 기본적으로 '조약 및 권고의 적용에 관한 전문가위원회'(Committee of Experts on the Application of Conventions and Recommendations)와 '조약 및 권고의 적용에 관한 총회위원회'(Conference Committee on the Application of Conventions and Recommendations)가 회원국이 비준한 조약의 적용상태를 감시하는 정기적이며 자동적인 절차를 통해 이루어진다.

제소에 의한 감독절차는 진정인(헌장 제24조) 또는 제소자(헌장 제26조)가 국가가 비준한 조약을 충실히 이행하지 않는다고 주장할 때 개시된다. 결사의 자유에 관하여 국제노동회의에 파견된 사절단들에 의해 1968년, 1981년, 1982년에 각각 그리스, 도미니크공화국과 아이티, 폴란드에 대한 고발이 제출되었을 때 이 절차가 운용되었다고 한다.

그리고 조약의 비준 유무를 불문하고 행해지는 특별감독절차는 '진상조사 조정위원회'(Fact-Finding and Conciliation Commission)와 '결사의 자유위원회'(Committee on Freedom of Association)가 담당한다. 진상조사 조정위원회는 1964년 최초로 과업을 수행한 이래 지금까지 일본, 그리스, 레소토, 칠레, 미국, 푸에르토리코에 관한 사례를 검토한 바 있고, 결사의 자유위원회는 1951년 설립 이후 1990년까지 40년 동안 1,500 여건의 사건을 처리했다고 한다.

ILO 회원국은 관련 조약의 비준 여부를 떠나 단결권에 관한 기본원칙만은 지켜야 하며, 단결권 보장에 관한 사항들은 회원국의 비준 유무에 관계없이 ILO의 '결사의 자유위원회'가 감시할 수 있도록 되어 있는 점이 특징적이다(특히 조약 제87호와 98호의 경우는 비준하지 않은 정부도 2년마다 보고서를 제출해야 한다). 또 동 위원회는 결사의 자유에 관한 조약의 비준 여부를 불문하고 모든 국가에 대한 제소를 취급한다(UN 회원국이면서 ILO 회원국이 아닌 나라에 대한 진정·제소의 경우에는 UN 경제사회이사회가 처리한다)(한국노동연구원, 1991: 25-29).

6) ILO의 단결 보장활동에 대한 평가

ILO의 단결권 보장 관련 조약은 여러 단계에 걸쳐 국내의 노사관계에 영향을 미친다. 입법전단계에서는 국가의 노동정책, 정당의 노동강령, 노사조직 등에 영향을 주고, 입법단계에서는 국내 입법기관에 소개됨으로써(ILO헌장 제19조 5항) 국내법에 구체적인 영향을 미치기 마련이다. 그리고 입법에 한하지 않고 행정실무나 관행, 재판, 노사 당사자의 행위, 단체협약 등에서도 알게 모르게 ILO 기준의 영향이 나타난다.

그리고 이러한 영향은 관련 조약을 비준하였느냐 여부에 관계 없이 나타난다. 스위스에서 노동법 초안 작성시 문제가 될 때마다 비준하지 않은 ILO 조약을 검토해 본다는 스위스 대표의 발언은 비준하지 않은 조약이 각국에 미치는 영향이 어떠한가를 대변해준다. 이하 선진 몇 나라의 예를 통해 ILO 기준의 영향력에 대해 살펴보기로 한다(홍기갑, 1990: 66-80).

(1) 서독

서독은 1957년 ILO 조약 제87호를 비준했는데 당시 정부는 헌법 질서나 국가이익에 반하는 노동조합을 해산할 수 있는 권한을 가지고 있어서 이 부분이 동 조약 제4조에 위배된다는 논의가 제기되었다. 이에 독일은 1964년 8월 5일 새 결사법의 16부에 특별규정을 삽입하기에 이르렀다. 동 법에 따르면 노사 조직에 대한 국가의 어떤 금지명령이나 제한조치도 관계 행정법원이 그 합법성을 인정할 때에만 유효하다고 하였으며, ILO의 조약 및 권고의 적용에 관한 전문가위원회도 1965년의 보고서에서 이 입법에 만족을 표시하였다.

(2) 영국

영국은 1949년에 제87호 조약을 비준하였는데, 당시 북아일랜드에서는 공무원에 대해 노조 가입을 제한하고 있었다. 그러나 이 조약 비준 후 1958년의 노동쟁의 및 노동조합법(Northern Ireland)과 1959년의 공무원법을 통해 이러한 제한은 폐지되기에 이르렀다.

(3) 일본

일본에서는 사기업 부문의 단결권에는 별다른 문제가 없었으나 공무원을 비롯하여 공공부문의 단결권 보장과 관련 문제가 제기되었는데, 특히 국가(지방)공무원법 및 공공기업체 등 노동관계법, 지방공영기업노동관계법 등에서 공공부문의 노동운동이 대폭 제한받고 있었다.

이에 일본노동조합총평의회(總評), 전일본체신노동조합(全遞), 일본교직원조합(日教組), 국가공무원노동조합공투회의(國公共鬪), 국철노동조합(國勞), 전일본자치단체노동조합(自治勞), 국제자유노련(ICFTU), 국제운수노련(ITF), 국제우편전신전화노련(PTTI), 국제공무원연합(PSI) 등 국내외의 노동단체는 일본의 노동탄압을 시정해 달라고 ILO에 수차에 걸친 청원을 제기하였고, ILO 결사의 자유위원회는 이들 사항을 심의하여 일본의 노동운동 탄압을 시정 요청하는 보고서를 총회에 제출하였으며(제54차 보고서, 제58차 보고서 등) ILO는 일본 정부에 대해 단결권 관련 조약을 비준할 것과 노동운동에 대한 탄압을 중지할 것을 요청하였다.

일본 정부는 정부내에 노동문제간담회를 설치, 노동문제 전반에 대한 검토를 행하는 한편 동 위원회 산하 국제조약소위원회의 활발한 활동을 통해 ILO의 관련 조약을 비준하는 방향으로 의견이 모아졌고, 결국 일본은 1953년 「단결권 및 단체교섭권 에 대한 원칙의 적용에 관한 조약」(제98호)을 비준하였고, 1965년에는 「결사의 자유 및 단결권의 보호에 관한 조약」(제87호)을 비준하는 한편 관련 법조항에 대한 정비작업에 착수, 국내외의 비난으로부터 벗어날 수 있었다(花見 忠, 1963: 36-188).

이렇듯 ILO는 평화와 사회정의 보장의 기초로서 단결권에 관한 일반원리가 효과적으로 작동토록 해왔으며 특히 결사의 자유위원회의 활발한 활동을 통하여 결사의 자유 원리는 일반적 관습법으로 정착하게 되었는데, 이것은 동 위원회의 기본적 인권 보장 및 증진을 위한 가장 뚜렷한 공로로 평가된다.

그러나 ILO의 역할에 한계가 있다는 점 또한 무시해서는 안된다. 국가간 다양성의 증가로 인하여 국제적 일반기준의 결정이 어려워지고 기준의 적용과 주권의 충돌이 문제가 된다. 각 국가는 각국의 차이를 고집하고 있고 정부의 관련 조치 회피, 정치적 고려, 3자구성의 문제 등등으로 어려움에 직면하고 있다. 또한 ILO의 감독은 여론적 비판을 넘는 제재가 불가능한 실정이므로 ILO 기준을 위반한 국가의 협조 없이는 집행의 효과를 기하기가 어렵다는 점 역시 부인할 수 없다.

3. 구 노조법 제3조 단서 5호에 대한 논쟁

제87호 조약은 1948년 ILO 총회에서 투표 결과 찬성 127표, 반대 0표, 기권 11표로 채택되었다는 점을 되새길 필요가 있다. 그만큼 동 조약의 원칙이 지지를 받았음을 의미하기 때문이다. 또한 대다수 국가가 이 조약을 비준하여 단결권의 기본원칙에 대해서는 이의가 없음을 표시하고 있다.

따라서 한국이 ILO에 가입하게 되면 가장 기본이 되는 제87호 조약의 비준 문제는 초미의 관심사가 될 게 분명하다. 그 비준 압력도 무시하지 못할 것이다.[4] 설령 그 비준이 일정 기간 늦추어진다 해도 복수노조의 금지 조항은 속히 정비되어야 할 것이다. 그러면 과연 현행 노조법이 규제하고 있는 복수노조의 금지 문제는 어떻게 풀어 나가야 하는지를 생각해 보자.

앞에서 살펴본 바와 같이 ILO는 복수노조의 입법적 금지는 제87호 조약에 위배됨을 분명히 하고 있다. 또한 동 조약이 아니어도 ILO 헌장 등을 통해서도 복수노조의 금지조항은 단결권의 본질적 내용을 침해하는 것이라고 해석할 수 있다. 그런데 구 노조법 제3조 단서 5호는 "조직이 기존 노동조합과 조직대상을 같이 하거나 그 노동조합의 정상적인 운영을 방해하는 것을 목적으로 하는 경

---

4) 한겨레신문 1991년 12월 3일자 1면과 조선일보 12월 10일자 29면 참조.

우"를 노조의 결격요건으로 규정함으로써 ILO의 기본 입장과 정면으로 배치되는 규정을 존치시키고 있다.[5] 이 조항의 해석에 관해 학설은 크게 동 조항의 존치론과 폐지론으로 견해가 나뉜다.

1) 존치론

이 입장을 취하는 대표적인 학자로는 김형배 교수를 들 수 있다. 즉, 단결선택의 자유를 이유로 복수노조의 설립이 허용되어야 한다는 주장은 형식논리에 불과하고 우리나라와 같이 기업별노조체제 아래서는 2개 이상의 자주 민주적 노조의 설립이 현실상 불가능하다고 주장하는 바, 다음과 같은 이론상, 실제상의 이유를 제시하면서 현행 규정의 존치를 주장한다(김형배, 1989).

(1) 이론적인 근거

① 복수노조의 문제는 단일교섭단위내에 여러 개의 노조가 동시에 설립될 수 있다는 원칙의 문제가 아니라 자주민주적인 노조의 확립을 위한 방법의 하나에 불과하다. 기존의 비자주노조(어용노조)의 규제 문제와 제2노조의 설립 문제는 전혀 별개의 것이다.

② 자주민주적인 노조가 이미 존재하고 있다면 제2노조를 인정할 실질적인 이유는 없다. 복수노조주의는 기존 노조가 비자주 비민주적일 때 요청되는 것이다. 따라서 하나의 교섭단위 안에 자주민주적인 노조가 이미 존재하고 있을 때는 제2노조

5) 1997년 노조법에서는 상급단체의 복수노조는 인정하면서 사업(장) 단위의 복수노조는 2001.12.31.까지 금지하고 있다(2001년초의 노조법 개정으로 그 기간은 다시 2006.12.31.까지 금지하는 것으로 결정되었다. 2010년에 와서야 그 제한이 풀리게 된 것은 주지하는 바와 같다).

를 인정하지 않는다고 해서 단결권을 침해하는 것은 아니다.

③ 기존 노조에 대한 어용성 시비가 있을 때는 그 노조의 결격사유와 관련, 그 존폐에 관한 사법부의 판단을 기다려야 하지 제2노조를 통해 문제를 해결할 것은 아니다. 기존 노조가 법원에 의해 자주성·민주성을 인정받지 못할 때 비로서 기존 노조는 노조로서의 자격을 상실케 되고 이 때에야 비로서 제2노조의 출현이 허용되는 것이다.

(2) 현실적인 이유

만약 복수노조를 인정하게 되면 사용자와의 교섭에서 노조의 힘이 분산될 수밖에 없고 노조 간의 경쟁, 패권다툼, 대표성 시비 등으로 어려움을 초래케 된다. 그리고 동종 노동자에게 2개 이상의 다른 단체협약이 적용될 때 노사 및 노노간에 또 다른 새로운 분쟁이 발생한다.

2) 폐지론

그러나 다수의 노동법학자는 동 조항은 폐지되어 마땅하다는 견해를 취하고 있다. 그 이유는 대략 다음과 같이 요약할 수 있다(김유성, 1991b; 이병태, 1990 등).

① 헌법 제33조 1항이 보장하고 있는 단결권 보장의 취지는 단결권의 자유로운 행사를 보장한다는 취지이고 이는 노동자들에 의한 노조의 자유설립주의를 보장하고 그의 조직형태에 대한 자유로운 선택을 포함하는 것인데 노조법 제3조 단서 5호는 이를 정면으로 부인하는 것이다.

② 또한 당연한 귀결로서 노조법 제8조가 노동자들로 하여금 자

유롭게 노조를 결성하거나 가입할 수 있도록 규정하고 있으므로 동 조항은 이와도 상충하는 규정이라 판단된다.

③ 복수노조 설립 제한에 관한 동 규정의 도입과 운영과정에서 정부나 사용자가 이 규정을 자유로운 노조설립을 저해하는 수단으로 활용하여 자율적인 노동운동을 방해하였으며6) 앞으로도 그 우려가 그대로 남아 있다.

④ 그리고 조직대상의 이동(異同) 유무를 무엇을 기준으로 판단할 것인가 하는 문제가 남는다. 즉, 조직 기준을 산업으로 할 것인가 기업으로 할 것인가 또는 직종으로 할 것인가 등이 애매하여 실제의 법해석·운영상 많은 문제와 논란을 불러일으키기 마련이다.

3) 결어

결론적으로 노조법 제3조 단서 5호는 단결권의 본질적인 내용을 침해하는 조항이므로 헌법에 반하는 위헌적인 조항이고 당연히 폐지되어야 한다고 생각한다. 왜냐하면 단결선택의 자유는 단결권의 핵심적인 내용이기 때문이다. 따라서 동 조항의 존치를 주장하는 논리는 수용하기가 어려울 것이다. 이것이 또한 ILO의 기본입장이기도 하다. 노조법 제3조 단서 5호는 노동조합 내부의 알력으로 인한 부당경쟁을 방지하고 어용조합의 성격을 띠는 제2노조의 출현을 금지함으로써 기존 노조의 정상적인 운영을 방해하지 못하도록 해서 노동조합의 조직과 관련한 분규를 사전에 예방하기 위한 입법의도 아래 제정 및 개정된 조항이라고 할 수 있다.

---

6) 전국택시노련의 설립신고 반려사건, 자유금융노련의 설립신고 반려사건, 전국병원노련 사건 등이 그러하다(김유성, 1991b: 58-61 참조).

그러나 이 규정은 노동자의 단결선택권 및 노조자유설립주의를 함의하는 헌법 제33조 1항의 내용을 침해하는 성격을 띠고 있다는 점 역시 부인할 수 없을 것이다. 즉, 우리 헌법 제22조는 자주적인 단결권을 보장하고 있는 바, 보통 단결권의 주체는 노동자 개인과 단결체(노동조합)라고 설명되고 있다. 노동자 개인적 측면에서의 단결권은 노동조합을 조직할 수 있는 권리와 자신이 원하는 조합에 가입하고 그 조합에 머무를 수 있는 권리를 말하는 바, 이에는 당연히 '노조자유설립권'과 '단결선택권'이 포함되는 것이다. 그리고 단결체(노동조합)의 단결권은 노동조합의 존립과 그 활동에 관한 권리를 말하는데, 이 권리의 내용으로는 그 단결체가 다시 결합하여 상급 단결체를 결성하거나 자신이 원하는 상급 단결체에 가입할 수 있는 권리가 포함된다. 노조법 제3조 단서 5호는 바로 이 노동자 개인과 단결체가 향유하는 단결선택권과 노조자유설립권을 침해하고 있는 것이다.

그렇다면 문제는 이 조항이 꾀하는 정책목표와 (단결권이라는)기본권 제한 사이의 정당성과 형평, 그리고 기본권제한의 한계를 어떻게 조화롭게 해석하느냐 하는 데 달려 있다. 이 문제를 해결하기 위해서는 동 조항을 좀 더 나누어 살펴봄이 바람직하다.

첫째로, 단서 5호 중 "조직이 기존 노동조합과 조직대상을 같이 하거나"라는 문구는 노조의 조직 범위와 형태의 결정권을 전적으로 기존노조에 맡김으로써 기존노조의 조직대상에 포섭되는 일체의 새로운 노조의 설립을 금지하는 것이 되고 경쟁적인 복수노조의 존재 가능성을 완전히 배제하여 헌법 제33조 위반임이 분명하다.

둘째로, "조직이 기존 노동조합의 정상적인 운영을 방해하는 것을 목적으로 하는 경우"라는 문구는 해석 여하에 따라서는 선의의 제2노조의 존재 가능성은 보장하면서 다만 기존의 민주·자주 노조

(bona fide union)를 파괴하려는 악의의 제2노조의 출현만을 방지하려는 것이라고 볼 수도 있다.

그러나 설립된 제2노조의 선의, 악의를 구분한다는 것은 불가능에 가깝다(그 판단은 수년간에 걸쳐 그 노조가 어떻게 활동하였는지를 보고 결정되는 것이지 설립과 동시에 소위 어용이냐 민주냐를 판가름할 수는 없는 것이다). 그리고 조직 대상이 동일한 여러 노조가 병존하여 활동할 때 그들 사이의 경쟁은 필연적인 현상인데도 이를 기존노조의 시각에서 본다면 제2노조는 모두 기존노조의 정상적인 운영을 방해하는 것이 되기 마련이라는 점에 비추어 이 조항으로 인해 기본권(단결권)이 지나치게 제한을 받을 뿐더러 그 정당성 역시 의심스럽기 때문에 위헌의 소지가 크다고 하겠다(오문완, 2003).

다만, 동 조항의 폐지가 곧 복수노조의 강제를 의미하는 것은 아니다. 기존 노조에 적극 가담하여 기존 노조를 자주민주화 함으로써 기존의 단일노조를 유지할 것인가 또는 제2의 노조를 결성할 것인가 하는 방법론의 문제는 원칙적으로 노동자들이 자율적으로 결정하여야 한다는 것을 뜻할 뿐이다. 동 조항의 폐지는 이러한 노동자의 자율 선택권을 법적으로 보장한다는 것을 의미하는 것이다.

실제적인 효과의 면을 볼 때도 복수노조는 허용되어야 한다. 노노분쟁과 이로 인한 단결력의 약화, 노사분쟁으로의 비화를 우려하는 견해가 전적으로 부당하다고 볼 수는 없겠지만, 단일노조의 강제가 기존 노조의 어용화에 결정적인 요인으로 작용했고 노조의 대표성 문제를 불러 일으켰다는 점 역시 부인할 수는 없을 것이다. 설사 노노분쟁이 있을 수 있다 하여도 이를 노동자 스스로 해결할 수 있도록 유도하여야지 처음부터 제도적으로 봉쇄하는 것은 옳지 않다(김유성, 1991b: 62).

문제는 이렇듯 법논리적으로나 법현실상 단결권의 본질에 반하고 ILO의 해석과 괴리되는 동 조항이 삭제되었을 때 예상되는 혼란(?)[7]을 어떻게 극복할 것인가 하는 데 있다.

4. 결론

1991년 가을 UN에 가입하고 12월 9일 ILO에 가입한 후 20년이 된 우리로서는 세계의 여타 국가들에 견주어 부끄러움이 없는 노동환경을 조성해야 하고 가일층 우리 노동자의 작업환경을 개선해야 한다. 특히 수출 위주의 경제 체제를 기반으로 하고 있는 우리나라로서는 대외 무역에 불필요한 마찰을 불러일으키지 않기 위해서도 노동환경을 정비해야만 과제를 안고 있었다.[8]

그런데 개별 근로조건에 관해서는 ILO 기준과 크게 상치된다고 보이지 않지만 집단적 노사관계의 장에서는 법제도의 정비를 요하는 사항이 한두 가지가 아니었다. 특히 단결권의 본질적인 요소라고 할 수 있는 복수노조의 허용 문제가 가장 논란의 대상이 된 것은 당연한 이치일 것이다. 다만, 갑작스러운 복수노조의 인정에 따른 혼란을 예방하기 위해서는 그 대응책을 강구하라는 목소리가 높았던 것도 분명한 일이다. 그 때문에 오랜 세월 복수노조는 계속해서 존재하기가 어려웠다. 늦게나마 그 금지가 풀린 것은 다행스러운 일이다.

그 대응책으로 등장한 것이 교섭창구 단일화 제도이다. 그런데

---

7) 한국경총, 「노동법 재개정 움직임에 대한 경영계 의견」(1988. 8. 19.) 및 「노동조합법 제3조 단서 5호에 관하여」(1989. 1. 31.) 참조.

8) 미국의 해외민간투자공사(OPIC)가 한국의 노동상황을 빌미 삼아 일정한 제재조치를 취하려는 움직임을 보인 바 있는데(중앙일보 1991년 8월 5일자 7면), 노동권과 무역과의 관계에 대한 개괄적인 설명으로는 Gijsbert van Liemt, 1989와 Steve Charnovitz, 1987 참조.

창구 단일화는 여전히 논쟁적인 조치이고 특히 미국식 배타적 교섭대표제에 대해서는 더욱 신중한 접근이 요청된다. 이 제도는 미국 특유의 역사적인 배경과 노사관행 및 NLRB의 지도 아래 형성되어 온 것이어서 우리나라 현실에 그대로 적용시킬 수는 없다. 특히 단체교섭은 노조원을 위해 행하는 것이지 비노조원까지 그 교섭의 테두리 안에 포섭할 수는 없다 하겠다. 또 현재 기업별 노조가 주종을 이루고 있는 우리의 현실을 감안할 때 교섭단위는 기업이 되겠지만 공장별 노조나 산별노조 또는 직종별노조의 등장에 대응한 교섭단위의 결정 문제 역시 쉽사리 생각할 문제는 아니다. 그리고 보다 근본적인 문제는 현재의 노동위원회가 노사 모두로부터 신뢰를 받고 있는지 점검이 필요하다는 점을 놓쳐서는 안 된다.[9]

이러한 문제점들을 생각할 때 현재로서는 복수노조를 인정하면서도 사용자와의 교섭구조는 노사가 자율적으로 결정하는 방식이 합당하리라 본다.[10] 즉 일정 기간 시행착오를 거치면서 노사가 스스로 교섭의 틀을 형성해 나가는 것이 최선의 길이라는 것이다. 그리고 이러한 해결책에 큰 문제는 없으리라고 본다. 왜냐하면 현재의 기업별 노조체제는 지속될 것이고 복수노조가 생긴다 해도 결국은 노조간의 주도권 쟁탈전을 통해 어느 하나의 노조로- 아니면 수개의 노조가 병존하면서도 나머지 노조는 허울뿐인 존재로 전락할 것으로- 귀착될 것으로 전망되기 때문이다. 그렇다면 일부에서 우려하듯이 복수노조가 인정된다고 해서 산업현장이 마비되는 일은 거의 상상하기 어려울 것이다. 또한 현재 교섭구조가 다양화하고 있다는 사실은 굳이 법이 교섭의 틀을 짜 맞추지 않아도 노사가 자율적

9) ILO 결사의 자유위원회도 유일교섭대표제를 인정하면서도「신뢰받는 독립된 기구에 의한 인증」을 중요한 요건으로 제시하고 있다는 점(戸田義男, 1971: 342)을 주의해야 한다.
10) 복수노조의 문제점은 노조 내부의 지도력을 통하여 해소되기를 기다리는 방안이 최선이라는 지적으로는 임종률, 1988: 52.

으로 그 때 그 때의 상황에 맞추어 대처해 나감을 의미하는 바, 장래의 입법방향도 집단적 노사관계에서는 노사의 자율을 최대한 보장하는 방향으로 나아가야 함을 시사하는 것으로 이해할 수 있다.

또한 교섭창구 단일화제도와 관련해서 다음과 같은 사항을 주의해야 한다는 점이다. 즉, 동 제도의 운영에는 ① 노동자대표조직이 독립된 기구에 의해 인준되어야 하고 ② 그 대표가 해당 단위의 노동자 다수를 대표할 수 있는 조직이어야 하며 ③ 투표에서 다수의 지지를 받지 못한 조직도 일정 기간(보통 12개월)이 지나면 선거를 새로 요구할 권리가 보장되어야 한다(Jay A. Erstling, 1977: 39).

II

단체교섭권

- 교섭구조의 문제와 관련하여

1. 머리말

단체교섭은 노동조합의 가장 기본적인 활동이다. 그리고 단체교섭의 실태는 노동조합의 조직 형태와 노사관계의 지형에 따라 다양한 모습으로 바뀌어 왔다. 지금 우리나라 노동운동의 과제 중 하나로 산별노조로의 전환을 이야기하고 있고, 산별로 전환을 이룬 조직도 꽤 있다. 종래 기업별 노조가 기업이라는 장에서 기업 대표와 벌인 단체교섭이 주를 이루었다면, 바뀐 상황에서는 산업별 노조가 산업별 사용자단체와 단체교섭을 벌이는 모습이 주를 이룰 것으로 예견할 수 있다. 그런데 과연 그런지는 의문이다. 여전히 기업별 교섭이 주를 이루고 있다.[1] 그렇다면 이러한 현상은 어떻게 설명할

1) 이미 법원은 "노동조합의 하부단체인 분회나 지부가 독자적인 규약 및 집행기관을 가지고 독립된 조직체로서 활동을 하는 경우 당해 조직이나 그 조합원에 고유한 사항에 대하여는 독자적으로 단체교섭하고 단체협약을 체결할 수 있"고, 이러한 이치는 그 지부나 분회가 법에 따른 설립신고를 하였는냐 여부는 문제가 되지 않는다고 밝혀(대법원 2001.2.23. 선고 2000도4299 판결) 이러한 결과를 예견케 한 바 있다. 심지어 기업지부

수 있을까?

본래 노동조합의 조직 형태는 단체교섭 구조의 문제와 맞물려 있다. 즉 산업 차원이나 기업 차원에서, 아니면 사업장이든 국가 차원이든 가장 적절한 지점에서 문제의 해결을 도모하기 위해 노동조합이 조직된다는 것이다. 그런데 산업별 노동조합이면서도 단체교섭은 기업별로 한다는 것은 분명히 어색한 일이다. 물론 교섭권을 위임하는 것으로 문제를 풀 수는 있다. 하지만 이런 해법이 본말이 전도된 모습이라는 건 더더욱 분명해 보인다. 이렇듯 교섭권의 문제는 노동조합의 조직 형태, 그리고 교섭의 구조 문제와도 밀접하게 연결되어 있다. 바로 이 때문에 단체교섭권의 확보는 교섭 구조의 정립 문제와 함께 논의되어야 한다.

이런 문제의식 아래 연구자는 우리나라의 가장 대표적인 노동조합인 현대자동차 노동조합을 대상으로 삼아 그 노조(또는 상부단체)와 사용자(단체) 사이의 단체교섭 구조를 분석하고자 한다. 이 작업은 세 단계 또는 네 단계로 이루어질 수 있겠다. 우선 전통적인 기업별 교섭에 대해 분석한다. 다음으로는 산별로의 노조 조직 변화 이후 바뀐 교섭 형태가 산업별 교섭인지를 확인하는 직업이 필요하다. 아니면 미국식의 대각선 교섭으로의 변화일지를 검토하는 작업도 하여야 한다. 마지막으로 지금도 이루어지고 있고 장래에도 벌어질 것으로 예상되는 공장(사업장) 단위의 교섭에 대해 살펴보아야 한다.

여기서는 그 첫 번째 작업으로 전형적인 기업별 교섭에 대해 검토해 보았다. 이 노동조합의 경우 기업별 교섭에서 나타나는 다양한 모습을 온전히 드러낸 것이 2005년의 단체교섭이라 하겠고, 때

와 산별노조의 교섭권 갈등 문제를 기업지부가 산별노조의 대표자한테 교섭권을 위임하는 방식으로 해결할 수 있다는 식(이승욱, 2002: 45쪽)으로 문제의 본질을 전도시키기도 한다.

문에 이 글은 이 해의 교섭 실태를 분석한 것이다(2006년의 경우 임금협상만 있었고, 2007년의 경우는 파업 없이 협상이 타결되어 단체교섭→파업→단체협약 체결이라는 모습을 보여준 것은 2005년의 단체교섭이다).

시기별로 단체교섭의 과정을 더듬어보며 교섭의 구조에 대해 분석토록 한다. 다만, 이 글은 단체교섭 자체의 구조를 분석의 대상으로 삼는다. 단체교섭권의 법적 구조에 대해서는 이미 손창희의 뛰어난 논문(손창희, 2004: 52-58)이 나와 있다. 그런데 단체교섭권을 이야기하기 위해서는 단체교섭 자체에 대한 분석이 앞서야 하고 이 글은 그 작업의 일부분이라 하겠다. 이하 2005년도 현대자동차에서의 교섭 과정을 살펴보고(2, 3) 그 시사점을 찾아보기로 한다(4).

2. 교섭의 전 단계

1) 교섭 준비과정

노조 측의 교섭 준비 일정을 보면 2005년 4월 23~24일의 상집수련회에서 임단협 요구안에 대한 설명, 동 28일의 확대운영위원회에서 임단협 요구안을 논의한 것으로 나타난다. 그 후 5월 3~4일과 9~10일 4차에 걸친 임시대의원대회에서 안을 확정하고 동 10~11일의 대의원수련회에서 추후 일정에 대해서까지 논의한 것으로 보인다. 그리고 같은 달 16일 회사 측에 임단협 요구안과 교섭위원을 확정 발송한 것으로 되어 있다.

노조 교섭위원 수련회 때 논의한 2005년도 임단투 기조는 핵심사항이 무엇인지를 시사한다. 노조는 고용안정 쟁취, 사회적 연대 확대, 적정 노동시간 쟁취를 내걸고 있다.

① 고용안정 쟁취 : 해외공장 확대, 모듈 및 외주화 확대, 내수부진 등으로 2005년도에도 여전히 조합원의 고용안정은 임·단투 최대의 화두가 될 것으로 판단한다.

② 사회적 연대 확대 : 신자유주의 무한경쟁체계의 비인간적인 구조조정은 결국 비정규직의 양산, 생계형 영세자영업자의 증가, 중소업체 노동자들의 실질임금 저하 등 사회양극화를 불러왔고, 이는 결국 중산층 붕괴, 신용불량자 양산, 실업자 증가로 인한 구조적인 경기침체를 필연적으로 불러왔다. 이러한 심각한 사회양극화 문제는 날이 갈수록 심각해져가고 있고, 이에 따른 내수부진 등 국내경제 침체는 자동차산업의 안정마저도 위협하고 있다. 따라서 이번 임·단투를 통하여 사회양극화에 대한 사회적 문제제기와 방안을 마련하기 위해 노력하여야 한다는 기조를 설정한다.

③ 적정 노동시간 쟁취 : 이미 현자노조는 주40시간을 쟁취했다고는 하지만 현실은 회사의 적정생산량을 훨씬 초과하는 생산계획으로 인해 과중한 노동이 생활화되어 있으며 이로 인한 건강권 악화는 위험수위에 도달해 있는 실정이다. 또한 총임금 중 절반을 넘지 못하는 기본급 구조는 스스로 장시간 노동으로 내몰고 있는데 이러한 폐단을 없애기 위해서라도 실질노동시간 단축과 노동의 질 향상을 요구해야 할 것이다.

④ 비정규노동자 문제 : 사회양극화 문제의 하나로 내부적 양극화 문제에 비정규노동자가 있다. 1월 24일 제18차 정기대의원대회에서는 '불법파견 원하청 연대회의'를 구성키로 한다. 3월 11일 원하청 연대회의 수련회에서는 불법파견 투쟁 전술 방향으로 투쟁 전술의 다양화와 조직화를 추구한다(현대자동차 노동조합, 2005a).

2) 노조 요구안

이러한 준비를 거쳐 노조는 ① 임금 10만 9,181원(기본급 대비 8.48%. 통상급 대비 7.03%) 인상, ② 단기 순이익의 30% 성과급 지급, ③ 상여금 100% 인상, ④ 현행 주야간 근무제 대신 주간 연속 2교대제 실시(2008년 4월 1일 시행을 목표), ⑤ 국내공장 축소·폐쇄, 해외공장 건설, 신차종개발시 시간당 인력비용, 생산라인 등에 대한 하도급이나 용역전환 등에 대한 노사 합의, ⑥ 비정규직 노조 임금도 정규직과 같은 임금인상분을 적용하고 계약직과 파견직 등 비정규직 고용 전반에 대해 노조와 협의 결정한다는 취지의 요구안을 회사 측에 제시하였다.

이 가운데 근무시간과 관련하여 별도요구를 하고 있는 점이 주목된다. 그리고 특별협약으로 국제기본협약(IFA)을 체결하자는 것도 이색적이다. 기업의 사회적 책임(CSR)이 요청되는 세계적인 흐름을 반영한 것으로 이해된다.

노조는 사내외의 사회양극화를 해소한다는 명분을 제시하고 있었지만, 주된 협상목표는 임금인상과 고용안정에 있었다고 여겨진다. 이는 설문조사(현대자동차 노동조합(2005b) 과정에서 조합원 의사가 농축된 결과이기도 하고 각 현장조직의 요구를 반영한 것이기도 하다. 임금인상 요구안을 마련하는 데 고려한 요소는 네 가지로 ① 민주노총의 표준생계비 및 요구 내용 반영, ② 전국 규모의 표준생계비를 토대로 요구안 완성, ③ 조합원 생활실태조사 결과 참조(울산지역 조합원 60%), ④ 금속연맹 울산본부 표준생계비 참고가 그것이다.

한편 고용보장과 관련해서는 모듈, 해외공장, 외주화, 차세대차종 등에 대해 통제력을 확보한다는 취지의 단협 개정 및 신설을 요구하고 있다.

또한 기존 단협의 제·개정 문제와는 별도로 별도 요구안을 제시한 것도 눈에 뜨인다. 이 요구안 중 각종 수당의 조정 문제는 임금인상과 연계되고 고용안정기금 설립은 고용안정 문제와 연결된다. 이 두 가지 주요 과제를 비롯하여 별도 요구안은 세 가지 주된 쟁점을 담고 있다.

첫째는, 주간연속2교대제 요구인데 2008년 4월 1일부터 시행할 것을 회사 쪽에 요구하고 있다. 주야 맞교대로 인해 조합원의 건강상태가 점점 악화되고 있고 갈수록 황폐화되는 생활을 주간연속 2교대제를 통해 막을 수 있다고 보고, 조합원의 건강권과 인간답게 살 권리를 위해 반드시 시행해야 한다고 주장한다. 이 요구안을 작성하는 과정에서 노조는 <현대자동차 주간연속 2교대제 연구프로젝트>를 수행하였고, 그 결과 현대자동차 생산직 노동자들은 다른 나라 자동차업체 노동자들에 견주어 매우 장시간 노동에 시달리고 있다고 판단하게 되었다. 주중에는 12시간 주야맞교대 근무, 휴일 및 주말에는 철야나 특근을 하고 있는 현대자동차 생산직 노동자들은 2003년을 기준으로 연간 2,525시간(2004년의 경우 2,438시간)을 노동하였고, 3,000시간을 초과하여 노동한 경우도 전체의 8.3%인 1,567명에 이른다고 한다. 설문조사 결과 52.7%의 노동자들이 한달 평균 3회 이상 특근, 철야를 하고 있는 것으로 나타났다.

둘째는, 비정규 노동자에 대한 대우 문제이다. 노조는 정규직과의 차이를 해소하기 위해 ① 사내 비정규직 노동자들의 임금조정안은 정규직 노동자들의 임금인상분을 동일 적용하여 인상하고, ② 회사가 직접 고용, 관리하는 계약직, 파견직, 용원 등의 고용전반에 대한 사항은 노동조합과 협의하라고 요구한다.

셋째는, 부품업체 활성화 요구로 ① 부품업체 노동자들의 임금보전을 위하여 적정 부품단가를 보장하며, 부품단가에 포함된 부품업체의 노동자들에 대한 임금은 원청업체 임금인상액을 적용하여 보장하고, ② 회사는 독점적인 지위를 이용하여 무리한 원가인하 요구 등 각종 불공정 거래를 하지 않으며, ③ 회사는 자동차산업 발전 및 국내산업 활성화를 위하여 부품업체에 대하여 연구개발 및 기술지원 등을 강화하라고 요구한다(현대자동차 노동조합, 2005a).

3) 사용자 요구안

사용자측 역시 6개 조항의 개정(또는 신설)을 요구해 주목된다. 그동안의 일방적 수세에서 벗어나 공격적인 자세를 견지하겠다는 의도를 내비치고 있다. 특히 경영권과 관련된 부분이 많아 예전 교섭 때 빼앗긴 것을 되찾으려는 시도, 또는 다른 업체로부터의 압박에서 벗어나려는 시도라고 이해할 수 있겠다.

사용자의 요구사항은 임금피크제의 도입을 비롯해서 노동조합 출입 자유의 제한, 신기술 도입과 공장 이전 등에 대한 노조 통보기한(90일) 삭제, 배치전환 제한 해소, 산재환자 보조금 인하 등 6개 항목이다(현대자동차, 2005).

그런데, 이들 요구 조건 중 실제로 얼마나 관철할 의지가 있는지는 의문이다. 단순히 노조 압박용(교섭전략)인지 실제로 쟁취하려는 의도가 있는지 불분명하다는 것이다. 선진 노사관계 구축이라는 변화된 경영이념에 따른 것일 수도 있겠지만, 그 의도가 분명하지는 않다.2)

2) 사용자측 실무담당자는 이 가운데 '하나라도' 따낼 수 있다면 좋겠다고 밝혔는데, 이런 발언을 감안하면 크게 기대한 것은 아니라고 판단된다(「회사측 면담 자료」).

3. 단체교섭과 파업 과정

1) 개요

노조가 5월 16일 임단협 요구안과 교섭위원을 확정하여 같은 달 26일 교섭을 시작하자고 요구하자 회사는 5월 24일 상견례는 6월 2일 열기로 하고 노조 요구안을 재검토해 달라는 취지의 답(회사측 위원 명단과 회사 개정 요구안 첨부)을 노조 측에 보냄으로써 본 교섭은 6월 2일부터 시작된다. 교섭 시작 전(5월 27~28일) 회사 측은 교섭위원 워크숍을 열고 노조 요구안을 조항별로 검토하였다. 이후 회사 측은 사나흘 간격으로 워크숍을 개최하여 노조 요구안에 대한 대응방안을 모색하는 한편 의견을 조율하는 시간을 가졌다. 노조가 교섭 전 준비에 치중하는 반면 회사 측은 교섭 기간 중의 의견조율에 집중하는 셈이다.

6월 2일 상견례를 시작으로 시작된 단체교섭은 9월 13일까지 99일에 걸쳐 23차의 교섭을 거쳐 합의에 도달하게 된다. 본 교섭과 함께 실무교섭이 24차 별도로 진행된 점을 감안하면 교섭횟수는 총 47회라고 보는 게 옳겠다.

교섭 도중 교섭이 교착상태에 빠짐으로써 8월 11일부터 9월 11일까지 한달간은 파업기간이 되는데, 물론 이 기간에도 교섭은 진행되었고 그렇게 하는 게 바람직하다. 파업은 노조의 전략에 따라 부분파업(11일)으로 진행되었고, 이틀은 잔업을 거부하였다.

파업으로 인한 손실은 130시간(정규취업시간과 잔업 포함)으로 집계되었고, 이로 인한 손실대수는 6만 4,401대, 매출손실액은 8,916억으로 나타났다.

2) 정규직 관련 교섭

현대자동차 노사협상은 76일간의 울산 건설플랜트노조 파업의 여진이 남아 있는 가운데, 그리고 회사의 채용비리에 전직 노조 간부가 관련되어 있었다는 충격적인 보도가(그리고 현 집행부에 대한 의심의 눈초리도) 있는 가운데 시작되었다. 채용비리 문제는 5월 5일 울산 MBC를 통해서 현대자동차 채용비리 사실이 처음 보도된 데 이어 같은 달 10일 전·현직 노조간부 3명이 채용 대가로 금품을 수수한 혐의로 긴급 체포되면서 불거졌다. 검찰은 전대 집행부 10여 명 및 현 집행부 63명 상집 간부에 대하여 계좌추적 등 수사를 진행 중이라고 발표했다. 따라서 대단히 어수선한 가운데 임단협 교섭을 맞게 되었다. 교섭 기간 중에는 현대자동차 노동자의 임금이 전국에서 142등에 불과하다는 기사가 보도되어 교섭에 어려움을 초래하기도 하였고, 민주노총의 일정에 맞추어 교섭(파업)일정을 억지로 맞춘 듯 한 구석도 없지 않다.

임단협 협상은 크게 네 단계에 걸쳐 전개되었다고 일응(편의적으로) 구분해 보고자 한다. 상견례를 가진 6월 2일부터 1회독이 끝난 7월 22일까지를 암중모색의 단계, 노조가 회사의 안을 제시하라고 요구하면서 교섭 결렬을 중노위가 확인하기까지의 기간(7.28.~8.22.)을 지루한 공방의 단계, 회사가 교섭 재개를 요구하면서 타협을 모색하는 기간(8.23.~8.31.)을 본격 협상의 단계, 그리고 3사제도개선 합의와 사용자의 임금안 제시를 계기로 급속히 타결국면으로 진행되는 마무리 단계(9.1.~9.23.)로 정의하고 싶다. 각 시기는 다음과 같이 전개된다.

(1) 암중모색의 단계(6.2.~7.22.)

첫날 상견례에서 이상욱 노조위원장은 "현재 검찰이 수사중인 채용비리가 이번 교섭에 발목을 잡는 일은 없을 것"이라며 "회사측이 제시한 단협안을 철회하고 전향적인 안을 내면 종전과 같은 소모전은 하지 않을 것"이라고 밝혔다. 전천수 사장도 "적극적인 자세로 협상에 임해 가능한 빨리 타결되기를 기대한다"는 입장을 표명하였다. 노사 모두 생산적인 협상을 벌이자는 의견을 제시하였고, 노조는 채용비리 문제와 같은 협상 외부의 변수 때문에 임단협이 왜곡되어서는 안 된다는 의지를 밝힌 셈이다.

이후 50일간을 노사 양측은 서로 상대방의 의중을 떠보며 본격협상은 진행시키지 못했다. 이 기간 동안 본 교섭은 13차례, 실무교섭은 6차례 있었다. 예년에 비해 1회독이 상당히 늦어지는 모습을 보이고 있다(보통 교섭 개시 후 한 달 동안, 8~10차의 본 교섭으로 1회독 완료). 그 주된 이유는 역시 채용비리 등 교섭 외부의 변수 때문인 것으로 보이는데, 그 부담 때문에 노조는 6월 23일 <대국민 사과>를 하게 된다(경상일보, 2005년 6월 23일자).

(2) 지루한 공방의 단계(7.28.~8.22.)

이 기간은 노조가 회사의 안을 제시하라고 요구하면서 여름휴가기간 동안 본 교섭보다는 실무교섭 위주로 협상을 진행하다가 자연스럽게 협상의 결렬과 쟁의조정, 그리고 파업 전야로 이어지는 과정을 보여준다. 이 기간 동안 본 교섭은 세 차례(14차~16차), 실무교섭은 7차례(7차~13차) 가지게 된다.

7월 28일의 14차 본 교섭에서 노조는 회사안의 제시를 요구하고 휴가기간 동안 실무교섭을 통해 조율을 한 후 휴가가 끝나고 8월 9

일 15차 본 교섭을 연다. 이 자리에서 노조는 회사측안 제시를 거듭 요청했고, 회사는 시장여건이 불확실한 데 대한 이래를 구했다. 11일의 16차 교섭에서도 노사는 팽팽하게 의견 대립을 보였고, 노조는 협상결렬을 선언하는 한편 그 다음날 중노위에 쟁의조정을 신청한다. 16일 86차 임시대의원대회에서 대의원 만장일치로 쟁의행위를 결의했다. 이후 한쪽에서는 중노위가 조정을, 또 다른 편에서는 실무교섭을 통한 조율을 시도하지만 다 성사되지 못하고 8월 22일에는 중노위가 조정 종료(중지)를 결정한다. 19일에는 중앙쟁의대책위원회('쟁대위')를 출범시키는데, 이상욱 쟁대위 의장은 현자노조 임단협 요구의 정당성을 이야기하며 "사측은 임단협이 두 달이나 지났음에도 불구하고 시간이 부족하다는 이야기만 반복하고 있다. 시작도 조합원과 함께 했듯이 마무리도 함께 해나갈 것이다"라며 투쟁의지를 밝혔다. 이 날부터 임단협 종료시까지 각종 협의를 중지하고 모든 생산특근을 전면 중단하기로 결정했고, 상무집행위원 전원이 밤샘농성에 들어갔다.

그런데 이 일련의 흐름은 노사 간 협상의 결렬로 인한 수순이라는 측면도 있지만, 그보다는 상부단체(금속연맹)의 투쟁일정에 맞추기 위한 노조의 움직임과 회사의 암묵적 동조라고 볼 여지가 더 많아 보인다. 그렇게 판단하는 이유는 실무협상이 아닌 본 협상만 놓고 보자면 단 두 차례(15차, 16차)의 교섭 후 교섭 결렬을 선언한 셈이기 때문이다(한겨레신문, 2005년 8월 22일자).

(3) 본격 협상과 파업의 단계(8.23.~8.31.)

8월 23일부터 한 주 동안은 파업기간이자 본격적인 협상기간이기도 하다. 그것은 8월 23일의 쟁의찬반투표 결과 쟁의행위가 결정되고 예정대로 파업을 벌이는 한편, 타협의 노선으로는 같은 날 14

차 실무교섭에서 합의를 본 사항을 25일의 17차 본 교섭에서 추인(15개 조항)하는 두 모습이 동시에 나타나기 때문이다.

8월 23일의 쟁의행위 찬반투표(전체 조합원 4만 2,521명중 3만 9,098명이 투표에 참여해 91.95%의 투표율을 보임)는 3만 132명 찬성, 8,824명 반대, 142명 무효, 3,423명 기권으로 77.07% 찬성률(재적 대비 70.86% 찬성)을 기록했다. 이 수치는 예상보다 높은 것으로 회사 측은 쟁의찬반투표의 속성상 그렇다고 보는 반면 노조 측은 무쟁의 우려 때문에 노조활동가가 열심히 움직인 결과라고 평가한다.

이후 노조는 25일의 주/야 2시간 파업, 26일의 금속연맹 지침에 따른 6시간 부분파업 등 일련의 파업전술을 펼치고, 언론은 파업이 국가경제에 미치는 부작용을 웅변한다. 그러나 한쪽에서는 파업을 하면서도 다른 쪽에서는 교섭을 성사시켜 이 기간 동안 세 차례의 본 교섭(17~19차)과 여섯 차례의 실무교섭(14~19차)을 통해 핵심안건을 제외한 대부분의 쟁점에 대해 합의를 보기에 이른다. <현대차 파업은 저가 매수 기회>라는 신문기사가 주목되는데, 파업으로 현대자동차 주가가 조정을 받는다면 저가에 매수할 좋은 기회라는 것이다. 그 이유는 "현대자동차 주가는 파업에 대한 우려에도 여전히 7만원을 상회하는 강세를 보이고 있"고 "파업이 연중행사처럼 인식돼 2002년 파업기간 동안 외국인지분율이 소폭 하락한 것을 제외하면 최근 3년 동안 오히려 상승하는 모습을 보여줬다"는 것이다. "현대자동차가 국내 및 해외시장에서 충분한 재고를 확보하고 있고, 노조의 요구 안건 가운데 일부는 현실과 동떨어진 협상을 위한 카드로 보여 지기 때문"이라고 설명했다. "현대자동차가 국내 및 해외시장에서 충분한 재고를 확보하고 있고, 노조의 요구 안건 가운데 일부는 현실과 동떨어진 협상을 위한 카드로 보여 지기 때문에 이번 파업이 현대자동차에 미칠 영향은 제한적일 것으로 예상하기도 하였다(한겨레신문, 2005년 8월 25일자).

(4) 마무리 단계(9.1~9.13.)

9월 1일 사측은 임금 8만 1천원 인상을 1차로 제시하고(기본급 8만 1,000원, 상여금 300%+100만원, 단협 전 조항 일괄제시), 지난 99년 현대자동차와 현대자동차서비스, 현대정공 3사가 통합된 이후 6년여를 끌어온 3사 제도개선에 대해서도 잠정합의를 이끌어냄으로써 막바지 수순을 밟게 된다. 이 기간은 8일까지 한 주 동안의 마무리 교섭기간[본 교섭 네 차례(20차~23차); 실무교섭 다섯 차례(20차~24차)]과 그 후 임단협 잠정합의안에 대한 찬반투표와 협약 조인 등 뒷수습 기간으로 나눌 수 있다.

9월 2일에는 현대자동차 협력업체들이 파업의 자제를 요구하는 광고를 모든 일간지에 게재함으로써 노조에게(그리고 사용자에게) 협상 타결 압박을 가한다. 이 협력업체들은 현대자동차 노조의 파업으로 자금난과 부도위기에 내몰리고 있다고 주장하였다. 9월 2일 현재 현대자동차 파업으로 인한 부품업체의 매출 손실은 1차 업체 2,020억, 2차 업체 1,212억 등 도합 3,200억 원을 넘어서고 있다, 여기에 일반 구매업체 등 현대자동차와 관계를 맺고 있는 6천여 업체를 포함하면 매출 손실은 훨씬 늘어날 것이라고 한다. 문제는 현대자동차의 파업이 협력업체의 경영위기 등 생존권을 사실상 압박하고 있다는 데 있다는 것이다. 또한 자칫 부도로 이어질 수도, 지역경제에 적지 않은 타격을 줄 수도 있다는데 심각성이 있다고 지적하였다.

9월 6일 3사 제도개선에 대해서도 잠정합의안이 75%의 찬성투표로 통과되었고, 7일에는 회사가 임단협안을 수정 제시하였고(기본급 8만 7,000원, 3사통합격려금 50만원, 설·추석 귀향비 20만원 인상 등), 이

안은 8일 23차 본 교섭에서 합의를 보게 된다. 이 임단협 잠정합의안은 12일 조합원 찬반투표에 붙여졌고, 그 결과는 13일에 찬성 가결로 나타났다.

막바지에 교섭이 급속도로 타결로 치닫게 된 것은 추석 전 완전 타결이 불가능할 경우 가뜩이나 늦게 시작된 임단협이 가을까지 장기화될 가능성이 높은데다 특히 노조로서는 연말로 예정된 위원장 선거에 적지 않은 부담이 될 수밖에 없었던 점이 크게 작용한 것으로 보인다.

3) 비정규직 특별교섭

(1)

비정규직 문제에 대해서는 협상을 하지 않겠다는 것이 회사의 일관된 태도인데, 비정규노조에 대해 강경한 정책을 펴고 있음을 엿볼 수 있다. 비정규직 조직화를 위한 현장대소위원들 설명회 과정에서의 물리적 충돌, 5공장(예전의 현대정공)에서 발생한 안전사고로 인한 라인중지(4일 정도)와 관련하여 대소위원 6명에 대한 고소 고발, 비정규직 조직화 과정에서의 몸싸움과 관련 현장 교육위원 5명의 고소 고발 등이 그러한 예이다. 회사는 '불법파견 원하청 연대회의'('연대회의')의 특별교섭 요구에는 전혀 응하지 않고 있다. 이러한 회사의 태도에 대해서는 정규직과 비정규직의 연계를 끊으려고 하는 전형적인 분리통제정책이라고 분석하기도 한다.

(2)

6월 초부터 진행된 비정규직 조직화 사업은 6월 30일 기준으로 울산에서만 총조합원수 1,929명을 확보하는 성과를 냈다. 전주와 아산을 합치면 3,000 여명이 조직된 셈이다. 이들 조직의 힘을 바탕으로 하여 연대회의 위주로 교섭을 요구하고 있었다.

(3)

그러나 이러한 노력은 대답 없는 메아리일 뿐이어서 추후에 강구토록 하는 선에서 현대자동차 노조도 타협할 수밖에 없었다. 그리고 원·하청노조 사이의 불협화음을 극복하지 못한 한계를 보여준다. 8월 31일 열린 15차 회의에서 정규직과 비정규직 노조 사이의 견해 차이가 극명하게 드러나고 있다. 연대회의는 비정규직노조가 독자적인 파업을 한 것에 대해 비정규직노조가 연대회의 정신을 위반했다며 과오를 인정할 것을 요구했지만 비정규직노조는 이를 거부했고, 이에 따라 9월초 불법파견 공동투쟁 방안은 논의조차 진행되지 못하였다.

(4)

해결의 물꼬는 9월 4일의 비정규노조원 류기혁의 자살이 계기가 된다. 9월 5일 민주노총 울산본부, 금속산업연맹 울산본부, 민주노동당 울산시당 간담회 결과 지역대책위를 구성하기로 하고, '사회적 연대를 촉구하는 울산지역 정당 및 시민사회단체'.는 6일 "고(故) 류기혁 열사를 죽음으로 내몬 현대자동차를 규탄하며, 이 땅에서 그 어떤 사람도 더 이상 차별받지 않도록 울산지역사회의 사회적 양심과 연대를 촉구"하는 기자회견을 가졌다. 정규직과 비정규직의 연대를 강화하는 계기도 되었다(울산노동뉴스, 2005년 9월 6일자).

4. 협상의 타결과 시사점

1) 타결 내용

노사 간 엄청난 간극을 보이며 시작된 2005년 임단협도 파업기간을 포함한 99일간의 교섭을 통해 합의를 보기에 이르렀다. 그 주된 내용은 다음과 같이 정리할 수 있다.

(1) 임금 합의 사항

○ 기본급 8만 9,000원 인상(기본급대비 6.91%, 통상급대비 5.73%)

○ 성과급 200% : 12월말 지급
　　　　100% : 타결즉시 지급

○ 일시금 100만원 : 타결즉시 지급

○ 격려금 100만원 : 11월 지급

○ 제도통합에 따른 수당소급분 108만원 : 타결즉시 지급

○ 귀향비 : 설, 추석 각 80만원(연 100만원 인상)

(2) 비정규직 합의 사항

○ 임금 기본급 8만 2,770원 인상(시급 344원, 정규직대비 93%)

○ 성과급 300%(100% 타결즉시, 200% 연말)

○ 일시금 120만원(60만원 체결 즉시, 60만원 11월 중)

(3)불법파견 특별교섭 요구

○ 단체교섭 체결 후 1개월 이내 특별교섭을 실시

(4) 별도요구안 관련

- 주간연속2교대제 2009.1. 시행을 비롯하여 노조의 요구를 상당 부분 사용자가 수용

(5) 특별협약 : 국제기본협약(IFA) 체결

이 문제는 <단체교섭 관련 별도협의서>의 여섯 번째 항목으로 "해외공장 별도합의"라는 제목 아래 "①회사는 세계적 기업으로서 국제평화, 자유, 인권, 환경 등을 지키기 위해 사회의 공공복지, 인간의 존엄을 존중하고 발전시키려는 노력을 다한다, ② 이를 위해 회사는 해외현지공장의 경우 해당국가의 노동관계법을 준수하고 노동자의 노동기본권을 보장하며 종업원들에게 생활임금과 쾌적하고 안전한 노동조건을 제공하기 위해 최선을 다한다."는 식으로 회사의 부담을 최소화하는 방식으로 타결을 보았다.

2) 시사점

그렇다면 이번 협상과정을 지켜보면서 우리가 얻게 될 시사점은 무엇일까? 몇 가지를 생각해볼 수 있겠다.

(1) 긍정적인 측면

① win-win협상을 위한 노력을 노사 양측이 끝까지 보여주고 있다.

이번 협상과정에서 노사는 더욱 성숙한 자세로 교섭에 임한 것으로 판단된다. 여러 주위 환경이 좋지 않은 가운데서도 양측이 책임을 지고 교섭에 임하려는 태도를 엿볼 수 있었다. 관행화된 파업,

상부단체의 일정에 맞추어야 하는 가운데서도 협상의 끈을 놓지 않았다. 한편으로는 파업을 하면서도 교섭은 계속되었고, 노조의 무리한 요구라고 생각하면서도 사용자는 최대한의 배려를 아끼지 않았다. 이 점은 앞으로의 노사관계를 긍정적인 방향으로 전망케 한다. '되풀이 파업'으로 회사의 이미지가 실추되고 '배부른 투쟁'이라는 국민적 비판을 받은 노조가 어려운 국가경제 및 국제경쟁 상황을 인식했기 때문으로 풀이된다.

회사의 적극적인 개선의지도 돋보였다. 매년 노조에 끌려 다니며 퍼주기 비판을 받았던 회사가 올해는 임금 피크제와 배치전환의 제한 해소를 요구하는 등 쟁점마다 할 말을 하는 자세를 보였으며, 노조는 회사의 입장을 이해하면서 실리를 챙겼다. 노조를 자극하는 홍보전략이나 고소·고발전략을 자제하는 것도 바람직한 현상이라고 하겠다. 다만, 실무협상에 더욱 힘을 실어주었다면 더 좋은 결과(교섭비용이 덜 드는)가 되지 않았을까 하는 아쉬움이 남는다.

② 노조의 유연한 전술 전략이 돋보였다.

금번 협상과정을 지켜보면서 노동운동의 발전을 실감한다. 예전과 같은 '도 아니면 모' 식의 막무가내가 아니라 치밀하게 준비하고 유연하게 대처하는 노조의 자세를 볼 수 있었다. 회사와의 협상과정에서 전권을 지고 책임을 다해 교섭하는 모습을 읽을 수 있다. 그리고 그렇게 할 수 있는 배경에는 노조 집행부의 조직장악력이 예전에 비해 훨씬 높아졌다는 요소가 작용한다고 하겠다. 예전에는 집행부의 일거수일투족에 대해 현장조직이 강한 문제 제기를 할 수 있었지만, 이번에는 임단협 요구안 작성 과정에서 현장조직이 영향력을 행사할 뿐 교섭과정이나 쟁의과정(쟁의수위에 조절 등)에 미치는 영향은 대단히 작다는 것이다. 현장조직은 파업을 몇 시간 지속하느냐 하는 전술차원의 조언 기능을 하고 있는 게 현 단계의 실상이라고 한다.

물론 협상 결과를 놓고 현장조직은 비난 일색의 비평을 하였지만 그건 노조 집행부의 책임이라기보다는 재야세력의 속성이라고 보는 게 더 적절한 평가라고 하겠다.

③ 사회적 약자에 대한 배려가 정착되는 계기가 되고 있다.

금번 교섭에서 노조의 근본적인 문제의식은 사회적 양극화를 어떻게 해소하느냐 하는 데 있었다(적어도 표면적으로는). 우선 비정규직 문제를 내부적 양극화라고 인식하고, 차별철폐의 일환으로 사내비정규직 임금인상 요구안을 정규직과 동일하게 마련하였다. 협상과정에서 노조의 요구가 온전히 반영되지는 않았지만, 상당한 성과는 있는 것으로 생각된다. 앞으로는 정규직과 비정규직의 이해의 공통점을 더 넓혀 공동대오를 형성하는 게 과제로 남는다.

또한 기업을 넘어선 외부적 양극화에도 눈을 돌리고 있다. "현대자동차의 막대한 영업이익 중 한축은 부품업체에 대한 무리한 CR 등 원가절감에 의한 것이라 할 수 있다. 현대자동차의 무리한 요구를 받은 업체는 단가인하를 임금동결, 임금억제 등을 통하여 손쉽게 해결하려고 했고, 이 원인을 대기업 노동자들의 무리한 임금인상 요구 때문이며, 결국 사회양극화의 원인이 되고 있다는 논리를 들이댔다. 각종 통계에 의하면 부품업체 노동자들의 몇 년간의 임금인상율은 완성차 업계의 임금인상율보다 떨어지는 현상이 발생하고 있으며, 이를 통하여 자본의 논리는 진위여부를 떠나서 사회적으로 일정부분 공감대를 형성하고 말았다."(현대자동차 노동조합,

2005a). 이러한 인식 아래 납품단가의 결정을 투명하게 하고 노조가 감시할 수 있는 길을 열고자 하는 것은 대단히 바람직한 현상이라고 하겠다. 다만, 기업별 노조의 한계는 넘어서기 어려워 보인다.

(2) 부정적인 측면

① 현대자동차의 단체교섭은 여전히 외부 눈치를 보고 있다.

항상 그러하듯이 이번 교섭에서도 개별기업 차원의 교섭에 전체 노사관계의 문제가 맞물려 노사 모두 지나친 부담을 안고 교섭을 진행하였다. 양 당사자의 문제라면 쉽게 풀 수 있는 것을 다른 기업을, 다른 노조를 고려해서 타결치 못한 경우가 그러하다. 물론 이것은 현대자동차가 노사관계의 유형설정자로서의 역할을 전체 노사로부터 부여받고 있는 것과 관련이 있다. 예컨대 올해 임단협 협상에서 회사는 "사상 최고치를 경신하는 고유가와 내수시장 침체, 환율 불안정, 수출시장 환경 악화 등으로 인해 현재 노조가 주장하는 임금인상과 성과급, 상여금 지급 등의 요구안은 현실적으로 회사에서 수용하기 어려운 상황"이라며 "주간연속 2교대제로 실노동시간이 20% 가량 줄지만 임금은 그대로 받겠다는 것으로 한국자동차업계 현실상 도입이 시기상조"라고 말했다(경상일보, 2005년 8월 11일자). 이 얘기는 뒤집어 말하자면 현대자동차의 지불능력으로는 가능할지 몰라도 자동차업계를 생각하면 안 된다는 것으로 이해할 수 있겠다.

하지만 이 문제와 관련해서는 제도적이고 구조적인 문제는 없는지 살펴볼 필요가 있다. 비정규직 문제와 같이 정부 차원에서 정리해야 할 사항이 그러하다. 법제도의 정비와 교섭구조의 다원화가 더욱 절실한 때가 되었다. 기업 자체에서 해결할 수 있는 문제는 기업에 맡기되 산업이나 국가 차원에서 해결해야 하는 문제는 미리 정리를 해주는 게 교섭을 쉽게 이끌어가게 해줄 것이다.

② 여전히 기업별 노조의 한계를 드러내고 있다.

앞에서도 보았듯이 금번 협상에서 비정규직과 공정거래의 문제 등 사회 양극화 해소를 주된 의제로 들면서도 협상 결과는 현대자동차 노조원에게 최대의 혜택을 주는 것으로 귀결되었다. 조합원 만족도라는 차원에서는 바람직한 일이지만, 연대를 지향하는 노동운동의 방향으로는 역시 적절치 못하다. 혹시 여전히 대기업 노조 이기주의에 빠져 있는 것은 아닌지, 너무 조합원에 매몰되어 넓게 보지 못하는 것은 아닌지 검토를 요한다 하겠다.[3)]

아무리 조합원 다수가 원하는 바라고 하여도 그것이 노동운동의 바람직한 나아갈 길에 반한다면 오히려 소속 조합원을 교육하는 기능까지도 노조가 맡아야 하는 것은 아닐까? 노조원의 단순한 대변인이라면 우리 사회에서 노조에게 그렇게 많은 기대를 하지도 않을 것이다.

또한 사회적 약자를 배려하면서도 여전히 연대가 약하다는 한계를 지적하지 않을 수 없다. 특히 현대자동차의 임단협 결과를 놓고 참여연대 사회인권국이 다음과 같이 비판한 점을 곱씹어 보아야 한다: "불법 사내하청의 해결은 정규직 노동자들과의 굳건한 연대가 절실히 요구된다. 그러나 지난 과정에서 정규직 노조와 조합원들이 비정규직의 문제를 자신의 문제로 확고하게 끌어안지 않고 있는 것

---

3) 다만, 산별노조 운동과 관련해서 대공장노조의 전환도 중요하지만 노동조건이 비슷한 조직끼리 먼저 뭉치는 방안을 간구해야 한다는 지적(김재훈, 2005: 225)에도 주목해야 한다.

에 안타까움을 금할 수 없다; 지난 비정규노조의 파업 시 사측의 대체인력투입 상황에서 정규직 노조가 보다 더 적극적인 태도로 비정규직의 투쟁을 엄호·지지하지 못했다. 또 이번 임단협 교섭안에 불법파견 문제의 해결 등 비정규직 요구사안이 직접 포함되지 않았다. 이는 노동자 연대의 정신에 비춰 책임있는 태도라 볼 수 없다." (프레시안, 2005년 9월 14일자)

③ 상대에 대한 배려가 부족하다.

이번 협상 과정에서는 노사가 쉽사리 합의할 수 있는 사항도 빙 둘러가는 모습을 보이곤 하였다(물론 교섭전략상 그럴 수는 있겠지만). 그리고 그 근저에는 서로에 대한 불신이 가로놓여 있다. 회사는 교섭에서 우위에 서기 위해 노조를 교섭의 상대(파트너)라기보다는 적으로 간주함으로써 가능한 한 정보를 숨기려고 한다. 노조의 회사에 대한 불신 역시 여전하고, 노동자들은 회사와 함께 노조에 대한 불신을 보이고 있다. 물론 그 근저에는 1998년 고용조정 이후 강화된 노동자들의 노동도구적이고 실리주의적 인식('벌 수 있을 때 벌어두자')이 있다. 따라서 노조로 하여금 회사로부터 최대한의 현금(눈앞에 보이는 실리)을 챙기도록 강요하고 있다.

파업의 관행화 경향도 결국은 상대방에 대한 배려가 부족하기 때문이다. 현대자동차 노조의 경우 대화와 타협을 파업을 통해 이루려고 하는 경향을 보이고 있다. 올해 역시 마찬가지이다. 물론 파업권이라는 건 헌법상 보장된 권리이고 그 행사에 문제가 있다고 단언할 수는 없다. 그러나 파업은 최후의 수단인 것 역시 분명하다. 또한 파업에 이르도록 방치하는 회사의 소극적인 태도 역시 문제이다. 1회독이 너무 길었다(50일)는 점, 실무교섭에 더욱 힘을 실어주었다면 교섭이 더 효율적이었을 것이라는 점, 사용자의 대안 제시가 너무 늦었다는 점 등을 지적할 수 있는데, 이 모든 게 실은 상대방에 대한 배려가 부족했기 때문이 아닌지 하는 반성이 필요할 듯하다.

(3) 앞으로의 과제

① 노조 이념과 운동방향의 정립이 필요하고 조합원 교육이 중요하다.

이번 현대자동차 교섭과정에서도 알 수 있듯이 노동조합이라는 존재가 단지 조합원의 대변자인지 아니면 공익을 위한 존재이기도 한지 검토할 필요가 있다. 노동운동을 둘러싼 주·객관적 조건이 빠른 속도로 변하고 있다. 1980년대 이래 범지구적인 시장경쟁이 격화되고 있고, 노동비용 삭감과 사회보장 축소를 목표로 하는 각국 정부의 보수적인 정책이 강화되고 있다. 구조적인 실업과 비정규직의 증대는 각국 노동조합의 조직력을 약화시키고, 노동운동으로 하여금 방어적인 태도를 취하게 하고 있다. 이에 따른 대응전략의 일환으로 다른 나라 노총은 노동운동의 이념을 정립하고, 노동조합 스스로를 개혁하기 위한 노력을 기울이고 있다. 독일 노총(DGB)의 '강령 개혁과 조직현대화', 호주 노총(ACTU)의 '전략적 조합주의로의 전환과 직업별 노조 통합', 남아공 코사투(COSATU)의 '사회적 조합주의 정립과 조직강화' 등이 그러하다(오문완, 2004c: 433).

우리나라 노동운동의 근본적인 한계는 '정규직 중심의 기업별 노조'와 '임금인상 중시형 기업별 교섭'에서 비롯된다. 이러한 기업별 노조체계와 교섭방식은 노동자들의 의식과 노조활동을 기업의 울타리에 가두고, 노동운동을 실리적(경제적) 조합주의로 이끌고 있다. 실리적 조합주의는 전체 국민의 삶과 직결된 정치적·사회적 쟁점에 대해서는 관심을 기울이지 않는다. 임금인상이나 고용조건과 같이 단기적이면서도 직접적인 조합원의 이익 옹호에만 관심을 기울인다.

이러한 노동운동의 약점은 '고성장-저실업' 시대에는 결정적인 문제가 되지 않았다. 기업별 교섭으로도 조직 노동자들의 생활조건을 개선할 수 있었고, 미조직 노동자들도 투쟁의 성과를 공유할 수 있었기 때문이다. 그러나 IMF 관리체제가 등장하고 '저성장-고실업' 시대와 구조조정 국면이 본격화되자, 노동운동은 커다란 도전에 직면하게 되었다. 대량실업이 발생하고 비정규직이 확대되면서, 기업별 노조로는 더 이상 조직 확대를 기대할 수 없고, 기업별 교섭으로는 임금인상을 비롯한 노동조건 개선은 물론 정규직의 고용조차 보장할 수 없기 때문이다.

따라서 우리나라 노동운동이 새로운 도전을 이겨내고 전체 노동자 대중과 국민에게 꿈과 희망으로 자리매김하기 위해서는, 노동운동의 이념으로 사회적 조합주의(social unionism) 또는 사회운동적 조합주의(social movement unionism)를 정립해야 한다는 주장이 주목을 끈다(김유선, 1998; COSATU 셉템버위원회, 1999). 노동운동이 궁극적으로 노동자의 삶의 질을 높이고자 하는 데 있다면, 특히 환경 또는 생태의 문제는 대단히 중요한 요소로 부각된다. 또한 사회계층간의 통합 역시 중요하다. 즉 노동조합은 작업장에서의 경제적인 관심을 뛰어넘어 지역이나 사회 전체의 이슈 해결에 나서야 한다는 것이다.[4)]

---

4) "공공성의 확립에 기초한 연대성의 복원"을 주장하는 것(은수미, 2005)도 같은 맥락으로 볼 수 있겠다.

② 노조의 사회적 책임에 대한 인식이 필요하고 이를 구현하기 위한 산별노조운동에 매진할 필요가 있다.

금번 현대자동차 노사의 교섭에서 최대 쟁점은 주간연속2교대제와 배치전환 기준의 설정에 있었다. 그리고 이 문제를 순조롭게 해결하기 위해서는 노사가 모두 권한과 책임을 가지고 사후 대책을 진지하게 검토하여야 한다. 그런데 기업별 노조는 생래적인 한계를 안고 있다. 노동시간의 단축은 시간 운영의 유연화와 짝을 이루고 배치전환의 유연한 운영은 노동자(조합원)들이 싫어하기 마련이고, 이러한 조합원의 요구에 대해 기업별노조가 자유롭기는 대단히 어렵기 때문이다. 따라서 산별노조의 건설을 통해 노조의 책임성을 높여가는 방안을 강구할 필요가 있다(조돈문, 2004).

1987년 이후 기업별 체제는 노동조합의 교섭력을 극대화하는 효과가 있었다. 그 결과 압축적인 분배개선과 노사관계 민주화를 실현한 것도 사실이다. 그러나 이러한 성과는 대기업의 정규직 노동자들에게 집중되었다. 이들의 전투성과 교섭력으로 전반적인 소득분배 개선이 있었던 것은 사실이지만, 노동계층내의 양극화와 분단화는 방치되거나 더욱 심화되었다고 평가된다. 중소영세사업장 노동자들과의 임금·복지 격차가 확대되었을 뿐만 아니라 이들에게는 노동기준과 사회보험에 있어서조차 차별적으로 취급되었다. 이러한 노사관계 제도의 역기능은 주로 기업별 노사관계 구조에 기인한다. 1997년 이후 한국 노동조합이 산별노조 건설운동에 집중하고 있는 것은 이러한 의미에서 매우 바람직한 진전이다.[5] 노동조합의

5) 물론 산별노조로 전환한 조직의 경우에도 그 현실은 다양하게 나타난다(조효래, 2004). 따라서 산별노조와 기업지부의 역할 분담, 그리고 조합민주주의를 얼마나 성취하느냐 하는 문제도 중요한데(이주희, 2006), 그 전제가 되는 것은 산별노조의 체계적인 지도와 지원이다(윤영삼, 2004).

조직기반을 기업 밖으로 확대함으로써만이 이 같은 역기능은 시정될 수 있기 때문이다.[6)]

따라서 대기업 정규직 중심의 독점적 조직체계를 보다 포괄적인 조직으로 발전시켜 가기 위해서는 노사관계시스템 개편에 대한 노·사·정간의 사회적 합의와 협조행동이 있어야 한다. 이러한 합의를 통하여 노·사·정이 얻을 수 있는 혜택을 서로에게 보다 분명하게 보장해 줄 수 있어야 한다.

노동조합 지도부에게는 중소영세사업장과 비정규직까지 조직범위를 확대할 수 있다는 점과 지역·업종·국가차원의 다양한 정책참가 기회를 보장한다는 것이 주요한 인센티브가 될 수 있다. 사용자들에게는 파업위험의 감소를 포함한 교섭비용의 절감효과와 함께 노조의 하향 평준화된 협약요구로부터 얻게되는 수익이 돌아갈 수 있을 것이다(노항래, 1998).

③ 현장조직은 생산적인 야당의 기능을 해야 한다.

현 시기 노동운동의 특징은 한편으로는 정파운동의 성장이고 한편으로는 대중의 생존권 투쟁이 다발적이고 역동적으로 일어나고 있다는 점이다. 정파운동은 상층부 간부와 현장 활동가들에게 한편으로는 긴장과 경쟁을 불러일으키고 한편으로는 활동의 에너지를 공급한다. 그러나 현 시기 정파운동은 노조 내부 권력의 쟁취를 위한 전부냐 전무냐 하는 싸움에 빠져 있는 듯하다. 참된 민주주의의 구현을 위해서는 보다 생산적인 논의의 장이 필요하다.

그리고 조합집행부와 현장조직이 서로의 관계를 보는 시각에서

---

6) 이 점, 서구에서 단체교섭 분권화 현상을 보이면서도 연대임금정책을 편다든가 하위의 교섭을 조율한다든가 하는 움직임을 보이고 있다는 점에 주의해야 한다(임운택, 2005: 116쪽; 이승협, 2006: 231).

상당한 차이가 있음도 인정해야 한다. 현장조직은 민주노조를 세우는 과정에서 형성된 '선진노동자의 대중조직'이며, 그것의 가장 중요한 특징은 노조와 달리 분명한 노선과 입장에 기초해 활동한다는 점이다. 조합원의 경제적 이익을 중심으로 자본과 교섭해야 하는 노조집행부와는 달리, 현장조직은 명확한 노선과 입장에 기초한 조직이기 때문에 원칙적인 입장이 강하다.

그러나 조합 집행부의 입장에서는 파업투쟁을 통해 얻을 수 있는 것이 제약되어 있는 협소한 공간에서 즉각적인 성과와 조합원에 대한 책임을 의식하지 않을 수 없게 된다. 집행부로서는 공권력 투입으로 인한 불상사와 대량구속, 고소·고발과 징계, 노조 파괴 등의 사태에 대한 책임감을 고려하지 않을 수 없다. 이러한 실정을 충분히 고려한 현장활동이 필요하다(고영주, 2005).

④ 사용자는 정보공유와 노동자참가에 노력하여야 한다.

이번 협상과정에서 드러나듯이 파업의 대부분은 노사 간의 불신에서 말미암고, 그 불신은 서로(특히 사용자쪽이) 정보를 숨기려고 하는 데서 비롯된다. 노사관계의 안정을 저해하는 책임과 관련해서 노사 양측은 여전히 상대방에게 책임을 전가하는 경향을 보인다(김훈, 2001). 회사 측은 사용자보다는 노조 측에 노사관계의 안정을 저해하는 일차적인 책임이 있다고 보는 반면, 노조와 노동자들은 노조보다는 사용자측에 더 책임이 있다고 보는 것이다.

노사관계를 악화시키는 노동자 측 요인과 관련하여 가장 큰 문제로 지목되고 있는 것은 '회사 경영에 대한 이해 부족 내지는 무능력' 문제였다. 그리고 주목해야 할 것은 이 같은 문제 인식이 노·사 모두에게서 일치하고 있다는 점이다. 다음으로 당사자들간에 우선순위에 있어서는 조금씩 편차를 보이지만, '노동자 집단 내 노-노 갈등', '상급노조 및 외부 강성노조의 영향력 및 파급력', '임금위주의 단체교섭 관행' 등이 노동자 측이 안고 있는 노사관계 안정의 주요한 저해요인으로 파악되고 있다.

결국 노사관계에서 노동자들이 안고 있는 가장 큰 문제는 정보의 불균형 문제로 파악될 수 있다. 다시 말해, 노동자들이 회사에 대한 정확한 정보를 갖지 못하는 한 회사 경영에 대한 이해수준이 높아질 수 없고 이에 따라 노사안정 역시 기대하기 힘들어진다는 결론이 도출되는 것이다.

다음으로 노사관계를 저해하는 사용자측 요인에 대해서는 각각의 이해 당사자 사이에 견해의 차이가 발견된다. 하지만 여기에서도 중심 문제로 부각되는 것은 경영정보의 공유 미흡, 일방적 경영관행, 권위주의적 기업문화 등의 요소이다. 노사관계의 안정을 저해하는 노동자 측 요인과 사용자측 요인을 종합해 보면, 노사 이해당사자간에 충분하고 투명한 정보공유가 이루어진다면 노사관계의 불안정은 상당 부분 해소될 수 있을 것으로 보여진다. 따라서 책임을 지고 의무를 나누는 참여의 노사관계 구축을 위해 사용자가 정보를 제때에 제공하는 게 대단히 중요하다. 그러나 그에 못지 않게 노동조합은 정보의 확보 노력을 기울여야 한다.

또한 노동자 참가의 활성화도 사용자의 주요한 과제가 된다. 2003년 8월 5일 47일간의 파업 후 노사 간 합의된 현대자동차 단체협약안에는 노동자의 경영참여와 관련해서 "신기계·신기술 도입, 신차종 개발 및 차종 투입, 사업의 확장, 합병, 공장 이전, 일부 사업부의 분리·양도 시 90일 전에 노동조합에 통보하고 노사공동위원회를 구성해 심의·의결"한다는 부분이 있고, 이에 대해 재계는 회사가 백기투항했다고 호들갑을 떤 바 있다. 노동자 참가에 대한 인식 수준이 어느 정도인지를 보여주는 예이다.

각종 노동자 참가 프로그램의 도입에 대해서 노조는 긍정적인 입장을 보이고 있다.[7] 특히 이사회에의 노동자 대표 참가 등을 포함한 제도 참가에 더욱 긍정적인 태도를 보인다. 그러나 우리사주제를 제외하고는 실제로 이들 제도를 도입하여 시행하고 있는 회사는 별로 많지 않은 것으로 파악된다. 전반적으로 대다수 기업들은 '현장참가' 영역에 대해서는 긍정적이나 '제도 참가' 영역에 대해서는 소극적인 태도를 견지하고 있는 것으로 보인다.

⑤ 정부는 공정한 조정자, 서비스의 제공자 기능을 다해야 한다.

이번 현대자동차의 교섭과정에서 노사가 가장 고민했던 부분은 비정규직 문제였을 것이다. 최후의 순간까지 타결이 어려웠던 것이 소위 '불법파견 특별교섭'을 어떻게 정리할까 하는 문제였다. 이 문제를 노동조합측은 '정규직화'를 부르짖으면서 사실상 손을 놓는 모습으로, 사용자는 정부에, 정부는 사용자에게 맡기는 모습으로 대처함으로써 문제의 골만 깊게 하고 말았다. 이렇듯 개별 기업이 처리하기 어려운 사안에 대해서는 정부가 개입하여 정리해주어야 한다. 서비스 제공자로서의 정부가 필요하다는 것이다.

아울러 산별노조로의 전환을 쉽게 할 수 있도록 법제도의 정비가 필요하다.[8] 현 단계에서는 기업별노조가 산별노조의 지부로 손쉽

7) 노동자 참가는 크게 두 영역으로 구분된다. 첫 번째 영역은 작업현장 수준에서의 참가이며, 품질관리분임조, 자율관리팀, 노사공동위원회 등이 포함된다(현장 참가). 다음으로 제도 수준에서의 참가는 노동자 대표의 이사회 참가, 이윤배분제, 우리사주제, 스톡옵션제 등이다(제도 참가)(김훈, 2001).

8) 노동자 내부의 양극화 문제를 단체교섭의 확장 제도(그리고 법해석)를 통해 해결하자는 참신한 주장(박제성, 2006: 107-112쪽)이 있으나 아직까지는 문제 제기 수준에 머물러 있다. 산별노조 문제와 함께 꼭 검토할 필요가 있는 과제라 하겠다.

게 조직을 변경할 수 있는 길을 분명히 하는 게 중요하다. 현행법은 조직형태의 변경은 총회에서 의결할 바라고만 정할 뿐[노동조합 및 노동관계 조정법('노조법') 제19조 제1항 제8호] 조직형태 변경의 요건과 효과에 대해서는 침묵을 지키고 있다. 따라서 우선 이에 관한 법규를 정비하는 게 중요하다. 또한 현행 노조법의 해석상 기업별 노조를 전제로 하는 듯이 오해하기 쉬운 규정을 정비하여야 하고 불필요한 갈등을 불러일으킬 우려가 있는 조항 역시 폐기하여야 한다. 다만, 기업별노조의 오랜 역사와 노사의 의식을 생각할 때 완전한 산별체제로의 전환이 아니라 그 중간단계인 느슨한 조직체계[9]가 현실의 모습이라는 점을 감안한 법제도의 정비가 필요할 듯하다.[10]

정보 공유를 위한 정부의 노력도 중요하다. 1997년의 새 노동자참가법(노동자 참여 및 협력 증진에 관한 법률)은 협의사항을 확대하고 의결사항을 신설하는 한편 보고사항과 관련하여 노동자위원에게 자료제출요구권을 부여함으로써(동법 제19조~제21조) 정보 공유의 길을 넓히고 있지만 아직까지 그 성과는 미미한 듯하다. 지금보다 많은 정보가 공유됨으로써 노사가 서로를 이해할 수 있는 기회를 주도록 법제도를 세밀하게 정비하는 일이 시급하다. 아울러 내부고발자 보호를 위한 여러 시책의 정비 역시 중요하다. 그리고 노동자 참가 제도의 확산은 노사관계의 안정적 발전과 건전한 노조운동에 크게 기여할 것으로 여겨진다.[11] 노동자참가는 노동 인간화의 지름길이기도 하다.

---

9) 산별노조가 하부조직에 대해 완벽한 통제권을 행사하지는 않고 하부조직의 상대적 자율성을 인정하는 형태를 상정하였다.

10) 자연스럽고 조율된 단체교섭구조의 형성에 강조점을 두는 방식이 그러하다(조준모 외, 2006).

11) 단체교섭을 비롯한 다양한 노동자참가제도의 필요성에 대해서는 이원희(2003)가 잘 정리해 놓고 있다.

또한 울산 지역의 많은 노사분쟁이 작은 데서 출발해서 크게 번지는, 수습이 불가능한 지경으로 빠져드는 모습을 보인 바 있는데, 이에 대한 대책 역시 필요하다. 현행 노동쟁의조정제도는 분쟁이 발생한 후 제3자가 개입하여 문제를 해결하는 방식인데, 이런 제도적 틀만으로는 부족하다는 것이다. 분쟁이 생기기 전에 당사자를 찾아 문제를 듣고 분쟁을 미연에 방지하는 게 더욱 바람직하다[12](다만, 단체교섭이나 쟁의행위는 민주주의의 시험장이기도 하므로 이들 권리에 대한 제약이 있어서는 안 된다). 따라서 영국이나 미국, 아일랜드, 뉴질랜드 등에서 활성화되고 있는 분쟁예방조정제도나 대체적 노동분쟁해결제도의 도입을 검토할 필요가 있다(서장권, 2003; Federal Mediation & Conciliation Service, 2004). 또한 사적조정의 활성화를 통해 분쟁당사자의 주장을 유연하게 조정하는 방안을 강구함직하다(도재형, 2003).

12) 분쟁 조정 제도의 다양성에 대해서는 John J. Bonsinore et als., 2006: 497-550 참조.

III

단체행동권

- 정치파업의 정당성을 소재로

1. 들어가며

단체행동권은 단결과 단체교섭을 뒷받침하는 최후수단으로 기능하며 따라서 단체행동권에 의한 지원 없이 단결이나 단체교섭이 원활하게 이루어지기는 어렵다. 보통 쟁의행위의 정당성 문제로 많은 논의가 이루어지고 있는데, 정치파업의 정당성 문제는 가장 첨예하게 의견이 엇갈리는 쟁점이다. 따라서 정치파업의 정당성을 인정할 수 있다면 그만큼 노동3권의 위력이 커지는 것이라 할 수도 있겠다.

보통 사용자에 대한 주장을 관철하려는 파업을 '경제파업'(산업적 파업)이라 부르고, 정부에 대한 주장을 관철하려는 파업을 '정치파업'이라 부른다. 정치파업의 특징은 주장 관철의 대상은 정부이면서도 파업에 따른 손해는 그 주장에 대하여 권한이 없는 사용자가 입는다는 데 있다(임종률, 2009: 219). 그래서 정치파업은 그 목적이 정당하지 않다고 손쉽게 생각하곤 한다.[1)] 이 글은 과연 그러한지를 짚어보려는 의도에서 출발한다. 현재의 실무와 학설을 살펴보고 우리가 따라가야 할 방향을 모색코자 한다. 우선 기사 두 꼭지를 소개하면서 얘기를 건네 보기로 한다.

이헌 시민과 함께 하는 변호사들(시변) 공동대표는 (2009년 10월) 14일 "공무원 노조가 민노총에 가입한 것은 '정치활동을 하고자 한다는 의사를 외부에 드러낸 것' 으로 볼 수 있다"고 말했다. 이 변호사는 이날 서울 정동 프란치스코 회관에서 열린 '공무원노조의 민노총 가입 어떻게 볼 것인가' 토론회에서 이같이 주장했다. 그는 "민노총이 공무원 단결권 등 노동기본권을 완전 쟁취하는 것을 기본과제와 규약으로 정하고 있기 때문에 공무원노조에 금지된 정치적 파업을 하려는 의사도 외부에 드러낸 것이라고 볼 수 있다"고 규정했다.[2)]

금속노조는 오는 (2007년 6월) 25~27일 2시간, 28일 4시간, 29일 6시간 파업을 벌인다는 계획이다. 또 금속노조는 사용자협의회와 지금까지 네 차례 중앙산별교섭을 벌이고 있지만 완성차 4사 등 대규모 사업장이 불참해 '교섭 결렬'을 선언해 놓고 있다. 금속노조는 7월초 중앙노동위원회에 '교섭결렬 조정신청'을 거쳐 11일경 '임단협 교섭결렬 파업 찬반투표'에 들어갈 예정이다. 이번 파업과 관련해 정갑득 금속노조 위원장과 이상욱 현대차지부장을 만나 이야기

---

1) 바로 이 점에서, "정치파업은 전형적인 단체행동권으로서 사용자를 상대로 하는 것은 아니지만, 사용자에게 정치적인 영향력을 촉구하는 노동조합의 단결활동으로 볼 수 있" 고, "순수한 정치권력을 지향하는 것이 아니라 근로관계에 영향을 미칠 수 있는 입법활동으로서의 정치적 목적은 단체행동과 단결권 행사를 당연히 정당화할 수 있는 것이어야 하"며, "사용자 역시 전혀 상관성을 갖는 않는 제3자로 볼 수는 없습니다. 입법으로부터 근로조건의 변화가 생긴다면, 그 변화를 주도하고 실행하는 것은 사용자이기 때문"이라는 권혁 교수의 지적(한국노동법학회 2010년 하계학술대회 자료집 <노동판례와 노동법> 81-82쪽)에 주목할 필요가 있다.

2) <민노총 가입자체가 정치파업 하겠다는 선언>, 뉴데일리, 2009년 11월 11일자, http://www.newdaily.co.kr/html/article/2009/10/14/ART34849.html (2009.11.11. 검색).

를 나누었다. 이들에 대한 인터뷰는 17일 오후 울산 현대차지부 사무실에서 열렸다. 다음은 정갑득 위원장과 인터뷰한 내용이다.

- 왜 파업을 해야 하는가?

"한미FTA가 궁극적으로 조합원들의 고용문제와 삶의 질을 파괴시킬 것이라는 확신을 갖고 있다. 조합 자체의 판단에다 그동안 한미FTA에 공동대응해온 전문가들 이야기를 들어보고 판단했다. 금속노조의 80%가 자동차산업 조합원인데, 자동차산업의 향후 경쟁력을 유지하는 데 있어 한미FTA는 큰 영향을 미친다. 조합원들의 삶의 질과 고용문제에 엄청난 영향을 미치기에 한미FTA를 저지하기 위해 파업하는 것이다."

- '정치파업'이라는 지적에 대해서는 어떤 생각인가?

"노동법 전문[3])에 보면, 노동조합은 노동자들의 정치·경제적 삶의 질을 향상하기 위해 만든다고 되어 있다. 노동자들의 정치·경제적 지위 향상을 위해서는 정치적 투쟁은 당연한 것이다. 과거 기업별 노조일 때 주로 사측이나 정부에서는 대기업 이기주의 형태라고 지적해 왔다. '노동귀족'이라는 말까지 했다. 노동귀족이라는 것은 대기업 중심의 조합원들에만 유리한 투쟁을 해왔다는 것을 의미한다. 그러나 실제는 그렇지 않았다. 비정규직과 고용문제 해결 등은 정치파업을 통해 요구해 왔다. 양극화 해소는 세계적인 화두다. 이것을 현실화하기 위해서는 필연적으로 필요한 것이 정치적 투쟁이다. 국가정책을 바꾸기 위해서는 필연적으로 해야 한다."[4])

---

3) 노동조합 및 노동관계조정법의 관련 조항을 말하는 것이라고 생각된다.

4) <정치파업? 생존권 지키기 위한 것이다>, 오마이뉴스, 2007년 6월 19일자,http://www.ohmynews.com/NWS_Web/view/at_pg.aspx?CNTN_CD=A0000417034 (2009.11.11. 검색).

기실 정치파업은 오랜 역사의 산물이다. 해방 후 모스크바 3상회의에서 우리나라에 대한 신탁통치가 의결되자 이를 반대한 파업이 일어난다(1945.12.31.~1946.1.2.). 1946년 9월의 총파업은 해방 직후 누적된 여러 모순이 식량위기로 불거져 나온 것인데, 9월 24일의 철도총파업은 경제적 요구와 함께 '북조선과 같은 민주주의 노동법령을 즉시 실시할 것'을 주장하였다(한국노동조합총연맹, 1979: 314, 320). 1996년말 국회의 노동법 날치기 통과에 항의하여 다음 해 3월까지 이어진 총파업의 경험은 지금도 생생하다. 2007년 한미FTA 저지를 위한 금속노조 현대자동차 지부의 파업 역시 그 연장선상에 있다. 항소심 법원은 한미FTA 반대 파업을 주도한[5] 노조 지부장에게 업무방해죄 위반으로 1년 6개월의 징역형을 선고하였다(3년간 집행유예).

법원(울산지방법원 2009.4.17. 선고 2008노404 판결)은 노동자의 쟁의행위가 형법상 정당행위가 되기 위하여는 ① 그 주체가 단체교섭의 주체로 될 수 있는 자이어야 하고, ② 그 목적이 근로조건의 향상을 위한 노사 간의 자치적 교섭을 조성하는 데 있어야 하며, ③ 사용자가 노동자의 근로조건 개선에 관한 구체적인 요구에 대하여 단체교섭을 거부하였을 때 개시하되 특별한 사정이 없는 한 조합원의 찬성결정 등 법령이 규정한 절차를 거쳐야 하고, ④ 그 수단과 방법이 사용자의 재산권과 조화를 이루어야 함은 물론 폭력의 행사에 해당되지 아니하여야 한다는 여러 조건을 모두 구비하여야 할 것이라는 판례법리(대법원 1998. 1. 20. 선고 97도588 판결, 대법원 2001. 10. 25. 선고 99도4837 전원합의체 판결 등)에서 출발한다. 그리고 이 전제에 의할 때 "피고인이 노조원들로 하여금 FTA 체결 저지를 위한 근로제공 거부를 하게 한 것은 노조가 정치활동의 하나로 국가기관으로

5) 실은 이밖에도 미국산 소고기 수입 반대 파업과도 연계가 되어 있어 항소심은 이 두 사건의 1심 판결(울산지방법원 2008. 6. 5. 선고 2007고단2101 판결, 울산지방법원 2008. 12. 11. 선고 2008고단2065, 1856, 2185 판결)을 병합하여 심리하였다.

하여금 일정한 행위를 하게 할 것을 목적으로 행한 것으로서 비록 관련제도의 실시로 인하여 노동자들의 지위나 근로조건의 변경이 필연적으로 수반된다 하더라도 노동관계 당사자인 사용자가 법률적, 사실적으로 처리할 수 있는 사항의 범위를 벗어난 이상, 그 목적의 정당성을 인정할 수 없고, 다음으로 절차적 정당성에 관하여 보건대, 2007. 6. 8. 개최된 중앙위원회에서 이 사건 파업을 위한 찬반투표 안건이 부결되었고, 이 사건 파업을 앞두고 금속노조 현대자동차지부 노조원들의 거센 반발이 있었음에도 이 사건 파업을 강행한 점으로 보아 이 사건 파업은 절차적 정당성을 갖추지 못하였음이 명백하고, 이 사건 파업이 2006. 10. 30.부터 11. 3.까지 전 조합원들을 대상으로 한미 FTA 반대를 위한 쟁의행위 찬반투표를 가결한 후 벌였던 파업과 그 사안이나 목적이 동일하다고 해서 위 노조원 찬반투표가 이 사건 파업에 관한 노조원 찬반투표라고 볼 수는 없"어 정당하지 않다는 것이다.

그렇다면 과연 이 사건에 대해 대법원은 어떻게 판결해야 옳을까, 그 올바른 해답을 찾고자 하는 게 연구자의 문제의식이다.

2. 학설

판례법리를 구체적으로 보기 전에 먼저 정치파업의 정당성 여부에 관한 학설을 짚어볼 필요가 있겠다.[6] 이 작업은 판례법리를 이끄는 기능을 할 것이기 때문이다. 이 문제에 관하여 종래 학설은 둘로 나누인다. 하나는 정치파업은 그 추구하는 목적이 정당성을 가

6) 외국에서의 논의는 이승욱/조용만/강현주, 2000 참조. 외국의 기초적인 문헌으로는 ILO, 2006과 Bernard GERNIGON, Alberto ODERO and Horacio GUIDO, 1998을 들 수 있다.

지지 않는다고 보는 견해(정치파업 위법설)이고, 다른 하나는 정치파업은 그 목적이 근로조건의 향상을 위한 것인지 여부에 따라 정당성 여부를 판단해야 한다는 주장(정치파업 이분설)이다.7)

정치파업 위법설을 주장하는 대표적인 학자는 김형배 교수이다. 김교수는 "쟁의행위의 목적은 업무의 정상적인 운영을 저해하면서까지 사용자에게 당해 쟁의행위의 필연적 결과를 감수하도록 할 수 있는 것이어야 하므로, 넓은 의미의 노동조합활동의 목적과는 구별되어야 하며, 또 사용자가 직접 법률적으로나 사실적으로 처리할 수 없는 것을 요구하는 것은 쟁의행위의 정당한 목적의 범위 내에 포함될 수 없다. 따라서 단순히 정부관료의 퇴진을 주장하거나 특정법령의 제정에 반대하는 것을 목적으로 하는 정치파업은 정당하지 않다"고 한다. 헌법의 단결권 조항이 단체교섭을 중심으로 한 노사의 협약자치를 위한 법적 기초를 마련해준 것이어서 쟁의행위권 역시 단체교섭이 실질적으로 기능하도록 하는 권리로서 보장된 것이라는 데서 출발한다(김형배, 2009: 820-821).

정치파업 이분설은 다수의 학자가 주장하는 견해인데 예컨대 임종률 교수가 그러하다. 임교수는 쟁의행위권의 성격 자체에 대한 검토에서 출발 한다: "쟁의권이 단체교섭을 촉진하거나 유리하게 타결하기 위한 수단으로서만 보장된 것이라고 단정할 수 없다. 헌법 제33조는……쟁의권(단체행동권) 행사의 목적을 '근로조건의 향상'(이것과 불가분의 관계를 가지는 노동기본권의 개선 포함)으로 한정하고 있다. 그런데 헌법 제32조는 국가가 적정임금을 보장하도록 노력해야 하고 근로조건의 기준을 법률로 정하며, 여자와 소년의 근로를

---

7) 일본에서는 오래 전부터 전면적 긍정설을 주장하는 학자들이 적지 않았다. 그 주된 근거는 단체행동권을 보장한 역사적 의의(노동자의 생존적 요구와 그 실현), 정치와 경제의 밀접한 관계, 대중적 의사표현방법이라는 데 있다(오문완, 1986: 25-29).

특별히 보호하도록 규정함으로써 근로조건의 향상이 단체교섭만이 아니라 국가의 입법이나 정책결정 등을 통해서도 실현될 수 있음을 예정하고 있고, 실제로도 근로조건은 입법이나 정책결정에 따라 크게 영향을 받고 있다.......따라서 단체교섭을 통한 근로조건의 향상은 물론, 입법 등을 통한 근로조건의 향상도 쟁의행위의 정당한 목적이 될 수 있다고 보아야 한다."(임종률, 2009:220).

그렇기 때문에 파업의 목적을 잘 살펴보아야 한다는 것이다. 정치파업이라도 특정 국가와의 외교관계 단절 등을 요구하는 경우처럼 근로조건의 향상과 무관한 '순수정치파업'은 그 목적이 정당하다고 볼 수 없지만, 노동법 개정 등 근로조건의 향상을 관철하려는 '경제적' 정치파업은 정당한 것으로 귀결된다. 다만, 경제적 정치파업이라도 사용자는 제삼자라는 점이 문제가 된다. 권한 없는 제삼자에게 손해를 주는 행위는 긴급피난의 경우를 제외하고는 허용되지 않는다는 것이 시민법의 기본원리이고 노동법이 이를 폐기·수정할 이유가 없기 때문이다. 그 때문에 경제적 정치파업은 사용자에게 주는 손해를 최소화하는 방법, 즉 그 정치적 주장을 시위하기 위하여 필요한 가장 짧은 시간 동안의 파업으로 그치는 방법이어야 전체적으로 정당성을 가지게 된다고 한다.[8)]

그런데 최근 국내학자 중 정치파업의 정당성을 전면적으로 긍정하는 견해가 등장하여 주목할 필요가 있다. 강희원 교수가 이러한 주장을 하고 있다: "파업이 역사적으로 가질 수밖에 없는 목적과 노동3권의 성격과의 관계, 혹은 단체행동권의 역사적 의미라는 점에서 생각해보면, 그것의 보장에는 정치파업이 결코 제외되어서는 아니 된다. 원래 파업은 개개인으로는 무력한 노동자가 단결하여

8) 이 점에서 정치파업이분설이나 위법설의 실질적 차이가 큰 것은 아니라고 한다(임종률, 2009: 221). 그리고 바로 이 점이 다수학자(예컨대 김유성, 1999: 232)와 생각에 차이를 보이는 부분이다.

그 공통의 요구를 실현하려고 하기 위해 취하는 행동의 전통적 형태이다. 따라서 그 목적은 노동자가 어떠한 요구를 가질 수밖에 없다고 하는 것, 자본주의의 발전의 과정, 노동자가 처한 상황, 그 속에서 형성된 노동자의 의식이나 단결의 역량 등의 조건에 의해, 스스로 역사적으로 정해지게 된다. 노동자는 노동력을 팔아 얻는 임금에 의해, 생활할 수밖에 없다. 그렇기 때문에, 노동자의 자연발생적 운동에서 생긴 노동조합에 있어서는 자본에 대항하여 임금 기타의 노동조건을 끌어올리는 것이 최초의 직접적 기초적인 요구로 된다. 따라서 이러한 문제와 이것과 관련하여 단결승인, 조합보장 등을 요구하는 파업이 현재까지 계속되고, 가장 많이 존재하는 것은 당연하다.

노동자의 생존적 요구와 그 실현을 위한 파업은 필연적으로 평화와 민주주의의 문제를 포함하는 정치적 목적에도 미칠 수밖에 없다는 것은 이론적으로 확인될 뿐만 아니라, 역사적으로 증명된 바이다. 단체행동권은 노동자의 요구실현을 위한 것이고, 사회의 움직임 속에서 역사를 배경으로 하여 실체가 보장되었다고 하는 점에서 노동조합이 정치에 관한 목적도 가질 수 있다. 노동3권의 성립과정에 비춰볼 때, 자본주의사회에서 노동자의 필연적 요구로 되고 있는 정치적 목적을 배제하는 것은 노동3권의 역사적 의미에서는 옳지 않다. 오히려 우리 헌법이 보장하고 있는 단체행동권의 보장에는 이러한 단결목적달성을 위한 정치파업을 포함하고 있다고 해석하는 것은 정치적으로 필연적인 것이 아닌가 한다."(강희원, 2010: 209-210).[9]

9) 박제성 박사는 "정치 파업이 노조법 소정의 '쟁의 행위'에 해당한다면 그것은 그 행위의 적법성이 추정된다는 것을 의미하며(권리 행사기 때문에), 다만 남용된 경우에만 문제가 될 수 있을 뿐"이라고 얘기하고 있는데(박제성, 2008), 같은 생각을 밝힌 것이라 이해할 수 있겠다.

3. 판례

법원의 태도를 보기에 앞서 먼저 노동행정 주무부처인 노동부의 입장을 보자. 노동 실무에서 같은 방향으로 나가고 있는지를 파악할 필요가 있기 때문이다. 노동부는 '단체교섭 대상사항'에 관하여 "단체교섭은 근로조건 등 노동자의 처우에 관한 노사 간의 협의 성립을 목적으로 하므로 교섭사항은 사용자가 처분가능한 사항에 국한"된다면서 '순수한' 정치문제나 타기업의 문제 등을 교섭사항으로 할 때 이를 거부하는 것은 단체교섭 거부에 해당하지 않는다고 밝히고 있다(노동부, 2002: 140). 그런데 이러한 해석 태도는 시사하는 바가 크다. '순수하지 않은' 정치문제는 '사용자가 처분가능'하고 교섭 대상, 더 나아가서는 파업 대상으로 파악하는 것이라고 이해할 수도 있을 것이다.[10)]

판례는 그 목적이 근로조건의 향상을 위한 '노사간의 자치적 교섭을 조성'하는 데 있어야 한다는 전제를 계속해서 밝히고 있다(대법원 1998. 1. 20. 선고 97도588 판결, 대법원 2001. 10. 25. 선고 99도4837 전원합의체 판결 등). 그러면 구체적으로 그 의미는 어떠한 것인지 2006년말 노동법 개악 반대 파업으로 문제가 된 호남석유화학(주)의 사례를 검토해 보기로 하자.

---

10) 그런데 노동부가 진정 그렇게 판단했다고는 생각되지 않는다. 단체교섭은 근로조건 등 노동자의 처우에 관한 '노사간의 협의 성립'을 목적으로 하므로 교섭사항은 사용자가 '처분가능한 사항'에 국한된다는 얘기를 하면서, 정치파업이나 동정파업은 교섭사항이 아니라는 것을 예시한 데 지나지 않는다고 보이기 때문이다. 그러나 그 예시가 오해의 소지가 크다면 그 역시 큰 문제인 것은 분명하다.

1) 사건의 개요

이 사건은 호남석유화학(주)이 노동법 개악 반대 파업을 주도한[11] 노조 위원장을 해고한 데 대하여 해고된 노조 위원장(원고)이 부당해고 구제신청(소송)을 청구하여 문제가 된 것인데, 그 일련의 과정은 다음과 같다.

① 국회는 1996. 12. 26. 06:00경 제182회 임시회 제1차 본회의를 개의하고 신한국당 소속 국회의원 155명만이 출석한 가운데 노동조합 및 노동관계조정법, 근로기준법 중 개정법률, 노동위원회법 중 개정법률, 노사협의회법 중 개정법률 등을 상정, 표결을 거쳐 가결되었음을 선포하였고, 같은 달 31. 위 개정 법률들(이하 '노동관계법')이 공포(시행일 1997. 3. 1.)되었다. 그런데, 정치권뿐만 아니라 노동단체, 학계, 법조계, 시민단체 등 국민 대다수는 위와 같은 노동관계법의 국회 통과절차가 국회법이 정한 절차를 거치지 아니한 채 이루어졌고, 그 주된 내용이 공무원과 교원의 노동3권 부정, 복수노조의 허용 유예, 제3자 개입금지조항의 존치, 쟁의기간 중 대체근로의 허용, 노조전임자에 대한 임금지급금지, 변형노동시간제 및 정리해고제의 도입 등 노동자들에게 지나치게 불이익하여 위 법률들은 모두 무효이거나 재개정되어야 한다고 주장하면서 항의집회, 전국적인 파업 전개, 시국선언발표, 헌법재판소에의 위헌제청, 권한쟁의심판제기 등의 다양한 방법을 통하여 이에 거세게 반발하였다(그 결과 위 노동관계법은 결국 시행되지

---

11) 이밖에도 신인사제도에 대한 반대를 위한 본사 방문 과정의 문제, 그리고 이로 인한 회사 대표에 대한 명예훼손 등이 겹쳐 사건화되었다.

못하고 1997. 3. 13. 재개정되어 공포되었다).

② 한국노총은 1996. 12. 16.경 산하 노동조합에 대하여 노동관계법 개정과 관련하여 파업을 실시할 것인지 여부를 결정한 후 상급단체에 그 결과를 보고하라고 지시하였고, 그에 따라 호남석유화학(주) 노동조합은 같은 날 15:00경 조합원들을 대상으로 파업 찬·반 투표를 실시한 결과 96.3%가 파업에 찬성하였다.

③ 회사는 노동조합의 이러한 파업 움직임에 대하여 원고에게 노동관계법 개정은 호남석유화학(주) 노사 간의 분쟁과는 무관한 사항이므로 단체협약 및 법적 테두리를 벗어난 조합활동을 자제하여 줄 것을 촉구하는 공문을 보냈다.

④ 한국노총 여천지부 산하 22개 노조 위원장들은 노동관계법이 위와 같이 국회에서 통과된 1996. 12. 26. 17:00경 여천지부 사무실에 모여 같은 달 27.부터 무기한 연대총파업에 들어가기로 결의한 다음 각 단위노조에 '1996. 12. 27. 예정대로 파업을 하오니 각 단위사업장은 상급단체의 지시에 따르라'는 공문을 보냈다.

⑤ 원고는 1996. 12. 27. 14:00경 일근근무자(장비점검, 수리 등 생산지원업무를 담당하며 근무시간은 08:00부터 17:00까지이다) 122명 및 교대근무자 중 오후, 저녁근무자[호남석유화학(주)의 근무형태는 1일 3교대제로서 오전근무자는 07:00부터 15:00까지, 오후근무자는 15:00부터 23:00까지, 저녁근무자는 23:00부터 다음 날 07:00까지 근무하도록 정해져 있다] 80여명이 참가한 가운데 공장 정문 앞에서 노동관계법의 날치기 통과 반대, 노동악법 철폐 등을 내용으로 한 파업선언문 및 결의문을 낭독하고 파업출정식을 가진 다음 파업참가자들과 함께 회사

내로 들어 와 노동가를 부르고 구호를 외치는 등 집회를 계속하다가 21:30경 자진 해산하였다(참가인회사는 파업이 진행되는 동안 두 차례에 걸쳐 파업을 중단하고 즉시 업무에 복귀할 것을 촉구하였다).

⑥ 원고는 석유화학공장의 특성상 공장가동을 즉시 중단할 경우 화재 및 폭발의 위험성이 있는데다가 정상적인 경로로 공장가동을 정지시켰다가 재가동하는 데도 준비작업으로 최소한 3일이 소요되는 점을 고려하여 가급적 생산에 차질이 없는 범위 내에서 파업을 실행하기로 결정하고, 오전근무자들로 하여금 오후근무자들이 파업에 참가할 동안에는 교대시간 이후라도 근무를 계속하도록 지시하였으며 파업에 참가한 일근근무자들에게도 필요에 따라 작업에 복귀하여 수시로 장비점검을 해 주도록 조치하였고, 이에 교대근무자들이나 일근근무자들이 자발적으로 응해 주었기 때문에 일근근무자 및 오후근무자들이 노무제공을 중단한 이 사건 파업으로 인하여 참가인회사의 생산이 중단되거나 생산량이 감소하지는 않았다.

⑦ 원고는 파업이 장기화되어 공장가동이 중단될 경우 회사는 물론 조합원들에게도 피해가 확산될 것을 우려하여 이 사건 파업 이후로는 한국노총에서 지시한 무기한 연대파업에 더 이상 동참하지 아니하였고 그에 따라 조합원 전원이 생산작업에 복귀하였다.

⑧ 회사는 그 후 이 사건 파업으로 시간외근무를 하였던 오전근무자들 58명에게 연장근로수당 합계 금 3,686,747원을 지급하였으며, 월급제 노동자인 일근근무자들에게 근로제공을 하지 아니한 파업참가시간에 상응하는 임금 합계 금 2,410,191원을 공제하지 아니한 채 월급을 지급하였다.

⑨ 회사는 원고가 노동조합 위원장직을 사퇴한 지 7개월 남짓 지난 1997. 12. 30. 원고를 징계위원회에 회부하고 1998. 1. 5. 징계혐의사실을 이유로 원고에 대한 징계면직을 결정하였으며, 원고의 징계재심신청에 따라 징계위원회의 의결을 거쳐 1998. 4. 14. 원처분(징계면직)을 확정하였다.

2) 판정과 판결

(1) 지노위

전남지방노동위원회(전남지노위 1998.5.20. 판정 1998부해44)는 일반적으로 쟁의행위가 정당성을 갖추려면 주체, 목적(내용), 절차, 수단 등 제반사정을 고려하여야 하는데, 신청인이 주도한 파업은 "목적에 있어서 노동법개정 반대는 쟁의의 대상이 될 수 없음은 상론할 여지가 없"으며, "정당성이 없음에도 상급단체의 파업지시가 있었고 조합원 다수가 원했다 하여 불법파업을 주도한 노동자 귀책사유는 인정되어야" 할 것이라면서도, 면직처분은 지나치다는 이유로 신청을 인용하였다.

(2) 중노위

이에 회사가 불복하여 재심을 신청하였고, 중앙노동위원회(중노위 1998.8.26. 판정 1998부해212)는 "피신청인이 노동조합장으로 재직중이던 1996. 12. 노동법 개정과 관련 피신청인은 소속조합원을 규합하여 위 법개정 반대 파업을 신청인 회사 내외에서 주도하였음이 인정되고 달리 반증이 없다. 그러하다면 이는 나라의 공권력에 대하여 저항하였다고 보는 것이 상당하다 하겠고 나라에 대한 저항권 행사는 개별헌법 조항에 대한 단순한 위법이 아니라 민주적, 법치국가적 기본질서나 기본권 보장의 체계에 대한 중대한 침해가 행해짐으로써 그 질서체계가 부인되는 경우이고, 공권력의 행사가 불법이라는 것이 객관적으로 명백하고 헌법이나 법률에 규정된 일체의 법적 구제수단이 이미 유효한 수단이 될 수 없는 경우로서 민주적·법치국가적 기본질서를 수호하기 위한 최후수단으로 저항권의 행사만이 남아있다고 판단되는 경우라야 저항권을 행사할 수 있다고 할 것인바, 노동관련 법률의 개정에 대한 국회의 의결절차상의 하자, 개정법률의 내용상의 위헌등은 헌법소원 등 유효한 법적구제수단이 헌법 또는 법률에 존재하는 이상 이 사건 파업이 저항권의 행사라고도 볼 수 없다 하겠으니(대전고등법원 판결 1998. 2. 20, 97나5372) 위법임이 명백하고, ... 피신청인이 파업할 기미를 보이자 신청인은 사전에 만류를 하였음에도 피신청인이 파업을 단행하자 신청인은 피신청인에게 파업을 즉각 중단하고 업무에 복귀토록 경고하였음에도 피신청인은 회사 내외에서 파업을 강행함으로써 신청인의 업무를 방해하고 기강을 문란케 하였으며, 상당한 정도의 금전적 손실을 초래케 함으로써 사규를 위배하였음이 인정된다 하겠고, 달리 반증이 없음에도 피신청인은 노동법개정과 관련한 파업은 초법적이고 상부의 지시를 따랐을 뿐으로 스스로에게는 잘못이 없다고 항변하나, 피신청인의 위 주장이 스스로의 잘못에 대한 면책사유가 될 수는 없다 하겠고, 단체협약 제57조를 위배하여 경영질서를 문란케 하고 신청인의 업무를 방해하여 상당한 정도의 금전적 손해를 입게 한 비위가 인정되므로 이 사건 해고는 정당한 조치라고 인정하였다.

(3) 1심 법원 이후

중노위 판정에 불복한 원고는 서울행정법원에 소송을 제기하였는데, 법원(서울행정법원 1999.8.19. 선고 98구19178 판결)은 일응 파업의 정당성에 관한 종래의 판례법리를 따르고 있다. 즉, "구 노동쟁의조정법(1997. 3. 13. 법률 제5310호 노동조합 및 노동관계조정법의 제정에 따라 폐지되기 전의 것) 제3조에 규정된 파업 등 쟁의행위는 노동관계 당사자가 그 주장을 관철할 목적으로 행하는 행위로서 여기에서 그 주장이라 함은 같은 법 제2조에 규정된 임금·노동시간·후생·해고 기타 대우 등 근로조건에 관한 노동관계 당사자간의 주장을 의미한다고 볼 것이므로 위와 같은 근로조건의 유지 또는 향상을 주된 목적으로 하지 않는 쟁의행위는 구 노동쟁의조정법상의 쟁의행위에 해당하지 않는다고 보아야 할 것(대법원 1991. 1. 29. 선고 90도2852 판결 참조)"이라면서, 이 사건 파업은 "주로 국회에서 통과된 노동관계법의 무효화 및 재개정 등을 요구한 것으로서 근로조건에 관한 주장을 관철하기 위한 것이 아닌데다가 그 상대방도 노사관계의 당사자인 참가인회사가 아닌 국가에 대한 것"이었으므로 구 노동쟁의조정법상 쟁의행위에 해당하지 아니하는 불법 쟁의행위임이 분명하고, 따라서 노동조합 위원장의 파업 주도 행위는 "단체협약 제11조 제1항, 인사규정 제30조 제1, 2호 등을 위반한 것으로서 참가인회사의 정상적인 운영을 저해하고 참가인회사에게 재산상 불이익을 초래케 한 비위사실에 해당한다 할 것(참가인회사가 이 사건 파업 이후 참가노동자들에게 파업 기간 중의 임금을 지급하였다는 사정만으로는 원고에 대하여 파업에 관한 일체의 책임을 면제하였다고 보기는 어렵다)"이라고 밝히고 있다.

그러면서도, 해고의 효력은 부인하고 있는데, 그것은 징계권의 남용이기 때문이라는 것이다. 우선 원고의 파업 주도와 관련해서 회사가 징계권을 남용했다는 근거로는 다음 다섯 가지를 들고 있다: "① 비록 이 사건 파업이 사용자를 상대로 근로조건의 유지 또는 향상을 도모하기 위하여 행해진 것이 아니었다고는 하나, 노동관계법은 노동자 내지 노동조합의 경제적 이익과 밀접하게 관련된 것이므로 노동관계법의 폐지 내지 재개정을 요구하는 것은 순수한 정치적 목적의 쟁의행위와는 구별되는 측면이 있는 점, ② 노동관계법이 국회에서 변칙적인 방법으로 통과됨에 따라 당시 이에 대한 광범위한 사회적 반대 움직임이 확산되고 있었던 데다가 소속상급단체인 한국노총에서도 참가인회사 노동조합을 포함한 각 단위노조의 의견을 수렴하여 노동관계법 개정에 반대하는 무기한 연대파업에 돌입하도록 결의함에 따라 그 일환으로 이 사건 파업에 이르게 되는 등 원고가 이 사건 파업을 주도하게 된 경위에 참작할만한 사정이 엿보이는 점, ③ 원고는 파업 도중 폭력과 파괴행위를 동원하지 않고 참가인회사의 생산에 가급적 피해를 주지 않도록 다각적인 방법을 강구하였고 그 결과 이 사건 파업으로 인하여 참가인회사의 생산이 중단된 바는 없는 점, ④ 원고는 파업의 장기화로 인한 손해를 우려하여 한국노총이 당초 지시한 무기한 파업에까지는 이르지 않고 단 하루 만에 파업을 종결하였던 점, ⑤ 참가인회사는 파업참가노동자들에게 파업기간 중의 임금을 전액 지급하였을 뿐만 아니라 파업 이후 이 사건 해고에 이르기까지의 1년 이상의 기간 동안 원고의 파업 주도 행위에 관하여 별달리 문제 삼지 않았던 점"이 그러하다.

또한 근무지 이탈 등과 관련하여, "⑥ 원고가 참가인회사 본사를 항의방문한 행위는 비록 그것이 사전에 회사의 승인을 받지 아니한 것이고 그 과정에서 참가인회사의 직장질서가 다소 문란해졌다고 보여지기는 하나, 그 주된 목적이 신인사제도 시행에 반발하는 다수 조합원들의 의사를 반영하여 이를 시정하여 줄 것을 요구하는 것으로서 기본적으로 근로조건의 유지·개선 등을 향상시키기 위한 것으로 여겨지는 점, ⑦ 참가인회사는 신인사제도 도입에 반대하는 노동조합과의 갈등을 원만히 수습하려는 노력을 기울이지 않고 대화의 장을 마련하겠다는 약속도 이행하지 않았을 뿐만 아니라 본사를 방문한 원고 등에게 폭언을 하고 폭행하는 등 오히려 사태를 더욱 악화시킨 측면이 있는 점, ⑧ 이 사건 항의방문을 통하여 미흡하나마 참가인회사와 노동조합 간에 신인사제도 도입에 관한 노사협의구성체를 신설하는 것에 관하여 합의를 도출하게 되었던 점" 등에 비추어 볼 때, "원고의 비위사실이 원고와 참가인회사 사이의 근로계약관계를 지속케 하는 것이 현저히 부당하다고 인정될 정도의 중대한 귀책사유에 해당한다고 보기는 어렵다 할 것"이고, 따라서 이 사건 해고는 정당한 이유 없이 징계재량권을 남용하여 이루어진 것으로서 부당하다는 것이다.

서울행정법원의 판결법리는 2심(서울고등법원 2000.5.18. 선고 99누11686 판결)과 3심(대법원 2002.4.26. 선고 2000두4637 판결)에서도 유지되었다.

3) 사안(판결)의 검토

그렇다면, 호남석유화학(주) 사건에서 보여준 법원의 해석 태도는 어떻게 이해하여야 할까?

이 판결을 정치 파업 이분설에 가까운 태도라고 읽기도 한다. "노조법 제2조 6호에 대한 관행화된 해석례를 충실히 따르고자 하면서도 '성공한 정치 파업'(파업의 결과 노동법이 재개정됐으므로 이렇게 말해도 무방할 것)을 마냥 불법으로 단죄하기 난처한 딜레마를 보여 주는 판결"(박제성, 2008)[12]이라는 것이다.

그러나 그 정도까지의 의미 부여는 아직 이른 듯하다. 법원의 거의 모든 판결에서 읽을 수 있는 법리는 법의 해석을 통해 판결을 도출하는 '법률요건(법의 해석)→법률효과(판결)'이라는 방식이 아니라 그 역의 방식 즉 결론을 내려놓고 논리를 짜 맞춰 가는 '법률요건(법의 해석)←법률효과(판결)' 방식[13]이고, 이 사건 판결 역시 또 하나의 귀결이라고 읽히기 때문이다. 다시 말하자면 이 사건 해고는 지나친데 그 지나치다는 법리를 구성하기 위해 다양한 변명거리를 구상한 결과일 뿐이라는 것이다. 좀더 적극적인 평가를 하자면, 법원은 기본적으로 정치파업은 부당하다고 보면서도 순수한 정치파업과 경제적 정치파업을 구분하는 이분설을 채택하려는 움직임을 보이고 있다고는 정리할 수 있겠다.[14]

---

12) 또한 박제성 박사는 부산지방법원 1997. 2.26. 선고 97카기95 결정은 "정치 파업이라고 해서 곧바로 위법한 것이 아니라 '예외적인 사정'이 있는 경우에는 적법할 수 있음을 내비친" 결정이라고 평가한 바 있다. 그러나 꼭 그렇게 읽을 수 있을지는 의문이다. 부산지법은 결정문에서 "노동자들이 근로 조건에 관한 요구가 아닌 정치적 목적을 관철하기 위해 파업을 벌일 권리(이른바 정치파업권)를 인정하여야 한다는 취지의 일부 주장이 있음은 사실이나, 그러한 견해를 취할 경우에도 일정한 요건하에 제한적으로 인정하자는 것이지 무제한적으로 정치파업권을 인정하자는 취지는 아니라고 보이는바, 이 사건에 있어서는 그러한 일정한 요건에 관한 소명 또한 부족하다고 생각되므로 이와 같은 일부 견해가 있다 하여 달리 판단할 필요는 없는 것"이라고 하고 있기 때문이다.

13) 물론 법의 해석이라는 게 고정되어 있는 게 아니라 사실관계와 끊임없는 대화의 결과물이라는 것은 이미 소개한 바 있는데(오문완, 2004d), 그런 차원에서는 이 판결 역시 이해 못할 바는 아니다.

14) 그런데, 좀더 솔직한 느낌은 이 정도 평가도 과장이 아닐까 싶다. 노동법 개악 반대 파업과 관련하여 종래의 기본공식에 따라 (고용안정 및) 노동법 개정 저지를 위한 파업은 정당하지 않다고 하거나(대법원 2001. 11. 27. 선고 99도4779 판결; 대전고등법원 1998.2.12. 선고 97나5372 판결 - 대법원 1998.5.12. 선고 98다11840 결정으로 심리불속행 기각 확정), 노동법 개악 반대 파업은 "근로 조건에 대한 주장을 관철하기 위한 것도 아니고 그 요구의 상대방도 사용자가 아니라 국가"이므로, 노조법이 말하는 쟁의행위에 해당되지 않고, 1996년말의 노사관계법이 '위헌'이라 하더

4. 나오는 글

과연 정치파업의 정당성을 어떻게 보아야 할까? 최근 우리나라에서도 그 정당성을 긍정하는 참신한 이론이 등장하고 있지만 기본적으로 이분설이 타당하다고 생각된다. 그 이유는 이러하다.

먼저 그 정당성을 부정하는 견해는 정치와 경제를 완전히 분리하는 데서 출발하고 있는데 그 전제가 이제는 통하지 않는다. 노동조합의 활동이라는 게 정치적인 경우라고 해도 궁극적으로는 경제문제의 해결을 위한 것이지 정치활동 자체를 목적으로 하는 것이라고 보기는 어렵다. 이러한 의미에서는 정치파업은 그 본질이 노동조합의 경제활동이라 하겠다. 형식적인 정치 목적, 경제 목적이라는 구별은 곤란하다.

다음으로 그 정당성을 전면적으로 긍정하는 견해는 정치와 경제의 불가분성을 전제로 하는데 역시 그 전제에 문제가 있다. 경제와 정치가 밀접하다고는 해도 각각 상대적으로 독자적인 원리를 지니고 있다. 그리고 양자의 밀착이라는 것을 모두 법적 범주로 수용할 수 있는 것도 아니고, 그 밀착의 규범적 의의를 따지는 것이 노동법의 본령이다.

따라서 현재로서는 이분설을 취할 도리밖에 없어 보인다. 즉 현대사회에서 정치와 경제의 밀접한 관련성을 인정하면서도 이를 온전히 하나라고 보기는 어렵다는 한계 역시 인정해야 한다는 것이다

라도, 노동자들로서는 헌법재판소에 헌법소원을 제출하는 방법 등에 의하여 이를 시정하거나, "사용자와의 근로계약을 위반하지 아니하는 범위에서 집회나 시위를 통해 자신들의 의사를 표시할 수 있도록 헌법상 보장되어 있는바, 신청인이 위와 같은 헌법상 보장된 적법한 구제절차에 의하지 아니하고 사용자와의 근로계약도 무시한 채 이 사건 파업을 벌일 수밖에 없었던 예외적인 사정이 있었는가에 대하여는 이를 인정할 만한 소명이 제출되어 있지 아니하"므로 위 헌제청을 할 수 없다고 판시(부산지방법원 1997. 2.26. 선고 97카기95 결정)하고 있기 때문이다.

(오문완, 1986: 17-45). 다수의 학자와 같이 연구자 역시 이분설이 타당하다고 생각한다. 그리고 이들 견해의 기본적인 차이는 노동삼권 상호관계를 어떻게 이해하느냐 하는 데서 출발한다는 데 주목할 필요가 있다. 단체교섭권을 중심에 둔 유기체적인 존재로 이해한다면[15]부정설에 이르게 되고, 노동3권을 별개의 권리로 이해하거나[16] 단체교섭권을 중심에 두면서도 느슨하게 연계된 조직체를 상정한다면[17] 이분설을 취할 수 있게 된다.

그렇다면 문제는 정당하다고 인정되는 경제적 정치파업이 어디까지인가 하는 데 있다. 그리고 결론은 헌법을 정점에 둔 규범체계에서 찾을 수밖에 없다. 헌법은 '근로조건의 향상을 위하여'(제33조) 노동3권을 부여하고 있다. 노조법은 '근로조건의 유지 · 개선과 노동자의 경제적 · 사회적 지위의 향상을 도모하기 위'한 법(제1조 목적조항)인데, '근로조건의 결정에 관한 주장의 불일치'로 인하여 발생한 분쟁상태인 노동쟁의(제2조 5호)를 조정하려 하고, 노동관계 당사자는 '그 주장을 관철할 목적'으로 쟁의행위를 할 수 있다고 한다(제2조 6호). 이들 규범을 종합해볼 때 쟁의행위로서의 파업은 '근로조건의 향상을 위하여' 하는 것인데, 이를 좀더 구체화하자면 '근로조건의 결정'을 포함하여 '근로조건의 유지 · 개선과 노동자의 경제적 · 사회적 지위의 향상을 도모하기 위'해 행하면 정당한 파업이고, 그 정당한 파업은 형사면책(노조법 제4조), 민사면책(노조법 제3조)이라는 법률효과를 누리게 된다고 정리할 수 있겠다.

구체적으로 '경제적' 정치파업이 무얼 의미하는지는 판결의 집적을 기다릴 수밖에 없겠지만, 일응의 기준은 정치 문제가 해결되면

15) 김형배 교수는 "헌법의 단결권 조항이 단체교섭을 중심으로 한 노사의 협약자치를 위한 법적 기초를 마련해준 것"이라고 밝히고 있다.
16) 강희원 교수가 이 입장에 서 있는 듯하다(강희원, 2010: 216-220).
17) 임종률 교수 등 다수 학자는 이 견해를 지지하는 듯하다.

경제 문제도 해결되는 상당성(상당인과관계)이 인정된다면 그 파업은 정당하다고 판단할 수 있겠다.

그런데 정치파업과 관련한 법원의 태도는 대단히 모순적이다. 몇 가지 사례에서 읽을 수 있듯이 우리 법원은 형사 문제(업무방해죄)가 되면 정치파업을 부정적으로만 대하려고 하면서, 민사 문제(해고의 정당성)에서는 조금의 여지를 남겨 두려고 한다. 그러나 이러한 태도는 가치의 전도라고밖에는 이해할 도리가 없다. 정치파업은 기본적으로 노동자의 노무제공 거부의 자유로서 정당화되는 것이고, 파업 그 자체에 대해 형벌을 과하는 것은 인간의 생래적인 자유를 침해하고, 헌법의 노동3권에 대한 억압, 강제노동을 인정하는 것이나 마찬가지이기 때문이다. 또한 표현의 자유에 대한 침해 문제도 생긴다. 따라서 파업이 정당하다면 형벌로서 부터는 해방이 되어야 한다. 경제적 정치파업으로 사용자에게 손해가 생길 때 이를 민사 책임의 문제로 제기하는 것은 별론으로 하고, 굳이 업무방해로 문제삼을 이유는 없기 때문이다.18)

문제는 경제적 정치파업이 정당하다고 인정될 때에도 임종률 교수가 제기하는 문제는 여전히 남는다는 데 있다. 사용자는 애꿎게 불이익을 당해야 하느냐 하는 의문이다. 국가의 법질서이니까 어쩔 수가 없다거나 고도의 자본주의사회에서 '정치=경제'라는 식으로 답을 할 수는 있겠다. 하지만, 그렇게 정리하기는 어렵다. 쟁의행위의 민사적 측면은 노동자의 권리와 사용자의 조업의 자유를 어떻게 조정할 것인가의 문제로 귀결되기 때문이다. 결국은 사용자로 하여금 경제적 자유의 제한을 어느 선까지 받아들이도록 할 수 있는가 하는 게 문제가 되고, 그것은 쟁의행위의 목적과 행태를 비교형량

---

18) 이 점에서 우리 형법의 업무방해죄는 원초적인 문제점을 안고 있고 이 문제를 이론적·입법적으로 해결하려는 시도가 활발하다(도재형, 2010).

하여 결정할 수밖에 없고, 형사면책에서보다는 더 제약을 받기 마련이다. 그 구체적인 범위는 각 사안마다 개별적으로 내려지겠지만 (결국 판결의 집적이 필요하다) 손해액의 산정 문제, 인사권(해고권)의 남용법리, 부당노동행위 법리 등의 적용과 연계되어 논의될 것이다.

결론적으로 2007년 한미FTA 저지를 위한 금속노조 현대자동차 지부의 파업은 경제적 정치파업이다. 그 이유는 한미FTA가 궁극적으로 조합원들의 고용문제와 삶의 질을 파괴시킬 것이라는 확신을 가지고 있었고(그리고 상당성이 인정된다), 그 때문에 이를 저지하는 파업은 정치의 외면을 갖고 있지만 그 내면은 경제적인 것이라고 볼 수 있기 때문이다. 따라서 이 파업은 정치파업 이분설에 의거하여 정당성을 인정하여야 하고 업무방해죄의 죄책을 물어서는 안 된다. 그리고 민사면책 역시 인정해야 하는데, 그 이유는 이 사건 항소심에서 유리한 정상으로 들고 있는 다음과 같은 사정들을 반영해야 하기 때문이다.

① 이 사건 파업은 폭력, 파괴 행위가 수반되지 않은 시위였던 점
② 이 사건 업무방해로 인한 피해자 현대자동차가 피고인의 선처를 바라고 있는 점
③ 피고인은 금속노조 현대자동차지부 수석부지부장 또는 지부장의 입장에서 상급단체인 금속노조의 지시를 받거나 조합원들의 의사를 물어 파업을 실행한 점
④ 당시 현대자동차는 재고물량과 수요 감소로 인하여 생산량을 축소해야 하였던 사정이 있었는바 실질적으로 현대자동차가 입었던 피해는 범죄사실 기재와 같은 정도는 되지 않았을 것으로 보이는 점
⑤ 법원의 보석결정으로 피고인이 금속노조 현대자동차지부에

복귀한 이후 2009. 3. 31. 현대자동차와 물량공동위원회를 구성하여 2공장은 3공장에서 생산중인 아반떼를 21 라인에서 추가 공동생산하고, 물량공동위를 상설화하는 등을 주요 내용으로 하는 물량에 관한 합의를 이끌어 낸 점 등.

IV

노동쟁의의 조정

- 사회협약의 함의

1. 들어가며

노동3권 중 단체행동권은 단결권과 단체교섭권을 뒷받침하는 중요한 권리이다. 그러나 쟁의행위는 '최후의 수단'이라고 말하는 것은 이 권리를 충분히 행사할 수 있도록 제도적 장치가 갖추어져야 하는 이면에는 그 행사에 신중을 기할 것을 요구하는 것 역시 분명한 일이다. 기실 그 권리의 행사라는 것이 노동자에게는 임금의 상실을, 사용자에게는 생산의 차질을, 일반 시민들이나 소비자에게는 불편을 끼치기 때문이다. 따라서 쟁의행위가 발생한 경우에는 이를 적절히 조율해줄 장치를 마련하는 일 역시 대단히 중요하다. 그리고 그런 장치가 다양하게 갖추어지고 제대로 작동하는 게 사회적으로 필요한 일이기도 하다.

그 다양한 장치 중에 사회협약이라고 하는 기제가 있다. 2005년 울산 지역 파업 중 가장 주목을 끈 것은 아마 건설플랜트노조가 소속회사가 아닌 발주회사를 상대로 벌인 76일간에 걸친 장기파업일 것이다. 그리고 현재 문제가 완전히 해소된 것은 아니지만, 지역 시민단체가 주도하고 노사는 물론 중앙(노동부)과 지방정부(울산시)까지 참여한 조정단이 문제 해결의 단초를 마련하고 관련 당사자를 설득하였다는 점에서 세간의 주목을 끌기에 충분한 사건이었다. 사회협약이 분쟁의 조정 기능을 할 수 있다는 것을 보여준 모범사례라고 하겠다.

그런데, 실은 IMF의 구제금융시기를 거치면서, 특히 세계화와 신자유주의라는 커다란 흐름 속에서 이 파업은 예고된 것인지도 모른다. 그만큼 고용의 세계에서 더 이상 안전지대는 없다는 것을 보여준 것이고, 그 고통이 파업으로 분출된 것으로 여겨진다. 안타깝게도이 파업은 자신의 고용주가 아닌 발주회사를 대상으로 삼은 것이라는 점에서 기존의 쟁의조정서비스는 기능하기 어려웠다는 한계를 품고 전개될 수밖에 없었다. 물론 변화하는 사회정세에 대비한 쟁의조정제도를 구축하자는 주장이 없는 것은 아니나(오문완, 2004; 원창희, 2003) 주류의 이야기는 아니다.

이런 가운데 분쟁의 조정 장치로서 사회협약이 기능을 하였다는 것은 의미하는 바가 심대하다고 하겠다. 종래 노동의 영역에서 사회협약이라는 것은 협조적 노사관계를 유도하기 위한 제도적 장치로만 이해(곡해?)해 온 것이 현실이다. 노사정위원회에의 참여를 놓고 민주노총 내부에서 지루한 논쟁을 벌여온 것이 바로 그러하다. 규범학으로서의 노동법학에서 이 문제를 다루지 않은 것도 그 때문이라고 생각된다. 이상윤(2001)이 노사정위원회의 법적 지위와 기능에 대해 소개한 바는 있지만 본격적인 법학논문이라고 보기는 어렵다. 반면에 인접 사회과학에서는 사회협약이나 사회적 합의에 대한 논의가 활발하다(최영기/유범상, 2000 등).

때문에 울산 건설플랜트 노조의 파업과 조정단의 활동을 소재로 하여 기존의 연구성과를 발판으로 삼아 사회협약의 쟁의조정기능에 관한 법적 평가를 내려 보는 것은 대단히 의미가 있는 작업이 될 것이다. 이 작업은 갈등 조정장치의 다양화로 이어지고, 이는 곧 폭 넓은 노동문화로 연계되는 효과를 낳을 것으로 믿어마지 않는다.

본래 노동분쟁은 일반 민사사건과는 다르다. 그것은 노동력이라는 상품의 특수성으로부터 기인하는 것이며, 노동력에 대한 가격으로서의 임금은 단순한 노동력의 시장에 의한 가격이 아니라 노동력의 재생산 비용이기도 하고, 노동자의 생계 전체가 달려있게 된다. 게다가 사용자는 자신이 고용한 노동자의 노동력이라는 상품의 독점적 구매자의 지위를 차지하고 있으며, 임금은 완전자유시장체제하에서라면 독점적인 지위를 이용하여 가장 쉽게 이윤을 확대할 수 있는 원천인 것만은 사실이다. 따라서 완전 자유시장체제하에서 개별적인 노동자는, 극단적인 경우 생존선상의 임금에 만족하거나 아니면 고용관계에서 벗어나는 길 밖에는 없다고 할 수 있다. 생산을 통해 산출된 부를 나누는 몫과 수취형태를 둘러싼 노사 간의 갈등은 이렇게 불평등한 역관계에서 시작되는 '비대등성'을 가지게 된다. 이 비대등한 관계 속에서 노동자는 단결이라는 방법을 통해 집단화됨으로써 대등한 관계의 형성을 추구하게 되는 한편, 이러한 노동자의 단결체를 통한 투쟁을 통하여 노사 간의 역관계의 변화를 시도하는 바, 여기에서 '집단성'을 가지게 된다. 또한 노동분쟁에 있어서 분쟁의 당사자는 분쟁의 종료 후 노동관계의 단절을 추구하는 것이 아니라 분쟁이 종료됨으로써 노사 간의 권리의무관계가 분쟁발생 이전과 같은 상태로 회복되길 도모한다는 점에서 '원상회복성'을 가지게 된다고 말할 수 있다. 한편 노동분쟁은 분쟁 당사자 간의 자주적인 해결이 얼마든지 가능하다는 점에서 노사자치적 해결로서의 ‘자율성’을 가지고 있기는 하지만, 분쟁의 영향력은 조직 내의 관계에서 그치게 되는 것이 아니라 사회적 파급효과를 가지게 될 수 있다는 특징을 함께 가지고 있다.

그런데 노동분쟁의 자율성에도 불구하고, 노사 간의 갈등을 조직 외부로 표출하여 해결을 도모하는 것이 필요할 때가 있다. 갈등을 해소하기 위하여 권리·의무관계에 대한 판단을 내려주거나, 갈등의 원인이 된 사안에 대한 노사간의 견해의 차이를 밝혀줌으로써 합의를 이끌어주는 것과 같은 제3자의 개입이 요구되는 때가 있는 것인데, 이를 지원하기 위하여 공적 제도로서의 노동분쟁해결제도가 존재한다. 여기에서 근대의 노동분쟁 해결제도는 조직 외로 표출된 노동분쟁의 특성을 충분히 고려하는 한편, 자율성을 침해하지 않는 한도 내에서 가능한 공정하면서도 신속하게 적절한 방법으로 해결할 것이 요구되고, 이를 위해 다양한 해결의 방법이 법·제도적으로 모색된다. 그리고 이때의 ‘공정성’과 ‘신속성’ 및 ‘적절성’은 모든 노동분쟁해결제도가 추구하는 이념일 것이다.

우리나라의 경우 노동분쟁 해결제도는 노동부-노동위원회-법원의 세 축으로 구성된다. 이 세 축은 각각의 영역에서 노동분쟁의 해결을 위한 기능을 담당하고 있다. 노동부는 지방노동관서를 통하여 노동관계에 임하는 일선기관으로서 사업장과의 직접적 교류를 통하여 사업장을 감독·지도하는 기능을 담당하고 있고, 근로감독관은 노동관계법의 충실한 적용과 이행을 위한 신고처리기능 및 분쟁예방의 차원에서 단체교섭을 지도하며, 기타 노동조합이나 단체협약 등을 관리한다. 노동위원회는 원칙적으로 집단적 노동관계에서 발생하는 이익분쟁과 권리분쟁을 관할하기 위한 목적으로 출발하여 개별적 권리분쟁으로서의 부당해고에 대하여 까지 관할권이 확장되었다. 이를 통하여 노동위원회는 노동관계에서 가장 큰 영향을 미치는 단체교섭에 대한 조정, 단체교섭을 수행하기 위한 당사자로서 노동조합의 단결권을 보호하기 위한 장치로서 사용자의 부당노동행위에 대한 심사권, 아울러 개별적 근로관계에 있어서 노동자의 노동자로서의 지위존립과 관련하여 중요한 영향을 주는 해고분쟁의 신속하고 적절한 해결을 담당하게 된 것이다. 다만 법원에 의한 분쟁해결은 차이가 있다. 법원은 모든 권리분쟁에 대한 최종적 심사권자로서 사법적 권한을 가지고 재판이라는 방법을 통하여 분쟁을 해결하는 것을 원칙으로 한다. 그리고 법원에서의 노동분쟁의 해결은 다른 분쟁과 동일하게 엄격한 사법원리에 입각하여 해결이 도모됨에 따라서 노동분쟁과 다른 분쟁을 특별히 구분하려는 시도를 굳이 하게 되지 않는다(박은정, 2006).

그런데 이러한 공적 제도는 노사의 자율성 조장이라는 차원에서 근본적인 한계를 드러내고 있고, 여러 다양한 분쟁의 해결 장치를 모색하게 된다. 이러한 차원에서 사회협약을 검토하는 것은 의미가 있다. 이러한 문제의식 아래 이 글에서는 우선 건설플랜트노조 파업의 원인과 경과, 결과를 먼저 추적한 후 그 조정과정과 조정의 효과에 대해 검토토록 한다. 이어서 사회협약의 법적 의의와 기능 등에 대해 분석토록 한다. 이와 관련하여 대안적 분쟁 조정제도에 대해 알아보고, 제도의 안착에 대해 강구해 보고자 한다.

2. 건설플랜트노조 파업의 원인과 경과, 결과

1) 울산 건설플랜트 노동자의 노동조건과 노조의 설립

플랜트노조는 울산, 부산, 양산, 김해, 경주시를 포함하는 울산권역의 건설, 플랜트 노동자를 대상으로 2004년 1월 6일, 업종지역단위노조의 형태로 설립되었다. 건설산업 분야의 노동조합은 기업별, 지역별, 업종별, 직종별 등 다양하게 결성되어 있다. 특히 주종을 이루는 지역 기반 건설노동조합은 크게 두 가지 유형으로 나누어지는데 일일시장과 사무실을 거점으로 하는 지역건설노조와 공단지역(플랜트)의 건설노조로 울산지역의 플랜트노조는 후자에 속한다고 할 것이다. 플랜트노조 설립 당시에는 울산지역에 적을 두고 생활하는 건설플랜트 비정규(일용)노동자 약 300여명이 설립 발기인이 되었는데 이들은 주로 울산지역 국가산업단지, 특히 석유화학공단에 자리 잡고 있는 SK(주) 등 석유화학제품을 생산하는 회사들에게 다단계 하도(수)급에 의하여 노동력을 제공하고 있다. 조합원들의 직무는 제관, 배관, 용접, 비계, 기계, 계전 등으로 구분되고, 직능은 경력기간과 숙련도에 의해 기공과 조공으로 구분되며 석유화학제품을 생산하는 회사들의 생산시설을 신·증설 및 개보수하는 건설공사를 담당하고 있다.

울산리서치연구소의 '울산지역 건설플랜트 비정규노동자 임금·근로조건 및 법 위반 실태를 위한 설문조사'(2005)에 따르면 울산 건설플랜트 노동자들의 연평균 임금은 1,763만 5,000원이다. 이는 건설(일용)노동자 중 장기임시노동자 평균임금인 1,284만원(김유선, 2005)보다 480만원 가까이 많은 금액이다. 하지만, 울산지역의 건설플랜트 노동자들의 평균 근무 년수가 기공의 경우 20.2년이고, 조공의 경우 8.8년이며 전체적으로 20년 이상 근무한 노동자가 54.9%에 달하는 것을 고려하면 이들의 임금수준이 매우 낮음을 확인할 수 있다(건설노동자 중 장기임시노동자들의 평균 근속년수는 1.73년). 특히 평균 근속연수가 8.8년인 조공의 연평균 임금이 1,275만 1,000원으로 장기임시노동자의 연평균 임금 1,284만원 보다 낮은 것을 알 수 있다.

특히, 울산지역 건설플랜트 노동자들의 열악한 실태는 후생복지 실태와 산업안전 실태를 보면 더욱 확연히 드러난다. 설문조사에 응답한 대부분의 조합원이 휴가비와 작업복을 지급받지 못하고 있는 것으로 나타났는데 휴가비와 작업복을 지급받았다고 응답한 조합원은 각각 0.4%, 5.9%에 불과했다. 그리고 작업현장에서 이용할 수 있는 탈의실·휴게실, 화장실, 식당, 샤워장이 없다는 응답도 각각 42.7%, 46.9%, 85.5%, 93.4%로 각종 편의시설의 설치상황 역시 매우 열악하다. 한편, 식당이 없다고 응답한 85.5%의 노동자들 중 식사비를 지급받거나 발주회사의 식당을 이용하는 노동자는 13.1%에 지나지 않았으며 개인의 돈으로 식사를 해결한다는 노동자가 79.8%나 되었다. 게다가 이들의 94.2%가 옥외에서 도시락을 시켜 먹는 것으로 확인되었다. 산업산전 실태도 매우 심각한 것으로 드러났다. 대표적으로 재해 경험과 산업재해보험 적용 실태를 살펴보면 설문 응답자 중 66.3%가 작업 중 재해경험이 있다고 대답했는데 그 중에서 산재보험을 적용받은 사람은 20.8%에 불과했다.

이러한 열악한 여건이 노조 설립의 동기가 되었다. 플랜트노조는 규약 제3조에서 조합의 목적을 "울산지역 건설, 플랜트 노동자가 주최가 되어 상호협동 대동단결을 통하여 노동조건 개선 및 조합원의 정치적, 사회적, 경제적 지위향상을 도모함"이라고 밝히고 있는데 규약전문을 보면 조합 설립의 배경이 더욱 더 명확하게 드러나 있다(이기찬, 2006:19).[1])

2) 교섭과 파업

2004년 1월 6일 노조 설립 이후, 플랜트노조는 해당 지역의 사업장에 노조 설립을 알리고 본격적인 조합활동을 시작하면서 5개월 후인 6월 15일 임시대의원대회를 개최하고 단체교섭 요구안을 확정하고 단체교섭을 추진할 것을 결의하게 된다. 6월 22일 노조는 58개 전문건설업체에 교섭요구서를 발송한 것을 시작으로 6월 29일부터 2005년 2월 28일까지 14차례에 걸쳐 단체협약 체결을 요구하였다. 노조의 요구사항은 ① 노조의 실체 인정하고 임금 등 노동조건 개선, ② 법정 휴일과 휴가제도 인정, ③ 산업안전보건법 준수, ④ 화장실 문제 개선 등 가장 기본적인 것들이었다. 그러나 단체교섭 대상이 되는 58개 업체는 조합원이 없거나 조합원의 존재여부가 확인되지 않는다며 조합원명부 제시를 요구하며 교섭에 응하지 않아 사실상 교섭이 이루어진 적은 한 번도 없다

플랜트노조는 2005년 3월 18일 총파업을 시작해 6월 1일 임시총회에서 사회협약안을 수용, 파업을 종료하기까지 76일간의 장기파업에 들어가게 된다. 노조와 경찰 사이에 두 차례에 걸친 대규모 충돌, 구속기소 45명을 포함한 총 사법처리 대상자 220여명이 단적으로 보여주듯이 폭력과 대량구속 사태로 얼룩진 이 파업은 사회협약이라는 방식으로 마무리되었다.

교섭과 파업의 쟁점은 세 가지였다. 먼저 쟁점이 된 것은 조합원의 존재 여부와 이에 따른 교섭가능 여부였다. 누가 조합원이고 교섭 상대방인 사용자는 누구인지에 대한 지루한 공방이 이어졌다. 그리고 노사 간 가장 첨예한 문제로 부각된 것은 교섭방식이었는

1) 건설, 플랜트 노동자는 사회발전의 주역임에도 불구하고 불안정한 고용상태, 산업재해로부터 무방비, 계절적 실업, 근로기준법으로부터의 소외 등 사회적 멸시와 천대 속에서 인간적인 삶을 박탈당하고 있다(플랜트노조 규약, 2004).

데, 플랜트노조는 집단교섭을, 전문설비업체는 개별교섭을 각각 강력히 주장했다. 마지막으로 주요 교섭 의제인 임금 등 노동조건의 개선과 불법 다단계 하도급의 규제 문제는 서로 맞물려 쉽사리 해결하기 어려운 문제였다. 파업 과정은 <표 3-1>과 같다(이기찬, 2006: 22-28).

〈표 3-1〉 울산 건설플랜트노조 파업일지

날짜	내 용
3월 18일	노조, 총파업 돌입 - 대체인력 투입저지를 위해 울산석유화학단지, 여천공단, 용연공단 등 주요사업장 출입구 봉쇄(3월 31일까지 지속)
3월 24일	경찰, 노조 위원장 포함 간부 9명에게 체포영장 발부
3월 28일	노동부 중재, 노사 공식간담회(울산지방노동사무소)
3월 29일	노조, 집회 및 행진 과정에서 장애인과 마찰, 이후 노조간부 직접 방문 사과 및 문제해결 경찰, 왜곡 보도자료 배포 - 울산남부서, 27일 '플랜트노조 조합원이 승용차 30여대 펑크, 유리창 파손, 작업중인 비조합원 집단폭행', 29일 '집회 후 행진 과정에서 차량지체를 항의하던 시민 폭행' 내용의 왜곡 보도자료 배포(<울산노동뉴스>, 2005.03.31)
3월 30일	노사 1차 실무협의회(울산지방노동사무소)
3월 31일	노사 2차 실무협의회(울산지방노동사무소) 완전 결렬
4월 1일	노조, 공업탑로터리 등지에서 가두집회
4월 6일	노조·민주노총 울산본부, 울산지방노동사무소 항의방문
4월 7일	노조, 조합원 11명, 열린우리당 울산시당 점거농성 노조와 울산노동사무소 간담회(사측 불참) 민노당 울산시당 위원장, 울산시장 면담
4월 8일	노조, 울산시장 항의면담 위해 시청 주차장 광장에 집결 경찰, 조합원 825명 집단 연행, 9명 구속, 110명 불구속 입건 - 연행된 조합원들에게 서약서 및 사과문 작성 강요, 수갑과 포승줄, 협박 및 폭언, 사진촬영 등 인권 유린 언론, 시청에서의 조합원 연행과정에 대한 왜곡/편파보도

4월 11일	노사 간담회(울산지방노동사무소) 노조, 상경투쟁 - 6일간 청와대와 국회, SK 본사 앞에서 1인 시위 및 집회
4월 13일	민노당, 진상조사단 급파
4월 14일	언론, 최모씨 노모 사망에 대한 왜곡편파보도(경찰, 언론에 제보)
4월 15일	민주노총 울산본부, '울산건설플랜트 파업승리! 노조탄압 규탄 울산노동자 결의대회' 개최
4월 26일	노조, 상경투쟁 - 청와대, 국회 앞 1인 시위 및 SK 본사 앞 선전전 및 노숙
4월 27일	노조, 조합원 762명 국가인권위원회 집단진정 및 울산지방노동사무소 앞 집회
4월 29일	노조와 사측 교섭 위한 첫 단체교섭 상견례
4월 30일	노조, 조합원 3명, 서울 SK건설 타워크레인 점거농성
5월 1일	노조, 조합원 3명, SK(주) 울산공장 70M 정유탑 고공농성
5월 2일	노조, 상경투쟁
5월 3일	노사 실무협의회(교섭재개) 무산(울산지방노동사무소)
5월 6일	노조와 경찰 대규모 충돌
5월 7일	시·검·경, 공동기자회견 - '건설플랜트 노조의 폭력사태와 관련해 시민에게 드리는 말씀' 발표 (박맹우 시장, 김태현 울산지검 검사장, 송인동 울산지방경찰청장) 정부, '노사관계 대책 태스크포스(T/F)' 발족식 및 1차 회의 - 울산건설플랜트노조에 대해 범정부 차원의 엄정한 법집행 결정
5월 10일	울산지방노동사무소 주관 노사 간담회(노동자복지회관)
5월 11일	노사 실무협의회(남구 삼산동 모식당)
5월 13일	노조, '플랜트노조 파업 승리를 위한 울산노동자 결의대회' 개최 언론, 울산 70M 정유탑 고공농성자 통닭, 족발 요구 호화농성 왜곡/편파보도(<한국경제> 정정보도, <서울경제> 정정보도 거부)
5월 17일	민주노총 울산/대구/경남/부산본부·건설연맹, '울산·영남노동자 결의대회' 공동주최 - 경찰과 대규모 충돌 울산시민단체협의회·민변 울산지부·울산대민주화교수협의회, 기자회견 및 시장 면담
5월 18일	경찰, SK(주) 울산공장 70M 정유탑 고공농성 진압
5월 20일	언론, 노조의 집단교섭 요구업체가 12개임에도 불구하고, 1,300여개인 것으로 왜곡보도. 특히 MBC는 8000개로 왜곡보도
5월 23일	노조, 상경투쟁

	- 대학로 마로니에 공원 집결, 약식집회 후 청와대까지 삼보일배 경찰, 삼보일배 시작한 조합원 582명 전원 연행 - 조합원 28명 구속, 11명 체포영장 발부, 130여명 불구속, 200여명 소환장 발부 (5월 23일 현재) 민주노총, 임원진 서대문 경찰본청 항의방문 및 연좌시위 민노당, 경찰청 방문 간부 면담 항의
5월 25일	노조, 대검찰청 앞 기자회견 및 집회, 검찰청에 항의서한 전달 민주노총 울산본부, '민주노총 울산노동자 총력투쟁 결의대회' 건설플랜트노조 사태 해결을 위한 「공동협의회」 구성, 협상 1일차
5월 26일	「공동협의회」 협상 2일차
5월 27일	민주노총, '비정규 권리보장 및 건설플랜트 노동기본권 쟁취를 위한 전국노동자대회' 개최 「공동협의회」 협상 3일차, 중간합의
6월 1일	노조, 파업 종료 선언

3) 파업의 조정과정과 조정의 효과

플랜트노조의 76일간의 장기파업사태는 '울산지역건설플랜트노조 장기파업사태 조기해결을 위한 공동협의회'(이하 '공동협의회')라는 사회적 대화를 통한 사회협약 체결로 해결되었다.

5월 17일 울산시민단체협의회, 민변 울산지부, 울산대민교협, 시민포럼-대안과실천은 <건설플랜트 노조 파업 장기화에 대한 입장>을 발표, 플랜트노조 파업 관련 '책임 있는 당사자들 간의 다자간 협상을 통한 사회적 협약 체결'을 제안하고 곧바로 박맹우 울산시장과 면담을 갖고 시민사회단체가 노동계를, 울산시가 사용자 측을 설득해 23일 오후 양쪽의 입장을 최종적으로 확인하기로 한다. 그리고 곧바로 플랜트노조와 민주노총 울산지부 관계자들을 다자간 협상 테이블에 나오도록 설득하게 된다.

울산시도 다자간 협상안을 받아들인 뒤 마찬가지로 사용자 측을 설득해 24일 시민사회단체와 함께 공동으로 노사 모두 다자간 협상에 참여할 의사가 있음을 확인해 발표한다. 울산시는 다자간 협상 수용 직전까지 검경과 함께 기자회견을 갖고 플랜트노조의 파업에 '법과 원칙'에 따라 엄정하게 대응해 나가겠다고 했지만 27일부터 개최되는 국제포경위원회 울산회의라는 큰 국제행사를 앞두고 같은 날 민주노총 개최 전국노동자대회 등으로 인해 행사에 차질을 빚을 수도 있다는 우려와 함께 파업사태가 70일이 지나도록 이를 해결하지 못한다는 일부 비판 여론 등을 의식해 결국 이를 수용하게 된다.

공동협의회 구성의 가장 큰 쟁점은 누가 협상에 참여하는가 였다. 실질적으로 합의된 바를 실행할 수 있는 주체가 협상테이블에 나와야 하기 때문인데, 원청사를 협상 테이블로 불러들일 수 있느냐가 관건이었다. 결국 이 문제는 <표 3-2>와 같이 정리되었다.

그리고 사흘에 걸친 협의를 통해 다음과 같은 합의에 도달하였다 (이기찬, 2006: 4장 참조).

〈표 3-2〉 공동협의회 구성원

분 류	위 상	소 속
노	단위노조	울산지역건설플랜트노동조합 용접분회 대표 최영근 〃 〃 배관분회 대표 정운용
	직상급단체	건설연맹 부위원장 백석근
	상급단체	민주노총 울산본부 본부장 이헌구
사	하 청	대한설비건설협회 울산시·경남도회 회장 / 동부(주) 대표 김재홍 대한설비건설협회 회원사 제이콘(주) 대표 이상훈
	원 청	울산광역시공장장협의회 회장 지해석 울산석유화학단지공장장협의회 회장 문대인
	사용자단체	울산·양산경영자총협회 상임부회장 주영도 울산상공회의소 상근 부회장 박종근
정	울 산 시	경제통상국장 최문규 기업지원과장 최낙은

	(노동부)	(울산지방노동사무소 근로감독과장 이해수)
공익 대표	시민사회 단　　체	울산시민단체협의회 상임대표 이상희 시민포럼-대안과실천 사무국장 김태근

※ 노동부(울산지방노동사무소)는 참관인 자격으로 참석

(1) 공동협의회 운영 원칙

① 공동협의회에 참여한 주체들은 울산건설플랜트노조 장기파업 조기 해결을 위해 만들어진 공동협의회를 최종 합의 때까지 운용한다.

② 공동협의회는 대표자들 협의와 실무협의를 병행한다.

- 대표자들 합의는 협의원칙과 큰 틀에서의 합의를 도출하고,
- 실무협의는 대표자들 협의에서 합의된 내용을 구체화하기 위한 논의를 진행한다.
- 실무협의는 노동 측과 회사 측의 각 2인으로 하고, 간사를 각 1인으로 하여 진행키로 한다.

③ 공동협의회에 참여한 주체들은 당해 회원사와 노조로부터 대표성을 인정받아 협의에 임하고 있음을 서로 확인한다.

(2) 합의된 의제

① 임금 등 근로조건, 복지
② 불법다단계 하도급 규제
③ 조합원 채용시 불이익 금지
④ 노동조합 인정과 편의제공
⑤ 노사분쟁 예방책
⑥ 공동협의회 합의내용의 적용과 효력

(3) 의제에 대한 합의내용

① 임금 등 근로조건, 복지에 대하여

- 소정(기준)노동시간은 1일 8시간, 주 44시간으로 한다.
- 회사가 지급하는 기본급에는 주휴수당, 연·월차수당, 연장·야간근로수당, 퇴직금을 포함하지 않는다.
- 4대 사회보험료(국민연금, 건강보험, 고용보험, 산재보험)의 경우 사용자부담금은 사용자가, 노동자 부담금은 노동자가 각각 부담한다(국민연금과 건강보험의 구체적인 적용은 실무협의를 통해 논의한다)
- 유급휴일과 유급휴가의 구체적인 내용은 실무협의에서 논의한다.

2) 불법다단계 하도급 규제에 대하여

- 건설산업기본법에 정한 불법적 하도급을 금지한다.
- 노동자에게 도급을 주지 않는 문제는 실무협의에서 논의한다.

3) 조합원 채용시 불이익 금지에 대하여

- 조합원임을 이유로 채용시 불이익을 주지 않는다.
- 채용시 불이익 금지에 대한 구체적인 방안은 실무협의에서 별도로 논의한다.

4) 노동조합 인정과 편의제공

- 회사(협력사)는 조합원에 대한 조합비를 일괄 공제하여 노조에 인도한다.
- 노조간부의 사업장(발주회사 및 원청사) 출입문제는 공장장협의회의 논의를 거쳐 긍정적으로 검토한다.

(4) 그 외의 합의사항

① 실무협의 내용이 결정될 때 까지 대표자회의를 존속한다.
- 실무협의팀은 노사 양측이 각 2명씩, 간사 1명씩으로 하되, 필요시 협의에 의하여 증원할 수 있다.
- 실무협의는 6월 1일 수요일 오후 2시에 1차 회의를 갖는다.

② 미타결 쟁점도 대표자회의에서 논의한다.
- 실무협의에서 타결되지 못한 사항은 대표자회의에서 논의한다.

③ 민주노총 울산지역본부는 이번 불법행위에 대해 울산시민과 해당기업체에 사과한다. 건설플랜트노조는 앞으로 합법적인 조합활동을 한다.

④ 공동협의회는 해당기업 및 관계기관에 민형사상 문제가 원만히 해결되도록 건의한다.

3. 사회협약의 의의와 기능 - 대안적 분쟁 해결 장치라는 함의

1) 전통적인 시각 - 코포라티즘의 분석 틀

전통적으로 사회협약은 코포라티즘의 도구로 분석해 왔다. 사회협약은 대체로 임금, 고용, 그리고 사회복지를 둘러싼 노사정간 정치적 교환의 결과 형성된 국가수준의 합의로 해석될 수 있다. 해외의 예를 보면 중앙 노사대표와 정부가 모두 공식적인 서명을 통해 합의문을 작성하여 사회협약을 체결하는 경우는 예외적이다. 이런 점에서 우리나라의 1998년 2월의 사회협약은 예외적인 경우에 해당된다고 할 수 있다. 세계화와 신자유주의의 범람 속에서 사라질 것으로 보였던 사회협약은 1980년대 중반 이후 다시 등장하였다. 다시 등장한 사회협약은 이전과 달리 국가별로 그리고 사안별로, 시기별로 매우 다양한 모습을 띠고 있다(Brandl & Traxler, 2005; Donaghey & Teague, 2005; Hassel, 2003; Pichierri, 2002 등). 노사정이 아닌 노사합의 형식을 띠기도 하고 여러 의제에 대해 혹은 다일 사안에 대해 합의가 이루어지기도 한다. 이러한 새로운 모습 때문에 사회협약의 정의는 확장되고 있다. 이제 사회협약은 더 이상 노사정간 서명이 들어간 합의문으로 인식되질 않는다. 보다 일반적으로 정의하면 재정, 임금, 노동시장, 사회정책과 같이 형식적·제도적으로 구별되어 있는, 그렇지만 상호 연관된 정책들을 조정하기 위해 노사정이 정기적으로 만나는 '거시적 정책조정'을 뜻하게 된다(임상훈 외, 2006). 노동법학의 관점에서 노사정위원회를 이러한 시각에서 분석한 예도 있다(이상윤, 2001). 또한 사회협약은 민주주의의 시험대이기도 하다(김호진 외, 2000).

최근의 움직임은 국가 차원의 사회협약보다는 지역 차원의 사회협약이 두드러지고 사회협약의 외연도 더 넓어지고 있다(선학태, 2006). 이전 연구에서 사회협약은 노사정간 정치적 교환의 결과로 체결된 공식 합의로 정의되었다. 그러나 이렇게 협의로 정의된 사회협약은 1980년대 중반 이후 나타난 새로운 사회협약의 특성을 담아내지 못한다. 새로운 사회협약은 공공정책의 결정이나 공공사업 수행에 노사가 참여하는 것을 의미한다. 이는 단순히 노사정간 교섭을 통한 협의의 사회협약 체결을 넘어 정책 현안과 법제도적 개선, 정책사업 수행을 둘러싸고 다양하게 전개되는 노사정간 공동 노력을 포괄한다(전명숙 외, 2007). 울산 건설플랜트노조의 사례는 한국의 대표적인 사회협약이라고 풀이할 수 있겠다.

지역 차원의 사회협약과 관련해서는 최근 정인수(2007)가 아일랜드와 덴마크, 미국사례를 소개한 바 있고, 전명숙(2006)은 미국 위스콘신의 사례를 한국적으로 수용하려는 노력을 강조하고 있다. 훈련프로그램인 WRTP(Wisconsin Regional Training Partnership)의 요체는 기존 과정인 (구직자)접수→조사와 평가→상담→훈련→구직이라는 흐름을 바꾸어 놓았다는 데 있다: (기업)필요사항 조사→일자리 확정→지역 사회단체로부터 훈련후보생 추천받음→작업내용 소개→적합성 소개→ 상담→훈련. 이러한 체제의 수용에는 적어도 세 가지 요소가 반영되어야 한다.

(1) 제도 구축을 위한 공공의 지원

가속화되고 있는 글로벌 경쟁과 기술의 변화는 상당한 수준의 조직 적응력과 유연성을 요구한다. 그것은 바로 경영계와 노동계의 상호조율된 협력을 통해서 가능하다. 그러나 유연하고 효율적인 공공부문과 사부문의 제도들이 단기간에 구축되는 것은 아니다. 제도적 역량은 오랜 시간에 걸쳐 쌓여지는 것이다. 항상 개별적인 방식으로 문제를 해결해온 주체들이 갑자기 협력적 관계로 들어가기는 매우 어렵다. WRTP는 공동의 대응이 필요하다는 것을 믿고 함께 콘서시움을 형성할 만큼 진보적인 노동계, 경영계, 그리고 지식인 집단이 있었다. 그러나 이런 조건하에서도, 정부의 강력한 지원이 없었다면 현재의 성공을 거두기는 어려웠을 것이다. 따라서 WRTP 모델이 다른 지역과 사회에 뿌리내기 위해서 필요한 가장 중요한 요소중 하나는 정부의 전폭적인 지원이다. 요약하면, 정부는 지역의 노동계와 경영계가 지역노동시장 컨소시움을 구성해 공동으로 문제해결을 시도한다면 이에 대한 재정적 지원을 충분하게 하여야 한다.

(2) 민간 주도의 운영

효과적인 경제적 규율 메카니즘은 표면적으로는 모순적으로 보이는 다음의 세 가지 기준을 충족시킬 필요가 있다: 우선, 각기 다른 종류의 기업에 적합하면서, 또 다른 한편 변화하는 환경에 적응할 수 있는 능력을 갖추어야 하며 미래의 계획을 안정적으로 추진할 수 있는 환경을 제공해야만 한다. 이것은 사실 가장 능력 있는 정부 조직에게 조차 지나친 주문이다. WRTP 접근 방식은 각각의 집단에게 스스로에게 맞는 제도적 지지구조를 구축하도록 하면서, 동시에 각자 스스로의 성과를 평가하도록 한다.

비록 WRTP의 초기 형성 단계에서는 공공 지원이 필수적이었음에도 불구하고, 궁극적으로 공공부문의 역할은 축소되어야 하며 조직운영은 이해 당사자인 민간이 주도하여야 한다. 요약하면 제도적 디자인에 충분한 유연성을 확보함으로써 광범위한 공공정책상의 목표가 특정한 전략이나 행위를 제약함이 없이 이루어져야 한다. 그리고 이러한 제안에 있어서 가장 중요한 의미는 민간 부문이 주도적인 주체이어야 하며 공공부문의 지원은 민간부문의 필요에 의해서 이루어 져야 한다.

(3) 파트너쉽 접근

비록 경쟁적인 기업환경이 고려되어야 하고, 기업의 성공이 지역경제의 활성화를 위해 중요한 요건이긴 하지만, 제도는 궁극적으로 공공재의 제공을 추구하여야 한다. 산업 업그레이딩을 추구하면서 노동조합과 파트너쉽을 형성하는 것은 바로 이 목적을 추구하는데 가장 좋은 방법이기 때문이다. 경쟁력을 갖추는데는 여러 가지 방법이 있다. WRTP 식의 노동시장제도형성이 바람직한 이유는 기업의 경쟁력을 고임금 일자리와 지역경제발전을 동시에 이루면서 추구할 수 있다는 점이다. 노동조합은 바로 이런 공공정책상의 목적이 제대로 이루어지고 있는가를 모니터링할 수 있는 가장 효율적인 조직이다.

노사 파트너쉽은 고용과 훈련문제를 다루는데 있어서 가장 중요한 요소이긴 하지만 이 파트너쉽은 이해관계를 갖는 다른 행위주체들도 포함할 필요가 있다. 예컨대, 기업과 교육기관사이의 파트너쉽, 핵심 모기업과 하청업체사이의 파트너쉽, 공공부문과 민간부문과의 파트너쉽 등 다양한 경우를 들 수 있다. 보다 많은 이해 당사자가 참여하는 다차원적인 파트너쉽 모델은 덜 갈등적이면서도 보다 지속적인 의사결정을 내리는데 중요한 요소가 된다. 따라서 WRTP 모델의 확산을 위해 마지막 제언을 한다면 지역 파트너쉽 형성을 하는데 있어서 이해관계를 갖는 다양한 행위 주체들을 포함하는 것이 중요하다는 것이다.

2) 대안적 분쟁 조정 장치로서의 사회협약

이러한 선행연구는 지역의 사회협약을 활성화하는 기제로 작용할 것이 분명해 보인다. 그런데 또 하나 놓치지 않아야 할 점은 사회협약은 분쟁의 조정 기능을 한다는 점이다. 특히 공적인 조정이 기능하기 어려운 영역에서 사회협약은 대안적 분쟁 조정 장치로 작동한다. 울산 건설플랜트 노조 사례는 이를 단적으로 보여준다. 따라서 지역 사회협약을 연구하는 데는 대안적 분쟁 조정(alternative dispute resolution ; ADR)의 기능과 그 개선방안에 대한 모색이라는 시각으로 바라볼 필요 또한 지대하다.

(1) ADR의 제도적 의의

분쟁의 해결 장치로는 재판 이외에도 상담이나, 화해, 알선, 조정, 중재 등이 있다. 이렇듯 다양하게 분쟁의 해결을 모색하는 것은 분쟁이 다양해지고 대형화한다는 데 있다. 또한 그 해결 방법으로 종래와 같은, 과거의 사실관계에 대한 흑백논리적 결론이 아니라 장래를 향한 이익조정적 분쟁해결에 비중을 두는 방향으로 옮겨가고 있다. 재판 이외의 분쟁 해결이 이해당사자 사이의 이해관계에 기초한 성공적인 협상에 의해 조정이 이루어지고, 화해가 성립하게 되는 것이다.

미국 등에서는 사법적 판결을 통한 분쟁해결이 갖는 한계를 극복하기 위하여 대체적 분쟁해결제도에 대한 관심이 높다(Manring, 1994). 대체적) ADR을 '소송에 갈음하는 분쟁해결방안'이라고 일컫기도 하고, '裁判外的', '訴訟外的', '訴訟代替的', '대안적' 분쟁해결제도라는 표현을 쓰기도 한다. '대체적'이란 기존의 소송제도에 대한 제도를 지칭하므로 이를 소송외적 분쟁수단이라고 한다면 그 역사와 유래는 소송제도가 나타나기 이전부터 존재하였다고 말할 수 있다. 그러나 최근에 소송에 대한 불만 또는 보완 개념으로 사용되는 대체적 분쟁해결제도(ADR)는 주로 미국에는 1980년 이후에 조직적으로 발달하여 이후 유럽대륙과 아시아 및 그 이외의 지역에 상당한 영향을 준 것을 말한다. 특히 기존의 소송제도의 부담을 덜어주는 점과 분쟁의 유형이 점점 전문화되다보니 소송으로 해결하기보다는 조정(mediation or conciliation)이나 중재(arbitration)가 경제적인 면뿐만 아니라 시간적인 면에서도 장점이 부각되었다.

분쟁해결제도(ADR)의 개념이 무엇인지에 대해서는 여러 가지로 견해가 갈리고 있으나, 대체로 법원에서 이루어지는 재판절차 또는 소송절차를 보충하는 분쟁해결제도라고 본다. 즉 당사자들의 이익을 위하여 분쟁을 법원 밖에서 해결하고, 사법적 쟁송절차에 수반되는 고비용, 복잡성, 형식성, 절차 지연의 폐해를 경감하며, 법정 분쟁으로 발전하는 것을 막기 위한, 일련의 절차라고 정의할 수 있다. 최근에는 ADR이 단순히 재판절차를 보완한다는 의미를 넘어 사회의 다양하고도 복잡한 분쟁에 대한 해결메커니즘의 한 대안으로 취급받고 있기 때문에, 이를 분쟁당사자간의 자주적인 분쟁해결제도로 보는 경우도 있다. 실제 미국의 경우 ADR이 과거 주로 노동이나 상사분쟁에서 쓰이는 중재(arbitration)를 의미하는 제한적인 의미로 사용되었지만, 지금은 민간부문은 물론 공공부문을 망라하는 매우 다양한 분야에서 공식적인 분쟁해결제도가 되었다(김철, 2003).

이와 같이 대체적 분쟁해결제도는 사법적 판단과 중재결정이 갖는 단점을 보완하기 위한 사전적 분쟁해결장치로서, 분쟁의 일방당사자가 다른 당사자에 대해 승리를 얻는 것이 아니라 분쟁당사자 모두가 수용할 수 있는 해결책을 발견하여 당사자 모두에게 이익(win-win game)이 되는 방향으로 분쟁해결을 도모한다. 분쟁해결의 과정은 대립적 과정이 아니라 합의형성, 공동문제 해결 또는 협상의 형태로 자발적인 합의에 의한 과정이어야 한다고 보는 것이다(Fischer, 1993: 16). 이러한 개념에 기초하여 ADR의 특색을 살펴보면 다음과 같다.

① ADR은 그 성질상 갈등당사자들간의 협상과 타협을 지향하며, 본질적으로 물리적인 힘의 사용을 통한 갈등종결보다는 이성

을 통한 해결(resolution through reason)을 도모한다는 측면에서 사적인 기반을 가지고 있는 협상과 유사하다. 그리하여 공개적이거나 공공적이 아니라 원칙적으로 사적인 절차를 진행하는 특색이 있다.

② ADR 절차는 창조적 해결방안의 도출을 이끌어내고 실체적인 법률에 대한 구속을 회피하고자 한다.

③ ADR 절차는 융통성이 많고 탄력적으로 운용됨으로써 사법적 쟁송절차보다 더 신속하고, 저렴하며, 편리한 해결을 도모한다. 즉, 복잡하고 비용이 많이 드는 절차를 생략하거나 간략하게 하는 한편 변호사 선임 비용의 부담도 경감할 수 있는 것이다.

④ ADR 절차는 당사자들로 하여금 그 진행에 직접 주도적으로 참여하고 합의안을 도출함에 영향력을 행사할 수 있도록 한다. 따라서 그 절차에 참여한 당사자들은 그 결과의 집행에 매우 적극적일 수밖에 없다.

⑤ ADR 절차는 지속적인 관계를 유지하는 당사자들 사이에 매우 유용한 제도이다. 갈등 이후에도 성숙한 상호관계를 유지할 수 있다.

그러나 ADR에 문제점이 없는 것은 아니다. 전통적인 소송절차에 대하여 ADR은 우선, 분쟁의 당사자들이 모두 ADR을 선호할 때만 쓰여질 수 있는 방법일 뿐이며, 분쟁의 모든 유형에 사용될 수 있는 것은 아니라는 한계가 있다. 그리고 분쟁당사자간의 힘이 유사할 때만 효과적이어서, 당사자간의 힘의 불균형이 있을 때에는 오히려 강자의 입장만을 강화시켜 주게 되는 결과를 낳을 수 있다. 또한 ADR은 효과적이고 생생한 증거제시절차, 즉 소송에서와 같은 강제적인 증거개시절차를 결여하고 있기 때문에 충분한 사실 발견이 이루어지기 어렵고, 부정확한 판단을 초래할 수 있다(박찬우, 1998: 265-266).

(2) 대안적 분쟁해결제도의 도입배경

대체적 분쟁해결제도는 1960년대 후반 미국을 필두로 전통적 사법제도의 결함을 보완할 수 있는 대안으로서 각광을 받아 왔다(Sander, 1985: 97; 홍준형 외, 1998: 45). 이러한 관심은 직접적으로는 1960년대 미국 내에서 일어난 각종 투쟁과 갈등의 결과로 분쟁이 빈발하고 법원에서의 혼잡 문제가 심각해짐에 따라 촉발되었으며, 간접적으로는 사회의 전통적인 조정제도가 약해졌다는데 대한 보완책이기도 하였으며, 전문직업주의에 대한 반발로 “Community Mediation Center” 등의 기제들이 출현하는 데에서도 자극을 받았다. 구체적으로 미국에서의 ADR 운동(ADR Movement)은 과중한 업무 부담 등 사법제도가 직면한 문제점들에 관한 토의가 있었던 Pound Conference에서 비롯되었다. 이 회의에서 Burger 대법원장은 판사 등 사법부 구성원, 법학자들 및 변호사들에게 점증하는 사법부의 어려움을 타개하기 위한 해결책의 모색을 촉구하였고, 이후 1976년 미국변호사협회(ABA)는 (경미한 분쟁에 관한 특별위원회) 이후 분쟁해결의 대체적 방법에 관한 특별위원회(Special Committee on Alternative Means of Dispute Resolution)로 발전되었다.

(Special Committee on Minor Dispute Resolution)를 설치한 이후, 중재(arbitration), 조정(mediation), 중립적 사실발견(neutral expert fact-finding), 그리고 mini-trial 등 각종의 소송(adjudication) 이외의 방법이 다양한 견지에서 실험적으로 시행되면서 다양한 절차들이 정착되었다(박길준, 1998: 86).

그리고나서 ADR은 공공행정분야에서 제도화의 과정을 거치게 되었는데, 연방기관의 운영절차에서 효율성, 공정성, 적절성 향상을 추구하는 임무를 가진 미국행정협의회(ACUS The Administrative Conference of the United States)가 1980년대에 연방기관들이 ADR을 사용할 것을 권고한 것에서 시작(Manring, 1994: 197)하여, 1990년에는 행정분쟁해결법(the Administrative Dispute Resolution Act)이 제정되면서 다른 연방기관들도 ADR을 적극적으로 고려하기 시작하였다.

(3) 대안적 분쟁해결제도의 주요 내용

앞에서 본 것처럼 최근 우리나라에서도 ADR의 필요성이 증대되면서 다양한 형태의 전통적 ADR의 재창출과 새로운 형태의 ADR을 개발하려는 노력이 이루어지고 있다. 그러나 법률적으로 제도화된 ADR 형태는 거의 없으며, 조정과 중재만이 법제화된 ADR 형태라고 할 수 있다. 넓은 의미에서는 각종의 행정기관에 민원을 제기하거나 당해 행정기관에 의한 심판도 ADR의 하나라고 할 수 있으나, 기본적으로 조정, 중재제도가 활용되고 있다(양병회, 2001).

조정(mediation)은 제3자인 조정인(mediator)이 독자적으로 분쟁해결을 위한 조정안을 마련하여 당사자들의 합의를 권고하는 방식의 분쟁해결수단이다. 현행법상 조정제도에는 민사조정법에 의한 민사조정과 가사사건에 대하여 하는 가사조정 및 노동조합및노동관계조정법, 소비자보호법, 의료법, 저작권법, 환경분쟁조정법 등 각종 특별법에 의하여 행정부 산하에 설치된 각종 조정위원회에 의한 조정이 있다.

일종의 사적재판이라고 할 수 있는 중재(arbitration)는 분쟁당사자의 일정한 합의에 의해 제3자인 중재인을 선임하고 그의 판단에 따라 분쟁을 해결하는 방식인 점에서 조정과 다르다. 대부분의 중재는 상사분쟁의 중재로서 중재법에 의하여 설립된 사단법인 대한상사중재원에서 이루어지는 바, 여기에서는 국내중재 및 국제중재를 모두 다루고 있다.

노동분쟁에서는 보통 노동자나 노동조합과 사용자라는 대립적인 당사자 구조를 바탕으로, 두 당사자의 계속적 노동관계를 통한 서로간의 갈등 관계를 전제로 하고 있다. 분쟁 후에 노동관계가 종료되는 경우가 있기도 하지만 보통은 노동관계의 계속을 전제하면서 갈등관계에 놓이는 것이다. 이 때문에 법에 의한 분쟁해결, 즉 종래의 소송을 통한 분쟁해결기능이 적절하지 않은 경우가 많다. 분쟁해결이 법원과 같은 엄격하고 독립적인 제3자를 통해서 이루어지는 경우 오히려 분쟁이 격화되어 문제는 해결된 듯이 보여도 두 당사자는 영영 과거의 관계를 회복하지 못하고 마는 경우도 많다. 특히 엄격한 증거법칙 등 절차의 형식성이 강조되는 재판절차에 의해 분쟁을 해결하는 경우 당사자의 관계가 더욱 형식화하여 분쟁이 격화되고 양 당사자 모두에게 손해가 되고 말기도 한다. 때문에 양 당사자가 신뢰할 수 있는 중재자를 통해 비교적 간단하고 신속한 절차를 통해 분쟁을 해결할 필요가 있는 것이다(서장권, 2003: 35). 즉 노동분쟁의 네 가지 성격을 감안하여 제도가 설계되어야 한다는 것이다(정재헌, 2005).

① 분쟁의 치명성(勢 대결) : 노사 간 세대결적인 측면이 강하고, 소송에서 패소한 당사자는 대부분 결정적, 전면적 손실을 입게된다(노동자 측은 생계의 문제, 사용자는 인적자원의 타격, 명분의 문제).

② 분쟁의 복합성 : 노사관계가 계속성, 포괄성, 집단성, 복잡성, 유동성을 띄고 있어 노동분쟁 역시 복합적인 특성이 있다(이데올로기적인 측면과 아울러 사회적 주도권 쟁탈 측면 내포).

③ 신속 해결의 필요성 : 기업의 유지, 개인의 생계, 노사관계의 연속성 등의 성격상 분쟁을 신속히 해결하지 않으면 분쟁의 결과보다 분쟁 과정에서 쌍방에게 심각한 타격을 초래하게 된다.

④ 자주적 해결의 필요성 : 노사관계는 힘의 원리, 힘의 균형이라는 측면이 내면에 존재하고 있어 자주적 해결이 이루어지지 않는 한 오히려 분쟁이 분쟁을 야기하는 경향이 있음. 또한, 일도 양단적으로 판단하기 어려운 분쟁이 많아 판결로 해결하는 것이 부적절한 경우가 많다.

요컨대 기존 사법제도의 보완장치로 대안적인 분쟁 조정 장치의 구축이 필요하다. 일부 하급심법원에서는 노동전담부서를 운영하면서 노동사건에 대한 처리를 도모하고 있지만, 그렇다고 하여 노동사건에 대한 특수성의 고려나 신속한 해결의 도모, 노사관계에 대한 이해를 전제로 하고 있는 것은 아니고 일반 사법원리 하에서 최소한의 전문성과 재판의 편리를 도모하기 위하여 취해진 방편이라는 비판이 일고 있다. 이로 인하여 현재 법원에 의한 노동분쟁의 해결에서는 노동분쟁을 일반 사법적 계약원리에 따라 처리하고 있을 뿐, 노동분쟁에 내포된 생계성, 비대등성, 자율성 그리고 계속적 계약성, 아울러 노동분쟁의 해결에 있어서 필요한 신속성과 적절성은 무시되거나 인식되지 못하고 있다.

이와 함께 노동법제는 동태적(dynamic)이다. 사회·환경의 변화에 유동적으로 대처하는 측면이 크다는 의미인데, 이것은 노동법제를 해석하는 해석자의 관점 역시 동태적이어야 함을 요구한다. 그러나 현재의 법원이 노동분쟁에 대한 해결에 임함에 있어서, 그리고 노동법제를 해석하고 판단함에 있어서 그러한 동태성을 가지고 있는지 여부에 대해서는 매우 부정적인 느낌을 받게 된다.

결국, 현행 사법절차에서는 노동분쟁이 일반 민사분쟁 등과 동일하게 처리되고 있다는 문제로부터, 그리고 법관이 노동분쟁에 대한 판단을 내림에 있어서 노동분쟁의 특성을 이해하고 전문성을 확보한 사법제도의 도입이 모색되는 것이다(박은정, 2006: 97-99).

3) 대안적 분쟁 조정 장치로서의 사회협약의 법적 쟁점

(1) 화해로서 적극 활용

사회협약은 화해의 기능을 한다. 노동위원회에 구제가 신청된 사건 가운데에는 당사자간의 화해에 의하여 사건이 해결되는 경우가 종종 발생한다. 다만 노동위원회규칙에서 정하는 바에 따라 확정판정과 동일한 효력을 가지는 공식적 화해는 거의 이루어지지 않고 있고 대부분이 비공식적 화해로서 합의취하의 방식을 채택하고 있다. 공식적 화해이건 비공식적 화해이건 어느 경우나 노사 당사자간의 자주적이고 임의적인 합의에 의하여 분쟁이 해결되었다는 점에서는 바람직하지만, 이로부터 제기되는 문제가 있는데, 그것은 취하의 형식을 빌린 비공식적 화해에 있어서 화해의 내용을 당사자가 이행하지 않는 경우에는 이것을 강제할 만한 방안이 마련되어 있지 않다는 점이다. 이에 따라서 노동위원회가 비공식적 화해에 의한 합의취하를 당사자에게 권고하는 것은 노동위원회가 판정권 행사를 스스로 포기하는 것과 같고, 사용자의 위법행위를 은폐시켜 주는 결과가 되며, 노동위원회의 판정기능에 의구심을 높여 노동위원회에 대한 신뢰도를 떨어뜨리고, 화해로 합의한 내용의 이행을 담보하기 어렵다는 점에서 타당하지 못하다는 비판도 제기되었다(윤성천, 1984: 68-71).

그러나 노동분쟁의 해결은 당사자간의 자주적 의사에 의한 해결이 가장 바람직하고, 화해에 의한 해결을 부정적인 입장에서만 바라볼 것은 아니라고 생각된다. 비공식화해에 의한 사건의 합의취하가 최종판정과 같은 효력을 가지는 공식화해보다도 적절하지 못하기는 하지만, 비공식적 화해의 내용 이행을 법적으로 강제한다는 것 또한 법리적으로 맞지 않는다. 따라서 비공식적 화해를 제도적으로 포섭할 수 있는 방안을 마련할 필요가 있다.

노동소송의 절차적 문제로서, 재판에 있어서의 조정(혹은 알선)을 모색해야 할 필요가 있다고 생각된다. 분쟁은 당사자간의 자발적 합의로 해결되는 것이 가장 바람직하고, 그것이 불가능한 경우에 법원 등 분쟁해결자가 개입하는 것을 원칙으로 하여야 한다. 즉 법원의 소송절차에서 재판전 조정(알선)제도를 둘 필요가 있다고 생각되는데, 영국의 조언알선중재위원회(Advisory, Conciliation, Arbitration Service; ACAS)와 고용법원(Employment Tribunal; ET)의 관계와 같이 노동위원회에 의한 사전조정(알선)제도를 두는 방안에 대하여 고려해 보고 싶다. 영국에서는 고용법원에 사건이 제소되는 경우 먼저 조언알선중재위원회의 알선절차를 거치도록 하고 있고, 이에 따라 조언알선중재위원회의 가장 중요한 임무 가운데 하나가 고용법원제소사건에 대한 알선이다. 이 양자는 매우 유기적으로 상호협력적 관계 하에서 업무를 처리하고 있는 것으로 소개되는데, 고용법원에 제소되는 사건의 42% 가량이 조언알선중재위원회의 알선을 통하여 해결되고 있고, 실제 소송으로 진행되는 것은 전체의 24% 정도라고 한다.

참고삼아 일본에서는 부당노동행위심사제도에서 최근 화해제도를 법정하였다. 즉 일본에서도 우리나라와 같이 많은 수의 부당노동행위사건이 화해로 해결되고 있었음에도 그동안 화해제도가 법정되지 않음에 따라서 화해의 효력에 대한 시비가 있어 왔던 바, '노동조합법의 일부를 개정하는 법률'을 통하여 화해에 대한 법적 근거를 마련하는 한편, 화해의 내용에 금전적 지급 등에 관한 합의가 이루어진 경우에는 화해조서를 작성하도록 함으로써 강제집행의 기반을 마련하도록 한 것이다. 이를 우리나라에 반영시켜보면, 조정대상의 확대와 함께 부당노동행위사건에 대한 사전조정(알선) 제도를 마련하는 방향으로 제도개선을 모색해볼 수 있다(박은정, 2006: 90-91, 109-110, 118).

(2) 노동위원회와의 연계

현재 노동법원의 도입 논의가 활발하다. 이 노동법원에서 조정제도의 도입논의와 연계하여 노동법원제도에서 재판을 대신하는 ADR은 여러 가지 방안이 있을 수 있다. 노동법원내에 노동조정부를 별도로 설치하는 방안, 재판상 화해를 유도하는 방향 등 사법형 ADR의 방식도 있을 것이고, 노동위원회나 고용평등위원회와 같이 전문성을 가지는 행정기구를 이용하는 행정형 ADR의 방법도 있을 수 있으며, 민간기구로서 노동분쟁에 대한 사적조정인이나 사적조정단체 등을 이용하는 민간형 ADR의 방법도 있을 수 있다. 그런데 노동법원제도가 도입되게 된다 하더라도 노동위원회의 역할은 여전히 필요하다. 영국은 ACAS라는 노동분쟁해결전문행정기구와 ET라는 노동분쟁해결전문사법기구를 동시에 마련하고 있는 국가이다. 우리나라에 노동법원제도가 도입되게 된다면, 영국과 같이 노동위원회와 노동법원이 병존하는 상태가 될 것인바, 여기에서 영국의 ACAS와 ET와의 관계로부터 시사되는 바가 클 것이라고 생각된다. ACAS는 ET에 제소된 고용관계분쟁에 대한 사전알선권을 담당하고 있다. 물론 ACAS에 직접 고용관계분쟁에 대한 알선을 요청할 수도 있지만 그러한 경우는 거의 없고, 대부분 ACAS에 회부되는 알선의 요청은 ET를 통해서인 것으로 나타나고 있다. 영국에서 양 기관은 대단히 유기적 관계를 형성하고 있고, 근래에는 이 관계를 더욱 확대하여 고용항소법원(EAT)에서도 ACAS에 사전알선을 위임하는 절차에 대한 시도를 모색하는 과정에 있다 이러한 시도는 ACAS가 ET의 ADR로서의 역할이 충분히 발휘되고 있다는 점을 간접적으로 보여주는 것이라고 생각되는데, 노동위원회와 노동법원이 병존하게 될 우리나라에서도 노동법원이 도입됨으로 인하여 노동위원회를 대체한다거나, 노동위원회의 기능축소를 우려한다거나 하는 부정적인 관점에서 이를 접근하기 보다는, 노동위원회가 노동법원과의 유기적 관계하에서 노동법원의 분쟁해결을 원조함으로써 ADR을 전담하는 기구로서 자리매김할 수 있는 방법의 모색이 필요하다고 생각된다.

이러한 입장을 취한다면, 노동법원이 도입되는 경우에 있어서 노동법원은 소송이 제기된 사건을 재판함에 있어서 당사자의 요청이 있거나 법관의 판단에 따라 필요하다고 생각된 경우 등에 있어서 조정적 분쟁해결의 방법을 소송당사자에게 권고할 수 있고, 이때 조정적 분쟁해결을 담당하는 기구는 노동위원회가 되어야 할 것으로 생각한다. 이때 당사자의 요청이 없어도 조정에 회부할 수 있는 경우에 대해서는 그 사건유형들을 구체적으로 검토해나갈 것이 필요하다(박은정, 2006: 113-114). 이 공적인 조정과 함께 또 하나의 사적인 조정으로 사회협약을 활용할 수 있을 것이다. 즉 사회협약은 공적 조정의 사전단계로 기능하거나 공적조정을 대신하는 장치로 활용될 수 있겠다.

(3) 조정전치주와의 관련성

현행 조정제도는 노사 간의 단체교섭이 합의점을 찾지 못하고 교착상태에 이르게 된 후 쟁의행위로 나아가기 전에 제공되는 사후적 조정제도이다. 더구나 당사자의 임의적 신청에 의하여 서비스가 제공되는 것이 아니라, 이를 준수하지 않은 경우 노조법 제91조에 의하여 제재가 부과되는 강제적 제도이다. 조정의 전치는, 냉정을 되찾아 재교섭의 가능성을 모색할 시간적 여유를 당사자에게 주기 때문에 그만큼 당사자가 쟁의행위의 개시에 신중을 기하게 된다는 점, 조정이 성공하면 쟁의행위 돌입 전에 분쟁이 해결되기 때문에 그만큼 쟁의행위자체를 예방할 수도 있다는 점, 그리고 당사자가 쟁의행위의 개시시기를 상당기간 전에 예측하게 되므로 피해도 그만큼 줄일 수 있다는 등의 장점을 가지고 있다. 그러나 조정의 전치는 쟁의행위의 개시시기를 조정기간 뒤로 미루어야 하기 때문에 단체행동권제약의 문제가 따른다는 점, 단체교섭단계에서 양보하면 조정단계에서 더 많은 양보를 요구받을지 모르고 교섭이 결렬되더라도 쟁의행위까지는 시간적 여유가 있다는 기대 때문에 교섭단계에서의 타결노력을 감퇴시킨다는 점, 당사자가 처음부터 조정보다 실력대결에 의한 해결을 유도하는 경우에는 조정에는 소극적으로 임하기 때문에 조정이 단순한 요식절차로 되어버린다는 점, 조정이 실패하는 경우에는 분쟁의 해결이 그만큼 지연되어 분쟁이 장기화된다는 점 등의 문제를 가지고 있다(임종률, 1991: 69).

현행 조정제도에 있어서는 조정전치주의의 장점보다는 단점이 더욱 부각되는 듯한데, 특히 조정의 전치가 단체행동권의 제약의 한 요인으로 작용하지 않도록 하기 위하여 배려된 것으로 보여 지는 현행 법상의 규정들(조정의 시기, 조정의 대상, 조정의 절차, 조정의 기간, 조정인의 선정 등)이 오히려 조정의 효율성을 저해하는 요인이 되고 있는 듯하다.

오히려 시기의 지정 없이 수시로 조정을 시도하는 것이 바람직하다. 노동쟁의는 단체교섭을 전제로 한다. 단체교섭은 집단적 노사관계의 형성에 가장 중요한 역할을 담당하는 단체협약의 체결을 위한 것이고, 노사 간 갈등과 분쟁의 예방이나 해결을 위한 가장 기본적인 방법이고, 이것이 협약자치의 원리이다. 그리고 조정은 이 협약자치를 원조하기 위한 하나의 수단이다. 우리 법에서 조정을 강제하고 있는 것도 이 협약자치의성립이 불가능한 경우에(즉 단체교섭이 교착상태에 빠진 경우) 단체교섭의 연장선상에서 당사자 간 평화적 분쟁해결을 도모하기 위한 것임은 분명하다. 그런데 현행법상 조정은 단체교섭이 교착상태에 빠진 후인 사후적 조정의 경우로 제한되고 있어서 조정이 조정으로서 역할할 수 있는 적기를 놓칠 수 있지 않는가 하는 의문이 제기된다(박은정, 2006: 84-85). 따라서 다양한 조정장치를 작동해서 문제가 심각해지기 전에 분쟁을 해소하는 것이 바람직하다.

쟁의행위 조정의 절차와 시기와 관련해서 현재 조정전치주의와 사후적 조정의 틀로부터의 개선이 필요하다. 이미 2003년 11월 노사관계법·제도선진화연구위원회가 제시한 노사관계법·제도선진화방안에서는 분쟁이 있는 곳에 조정이 있다, 찾아가는 조정서비스 제공이라는 원칙을 정립한 바 있다. 적극적으로 조정서비스를 제공할 것을 요청하면서, 쟁의조정의 신청유무, 쟁의행위 여부에 관계없이 조정을 실시할 것, 쟁의행위 개시 전 당사자의 신청을 받아 조정을 진행하도록 한 현행 조정전치제도를 폐지할 것, 조정기간 동안 쟁의행위 중단의무도 삭제하고, 조정기간 제한을 없애 충분한 조정기간을 확보할 것을 제시한다. 대신 쟁의행위는 성실교섭 이후 최후수단으로 행사하여야 한다는 쟁의행위의 기본 원칙을 신설할 것 등을 요구하는 한편, 이에 따라 조정방법과 절차를 새롭게 설계하기 위하여 노사가 교섭을 개시한 경우에는 지체없이 이를 노동위원회에 통지하도록 하여 적기에 조정서비스의 제공이 이루어지도록 할 것, 그리고 조정방법으로서 간이조정(알선에 해당됨)을 신설할 것 등을 제안하였다. 이러한 선진화위원회의 조정제도개선방안이 이 문제에 대한 적절한 대안이 될 수 있을 것이다. 또한 '간이조정'이라는 방식은, 실질적으로 노동위원회에게 알선권을 다시 부여하자는 것을 의미하는 것으로서, 시기와 절차에 구애받지 않는 노동위원회의 알선은 분쟁이 심화되기 전에 예방·해결할 수 있을 것으로 기대된다(박은정, 2006: 115). 이 공적인 알선과 함께 사적인 알선으로 사회협약이 기능할 것으로 기대된다.

(4) 조정의 주체 - 지방정부와 시민사회단체 중요

이 제도가 정착되기 위해서는 무엇보다도 지방정부와 시민단체의 노력이 절실하다. 울산 건설플랜트 노조 사례가 이를 웅변한다. 이는 법을 통해 강요할 수는 없고 의식 혁명이 필요한 부분이다.

(5) 강제가능성 - 자율

한편 제도의 정착을 위해서는 노사협약에 법규범성을 인정해야 한다는 논의가 있다. 그러나 이는 자율성을 최대한 살려야 할 영역이라 하겠다.

4. 맺음말

2005년 울산 지역 파업 중 가장 주목을 끈 것은 아마 건설플랜트 노조가 소속회사가 아닌 발주회사를 상대로 벌인 76일간에 걸친 장기파업일 것이다. 그리고 현재 문제가 완전히 해소된 것은 아니지만, 지역 시민단체가 주도하고 노사는 물론 중앙(노동부)과 지방정부(울산시)까지 참여한 조정단이 문제 해결의 단초를 마련하고 관련 당사자를 설득하였다는 점에서 세간의 주목을 끌기에 충분한 사건이었다. 사회협약이 분쟁의 조정 기능을 할 수 있다는 것을 보여준 모범사례라고 하겠다.

그런데, 실은 IMF의 구제금융시기를 거치면서, 특히 세계화와 신자유주의라는 커다란 흐름 속에서 이 파업은 예고된 것인지도 모른다. 그만큼 고용의 세계에서 더 이상 안전지대는 없다는 것을 보여준 것이고, 그 고통이 파업으로 분출된 것으로 여겨진다. 안타깝게도 이 파업은 자신의 고용주가 아닌 발주회사를 대상으로 삼은 것이라는 점에서 기존의 쟁의조정서비스는 기능하기 어려웠다는 한계를 품고 전개될 수밖에 없었다.

노동분쟁에서는 보통 노동자나 노동조합과 사용자라는 대립적인 당사자 구조를 바탕으로, 두 당사자의 계속적 노동관계를 통한 서로간의 갈등 관계를 전제로 하고 있다. 분쟁 후에 노동관계가 종료되는 경우가 있기도 하지만 보통은 노동관계의 계속을 전제하면서 갈등관계에 놓이는 것이다. 이 때문에 법에 의한 분쟁해결, 즉 종래의 소송을 통한 분쟁해결기능이 적절하지 않은 경우가 많다. 분쟁해결이 법원과 같은 엄격하고 독립적인 제3자를 통해서 이루어지는 경우 오히려 분쟁이 격화되어 문제는 해결된 듯이 보여도 두 당사자는 영영 과거의 관계를 회복하지 못하고 마는 경우도 많다. 특히 엄격한 증거법칙 등 절차의 형식성이 강조되는 재판절차에 의해 분쟁을 해결하는 경우 당사자의 관계가 더욱 형식화하여 분쟁이 격화되고 양 당사자 모두에게 손해가 되고 말기도 한다. 때문에 양 당사자가 신뢰할 수 있는 중재자를 통해 비교적 간단하고 신속한 절차를 통해 분쟁을 해결할 필요가 있는 것이다.

따라서 ① 사회협약을 화해제도로서 적극 활용하고, ② 노동위원회와의 연계성을 강화하며, ③ 조정을 현행 전치주의에서 벗어나 수시 조정제도로 활용하면서, ④ 조정의 주체로서 지방정부와 시민사회단체의 중요성을 인식할 때, 그리고 ⑤ 사회약은 법적 강제가 아닌 신사협정으로서의 가능성을 찾을 때 제대로 제 기능을 할 것으로 여겨진다.

4장
마무리

패러다임의 전환

아마 비정규직이 대세고 이것이 현 자본주의 시대의 상식일지도 모른다. 다른 대안이 없는 것처럼 보일지도 모른다. 그러나 대세를 거스르고 상식에 의문을 품었던 상상력과 부당한 것에 저항했던 투쟁이 결국 세상을 바꿨다. 당신과 나, 그냥 평범한 노동자에 불과하다. 그러나 비정규직화라는 대세에 의문을 품고 부당하다고 느끼는 우리의 마음이, 훗날 어떤 것을 만들어낼지는 모르는 일이다.
- 장귀연(2006: 160)

비자립적인 생활은 남의 지시 때문이 아닌 자기 스스로 하는 것이기 때문에 즐거운 일이다. 고통으로 얼굴을 찌푸리며 살아갈 것이 아니라, 즐기면서 자신이 발 디딘 곳을 단단하게 다짐으로써 지금의 상황에서 벗어나야 한다.
- 다나카 유(2007: 243-244)

I

문제는 우리 모두 자기의 프레임이 있고 그 프레임에서 벗어나지 못한다는 데서 시작된다.

> "진실이 너희를 자유롭게 하리라"는 것은 진보주의자들이 믿는 흔한 속설이다. 만약 바깥 세계에서 벌어지는 사실들 모두를 대중의 눈앞에 보여준다면, 합리적인 사람들은 모두 올바른 결론에 도달할 것이다. 그러나 이는 헛된 희망이다. 인간의 두뇌는 그런 식으로 작동하지 않는다. 중요한 것은 프레임이다. 한번 자리 잡은 프레임은 웬만해서는 내쫓기 힘들다(조지 레이코프, 2006: 141).

이는 사회현상은 물론이고 자연현상을 보는 시각 모두에서 그러하다.[1] 노동의 세계라고 다를 바 없다. 비정규직 노동자와 관련해서는 개념의 정의부터 갈라진다. 과연 무엇이 정규(typical)이고 무엇이 비정규(atypical)인가? 라이시는 "역사적으로 '안정된' 일자리라는 개념은 그리 오래된 것이 아니다. 그리고 지금 상황으로 보아 그 수

1) 예전의 황우석 사태나 최근의 천안함의 경우에도 각자 자신의 프레임대로 믿을만한 것만 믿는 모습을 보게 된다.

명 또한 길지 않을 것이다. 대량 생산의 시대 150년 동안 미국과 다른 선진국에서 '안정된' 일자리가 한창 그 꽃을 피웠지만, 이제 종말이 가까워오고 있다."고 진단하고 있는데(로버트 라이시, 2001: 130), 그렇다면 전통적인 정규직이 비정규이고 비정규직이 정규직이 된다는 것인가?

2011년 7월 22일 대법원은 현대자동차 비정규직노동자가 낸 부당해고 구제와 불법파견 정규직화 소송에서 완성차 컨베이어 흐름작업에서 동일한 노동을 하는 비정규직은 위장도급 형식의 불법파견이라며 2005년 7월 1일 이전 입사해 2년 이상 경과한 자는 고용의제에 따라 이미 정규직이라는 판결을 내렸다. 이 판결에 대해 노동계는 환호하면서 앞으로의 노동운동의 방향을 제시하고 있는데(하부영, 2010), 경영계는 우려의 목소리를 내면서 법적 대응을 하고 있고 이를 언론에서 중계한다(신형욱, 2010). 정부는 하도급 대책을 제시하고 있지만(고용노동부(관계부처 합동), 2010) 노동계는 이를 우려의 시각에서 바라보고 있다(전종휘, 2010).

이렇듯 프레임의 차이로 인하여 합의점을 모색하는 게 여간 어려운 일이 아니다. 따라서 우선은 최소한의 접점에서 만족할 수밖에 없다. 그것은 동일(가치)노동 동일임금(노동조건)이라고 생각된다. 이러한 차원에서 생겨난 것이 비정규직에 대한 차별금지제도일 것이다. 아직 이와 관련한 대법원 판결은 아직 없고 노동위원회와 하급심 판결이 나타나고 있다. 그러나 아직 판례법리라고 할 만한 게 정립된 것으로 생각되지는 않는다.

이 점과 관련하여 남녀고용평등에 관한 대법원판결에서 시사를 받을 바가 있을 듯하다. 대법원은 우선 동일가치노동 동일임금의 원칙에 대한 일반론을 다음과 같이 설시하고 있다. 우선, 동일가치노동 동일임금의 원칙에서 말하는 동일가치노동이라 함은 당해 사업장 내의 서로 비교되는 남녀 간의 노동이 동일하거나 실질적으로 거의 같은 성질의 노동 또는 그 직무가 다소 다르더라도 객관적인 직무평가 등에 의하여 본질적으로 동일한 가치가 있다고 인정되는 노동에 해당하는 것을 말한다. 동일가치의 노동인지 여부는 고평법 제8조 제2항에 따라 직무 수행에서 요구되는 기술, 노력, 책임 및 작업조건을 비롯하여 노동자의 학력·경력·근속연수 등의 기준을 종합적으로 고려하여 판단하여야 한다.

여기에서 '기술, 노력, 책임 및 작업조건'은 당해 직무가 요구하는 내용에 관한 것으로서, '기술'은 자격증, 학위, 습득된 경험 등에 의한 직무수행능력 또는 솜씨의 객관적 수준을, '노력'은 육체적 및 정신적 노력, 작업수행에 필요한 물리적 및 정신적 긴장 즉, 노동강도를, '책임'은 업무에 내재한 의무의 성격·범위·복잡성, 사업주가 당해 직무에 의존하는 정도를, '작업조건'은 소음, 열, 물리적·화학적 위험, 고립, 추위 또는 더위의 정도 등 당해 업무에 종사하는 노동자가 통상적으로 처하는 물리적 작업환경을 말한다.

대법원은 이러한 일반론을 전제로 구체적인 사실관계에 대하여 판단하고 있다. 즉, 회사 내에서 남녀노동자가 하는 작업이 작업의 성격이나 기계 작동의 유무의 면에서 다소의 차이가 있고, 작업공정에 따라서는 남자노동자가 무거운 물건을 운반하고 취급하는 등 여자노동자에 비하여 더 많은 체력을 소모하는 노동에 종사한 것이 사실이지만, 그렇다고 하여 남자노동자의 작업이 일반적인 생산직 노동자에 비하여 특별히 고도의 노동 강도를 요하는 것이었다든가 신규 채용되는 남자노동자에게 기계 작동을 위한 특별한 기술이나 경험이 요구되었던 것은 아니기 때문에 원심 인정과 같은 정도의 차이만으로 남녀 간 임금의 차별 지급을 정당화할 정도로 '기술'과 '노력' 상의 차이가 있다고 볼 수는 없다. 그럼에도 불구하고 남녀

노동자 사이의 임금 차이가 합리적인 기준에 근거한 것임을 알아볼 수 있는 자료가 없는 이상, 성에 따라 그 기준을 달리 적용함으로써 여자노동자에게 동일가치의 노동에 종사하는 남자노동자보다 적은 임금을 지급한 것이라고 보아야 할 것이다(대법원 2003. 3. 14. 선고 2002도3883 판결)(오문완, 2008: 61-68).

이 정도의 결론이 현재 서로 다른 주장을 하는 두 주체, 두 프레임에서 공동의 양보선으로 제시할 수 있는 지점이라 여겨진다.

II

새로운 패러다임이 필요하다.

그런데, 현재의 고용과 노동조건이라는 문제를 생각할 때 종전의 사고방식으로는 비정규직 문제를 도저히 풀어나갈 수 없다는 데 있다. 이 문제는 실업, 특히 청년 실업의 문제, 그리고 전반적인 빈곤의 문제, 소득의 불균형 문제 등과 연결되어 있기 때문이다. 결국은 패러다임 자체가 바뀌어야 논의의 단초를 열 수 있지 않을까 여겨진다.

아래 표에서 보듯이 우리가 젖어있는 전통적인 지배적 사회 패러다임(dominant social paradigm; DSP)에서 새로운 환경 패러다임(new environmental paradigm; NEP)으로의 전환이 필요하다.

〈표 4-1〉 두 개의 패러다임

지배적 사회 패러다임	새로운 환경 패러다임
1. 자연에 대한 낮은 가치 부여 ① 상품생산을 위한 자연의 이용 ② 자연에 대한 인간의 지배 ③ 환경보호보다는 경제성장 우선	1. 자연에 대한 높은 가치 부여 ① 고유한 목적을 지닌 자연 - 자연에 대한 경건한 사랑 ② 인간과 자연간의 전체적인 관계 ③ 경제성장보다는 환경보호 우선
2. 가까운 사람 혹은 존경하는 사람들에게만 동정심을 표현한다. ① 인간의 필요를 위해 다른 종들 이용 ② 다른 사람들에 대한 관심 결여 ③ 지금 세대에만 관심 부여	2. 동정심을 보편화하여 다음과 같은 대상에게로 표현한다. ① 다른 종들 ② 다른 사람들 ③ 다른 세대들에게로 향한다.
3. 부를 극대화하기 위하여 위험을 수용 ① 과학과 기술은 인간에게 엄청난 혜택을 줌 ② 핵발전의 신속한 개발 ③ 하드 테크놀로지의 강조 ④ 통제에 대한 비판 - 시장 기능의 이용, 위험의 개인적 책임을 강조	3. 위험을 피하기 위한 신중한 계획과 행동 ① 과학과 기술이 항상 좋은 것은 아님 ② 더 이상의 핵발전 개발의 중지 ③ 소프트 테크놀로지의 개발과 사용 ④ 자연과 인간을 보호하기 위한 정부의 규제
4. 성장에는 한계가 없다. ① 자원 부족은 없다. ② 인구 증가는 문제가 되지 않는다. ③ 생산과 소비	4. 성장에는 한계가 있다. ① 자원의 부족 ② 인구 폭발에 따른 욕구의 증대 ③ 절약
5. 현 사회에 문제가 없다. ① 인간은 자연에 어떠한 손상도 주지 않는다. ② 위계와 효율성 ③ 시장의 강조 ④ 경쟁 ⑤ 복잡하고 빠른 생활양식 ⑥ 경제적 필요에 의한 직업의 강조	5. 완전히 새로운 사회 ① 자신과 자연에 대한 인간의 심각한 손상 ② 개방성과 참여 ③ 공공재에 대한 강조 ④ 협력 ⑤ 단순한 생활양식 ⑥ 노동자의 만족을 강조
6. 낡은 정치 ① 전문가에 의한 결정 ② 시장 통제를 강조 ③ 직접행동을 반대하고 정상통로 이용 ④ 좌-우의 구도에 따른 정당 - 생산수단의 소유를 둘러싼 논쟁	6. 새로운 정치 ① 협의와 참여 ② 예견과 계획의 강조 ③ 기꺼이 직접행동으로 나감 ④ 새로운 축에 따른 새로운 정당 구조

자료 : 밀브래스, 2001: 219 <도표 6.1>

1993년 시카고에서 소집된 세계 종교 의회(Parliament of the World's Religions)는 인간 행동에 대한 4가지 유서 깊은 지침에 기초를 둔 보편적 윤리를 주창하였다: 생명 존중과 비폭력의 문화; 공정한 경제적 질서; 관용의 문화와 정직한 삶; 남녀 사이의 동반자 관계와 동등한 권리의 문화. 세계의 종교 대표자들이 언급한 바와 같이 이것은 인류의 생존에 절대적으로 필요한 최소한의 윤리이다(어빈 라즐로, 2001: 108).

그리고 이렇게 패러다임의 전환을 생각하게 된 것은 실은 기존의 틀은 더 이상 작동하기 어렵다는 것을 볼 수 있는 단계에 왔기 때문이다: 인간존재에게 자연이 실존하는 것은—그리하여 인간이 자연을 윤리적 차원에서 고려할 수 있는 것은—인간의 노동이 자연을 변형하기 때문이다. 인류가 있는 그대로의 자연을 인정하는 것은 오히려 자연으로부터 분리될 때 가능하다. 이런 투과적 논리는 우리가 문명화되었을 때만 비로소 있는 그대로의 자연을 사랑할 수 있음을 의미한다(오귀스탱 베르크, 2001: 233).

이 새로운 패러다임이라는 게 이미 20년도 더 전에 선을 보인 것이라 새롭지도 않지만 이러한 방식으로의 접근이 없이는 지속가능한 사회도, 노동의 세계도 기대하기 어렵기 때문에 바로 지금 적실한 패러다임이라고 여겨진다.

1. 현재 우리의 삶이라는 게 영원한 것은 아니다.

지구는 대략 46억 년 전에 형성되었다. 인간이 지구상에서 삶을 시작한 것은 불과 250만 년 정도밖에 되지 않는다. 문명은 약 10,000년 전에 발전하기 시작하였고, 기록된 역사는 기껏해야 5,000년 정도에 지나지 않는다. 지구의 시간으로 볼 때 불과 0.00000044%에 불과한 지난 200여 년 동안에 우리 인류는 과거 수십 억 년 동안 지구상에 일어났던 것보다도 더 많은 변화를 초래하고 있다. 이러한 짧은 시간의 폭에 대해 우리가 어떻게 장기적인 안목을 지닐 수 있단 말인가?

지구가 생성된 이후의 모든 시간을 나타내는, 상영시간이 일 년에 달하는 영화를 한번 생각해 보자. 영화가 시작되고 몇 주가 지나도 영화상에는 어떠한 생명의 징후도 나타나지 않는다. 3월이 돼서야 단세포 생물체가 처음으로 나타나게 된다. 전자 현미경으로나 겨우 볼 수 있는 이 작은 생명체들은 이후 약 20억 년 동안 유일한 생명체로 등장하게 된다.

이 영화에서 보다 복잡한 생명체는 8월과 9월이 될 때까지 나타나지 않는다. 보다 크고 복잡한 다세포 유기체들은 11월이 되어서야 등장하게 된다. 공룡들은 12월 13일 경에 등장하게 되고, 그 후 약 13일 후에 사라지게 된다. 포유류는 약 12월 15일 경에 등장한다. 인류는 12월 31일 자정(에서) 약 5시간 전에서야 모습을 드러낸다. 근대 인류라고 불리는 호모 사피엔스는 자정 약 11분 전에 해당한다. 문명은 자정 1분 전에 등장하게 된다. 현대 인간의 생명은 불과 0.5 초에 불과한 것이다.

산업사회는 약 2초간 나타나게 된다. 이 기간 동안에 인간은 지구 자원의 상당부분을 사용하였고 소비했다. 또한 인간의 필요를 충족시키기 위해서 생태계를 변화시키고 착취했으며, 다른 모든 종들을 자신의 목적에 따라 유용하였고, 이 중 상당수의 종들을 멸종에 이르게 하였다. 인류는 이제 생태권을 오염시키고 있으며, 지구의 기후를 변화시키고 있다. 지구상에서 13일 동안 생존했던 공룡들과 비교해 볼 때, 호모 사피엔스는 과연 하루라도 버틸 수 있을 것인가? 인류보다 훨씬 앞서 존재해 왔던 미생물(microbe)은 인간이 사라진 후에도 상당히 존속할 것이다(밀브래스, 2001: 30-32).

0.5초의 짧은 삶을 살아가며 자신의 주위에 무한한 해악을 끼칠 것인지, 아니면 그 짧은 삶이라도 삶의 보람을 느끼며 살아갈 것인지 성찰이 필요하다. 물론 이는 개개인의 도덕에 맡길 문제는 아니고 사회 구조로 접근하여야 할 문제이다. 그래서 패러다임의 전환이 필요한 것이고 프레임의 선점이 필요한 것이다.

2. 일의 세계 전반을 재구조화하고 규율할 필요가 있다.

1) 노동에 대한 성찰

현재 노동력을 제공하고 그 대가를 받아 생활하는 대표적인 모습은 고용(노동)이다. 그런데 더 이상 완전고용이라는 것을 기대하기는 어렵고, 특히 청년 실업은 심각하다 못해 폭발 직전의 위기 상황이다. 청년실신(청년들이 실업 때문에 실신), 십오야(십오세 이상이면 이십대 때 깜깜해진다), 삼일절(31살 이후엔 절망), 도시락족(돈 없어서 도시락 싸갖고 다니는 처지), 알부자족(알바로 부족한 학자금을 충당) 같은 자조의 용어들이 등장하고 있다(한홍구·서해성, 2010). 바로 이 시점에서 노동이라는 것 자체에 대해 재검토할 필요가 있다.

유럽에서는 오랜 세월 동안, 임금노동은 모욕으로 받아들여졌다. 자신이 하고 싶어서 하는 일이 아니라 오직 돈을 벌기 위해 하는 노동이란 심히 모욕적인 것이라는 가치관이 형성되어 온 것이다. '임금노예'라는 말은 20세기 전반까지 남아있었다. 지금은 거의 없어졌는데, 대부분의 사람이 임금으로 살고 있기 때문에 그러한 말은 잘 사용되지 않게 되었다. 하지만, 임금을 벌기 위해서만 하는 노동이라는 것은 노예제와 별 다를 게 없다는 가치관이 유럽에는 확실히 존재하고 있다. 그러므로 유럽에서는 노동자가 기꺼이 자발적으로 고용제를 선택했다는 것은 역사적인 사실이 아니다(더글러스 러미스, 2003: 136-137).

이러한 사정은 미국도 물론 그러한데 19세기 후반 대량 생산 시대가 오기 전에는 고정 임금을 받는 영구적인 일자리를 가진 사람이 거의 없었다. 대부분의 일은 가정이나 소작농 혹은 각 가정에서 운영하는 조그만 작업장에서 이루어졌으며, 일부 장인이나 공예가들의 손을 거치기도 했다. 미국에 대량 생산이 처음 선보였을 때, 누군가를 위해 영구적으로 일한다는 것은 개인의 자유에 대한 위협은 아닐지라도 상당히 불명예스러운 것으로 여겨졌다. 19세기 중반의 한 정치 관련 팸플릿에서는 "임금은 노예를 거느리는 데에 따른 비용이나 수고, 오명에서 벗어나서 노예 제도의 모든 장점을 가져보겠다는 교묘한 악의 도구"라고 할 정도였다. 임금 노동은 도덕적으로 경제적인 독립으로 나아가는 하나의 발걸음 정도에서 용납되었다(로버트 라이시, 2001: 130-131). 다른 나라라고 다를 바는 아니다. 유럽이 식민지를 만드는 최초의 단계에서 거의 반드시 강제노동을 사용하지 않을 수 없었고, 노동의 역사는 강제노동의 역사였기 때문이다(더글러스 러미스, 2003: 137).

바로 그런 역사성 때문에 장시간노동, 저임금, 산업재해 등의 폐해가 생겨났다. 그리고 그에 대한 대책으로 '노동중독증'(홀거 하이데, 2000: 77-94)의 해소, 게으를 권리의 보장이라는 개념들이 등장한다. 예컨대 다음과 같은 얘기이다: "노동자 계급이 자신을 지배하면서 본성까지 타락시키고 있는 악을 뿌리 뽑아 버리려면 가공할 만한 힘으로 떨쳐 일어나야 하는데, 단지 자본가들의 착취의 권리만을 의미할 뿐인 '인권선언 Rights of Man' 또는 단지 불행할 수 있는 권리만을 의미할 뿐인 '일할 권리 Right to Work'가 아니라 누구든 하루 세 시간 이상을 일할 수 없도록 금지하는 철의 법칙을 주조(鑄造)하기 위해 봉기해야 하는 것이다. 그러면 대지는, 기쁨으로 전율하는 이 오래된 대지는 안에서 펄펄 살아 뛰뛰는 새로운 우주를 느낄 수 있을 것이다. 하지만 도대체 어떻게 하면 자본주의 윤리에 의해 타락한 프롤레타리아들에게 이처럼 진짜 사나이다운 결심을 하도록 할 수 있을까……고대 노예제도를 슬픈 모습으로 체현하고 있는 그리스도처럼 프롤레타리아의 남편과 아내들 그리고 아이들은 벌써 한 세기 동안 고통스럽게 고난에 가득 찬 갈보리 언덕을 기어오르고 있다. 한 세기 동안이나 강제 노역이 이들의 뼈를 부러뜨리고, 피부를 멍들게 하고 신경을 망가뜨렸다. 한 세기 동안이나 굶주림이 이들의 내장과 뇌를 산산조각내 왔다. 오! 게으름이여, 이 오랜 고통에 자비를 베푸소서! 예술과 고귀한 미덕의 어머니인 게으름이여, 이 인간의 고통에 위안이 되어 주소서!"(폴 라파르그, 1997: 94-95).

2) 일 자체에 대한 규율

그런데 우리는 (종속)노동을 통해서만 소득을 얻는 것은 아니다. 위임이니 도급이니 하는 다양한 방식으로 수입을 얻고 살아간다. 그런데 이러한 노동력의 제공 방식은 대등한 당사자 사이의 계약관계이니 원칙적으로 당사자가 알아서 할 바라고 한다(계약의 자유). 그러나 대등한 관계라고 얘기하는 위임이나 (특히) 도급이 꼭 대등한 당사자 사이의 관계를 형성하는 것은 아니다.

최근 많은 논란을 불러일으키고 있는 사내하도급의 경우가 가장 대표적인 예가 되겠다. 그렇다면 이러한 문제를 더 이상 당사자의 자율에만 맡겨둘 수는 없다. 앞으로의 법제는 일에 관한 종합법이 되어야 할 것이다(특수고용관계에 놓여 있는 사람들한테도 사회보험 가입 자격을 부여하는 방향으로의 입법 등 전통적인 노동자 개념에 포섭되지 않는 계층을 노동법의 틀로 끌어들이는 작업이 이미 시작되었다는 점에서 이 문제는 좀더 깊이 있는 논의가 필요할 것으로 여겨진다).

다음 이야기에 주목하자: "기술적·사회적 발전과 기업의 이익 때문에 희생되는 노동자를 자유롭게 하려면 무엇보다도 노동권의 개념이 다시 확립되어야 한다. 노동을 하는 사람은 그 대가로 사회에서 행복하게 살 수 있어야 한다는 근본적인 권리 말이다. 반대로 지금과 같은 비정규직화는 노동자가 일을 하면서도 끊임없이 불안함에 시달리도록 몰아넣는 방식이다. 정규직 임금 노동자를 전형적인 노동자로 간주해서 수립된 기존의 노동권 개념이 좁은 것으로 드러난 이상, 이제는 노동권을 더욱 확장하여 재구성할 필요가 있다.

이것이 구체적으로 어떠한 형태를 띨지는 아직 미지수다. 케인스주의 수정자본주의 시대의 사회적 복지와 유사한 방식일 수도 있다. 또는 기업의 전횡을 규제하고 자본의 사회적 책임을 강화하는 또 다른 제도를 구상해볼 수도 있다.

사실은 노동권의 재구성이라는 생각을 염두에 두는 사람이 아직은 거의 없으며, 기존 노동권의 개념 내에서 어떻게든 보완해보려는 노력이 주를 이루고 있다. 현재의 노동권 개념도 어느 한 사람의 아이디어로 생겨난 것이 아니다. 수십 년에서 수백여 년에 이르는 기간 동안, 당시 자본주의의 현실적 문제를 인식하고 개선책을 모색하고 실천하고 투쟁한 다양한 흐름들이 쌓이고 모여서 형성된 것이다. 비정규직이 기존 노동권의 개념을 파괴해버린 지금 이 시대, 다시 새로운 대안이 형성되기 위해서는 상당한 시간이 걸릴 수도 있다.

그러나 전망을 사고하기 위해서라도 먼저 근본적인 인식의 기초를 다질 필요가 있다. 그것은 다음 두 가지 명제로 요약된다. 노동자는 자신의 노동을 통해 버젓하게 살아갈 정당한 권리가 있다. 그 권리는 인식하고 모색하고 실천하고 투쟁하는 과정에서 만들어진다."(장귀연, 2006: 156-7).

또한 노동 문제는 사회보장 문제와 떼려야 뗄 수 없는 관계이다. 사회보장이라는 뒷배경 없이는 장시간노동, 노동중독을 피해갈 수 없기 때문이다. 그리고 이는 세금 문제와 직결되는 영역이기도 하다.[2)]

3) 진정한 의미의 일할 권리의 보장

이상의 논의를 다음과 같이 정리할 수 있겠다. 일할 권리란 모든 노동[3)]자 - 그가 취업하고 있던 그렇지 않든 - 가 적당한 시간 일하면서 적절한 노동조건 아래 놓여 있어서 인간적인 생활을 할 수 있도록 해 줄 것을 국가에 대하여 요청하는 권리를 말한다.[4)] 노동은 발전·창의성·아름다움·소속감·다양성 그리고 훌륭한 건강을 위한 기회를 제공해 주어야만 한다. 즉, 노동은 자아실현을 위한 기본적인 수단이어야만 한다. 충족감을 느끼는 노동을 위한 기회가 단지 직업을 가진 사람들에게만 한정되어서는 안 되고, 현재 보상이 주어지지 않는 노동(예컨대 집안일, 양육, 자원봉사, 이동급식 등)을 통해 기여하고 있는 사람들에게도 자존감, 물질적이고 사회적인 보상이 주어져야 한다(밀브래스, 2001: 157).

이러한 전제 아래 밀브래스는 다음과 같이 정리한 바 있다.

---

2) 이 문제에 관해서는 김미경(2008)의 논의가 주목된다.

3) 고용이든 위임이든 도급이든 어떠한 방식으로든 노동력을 제공하는 경우를 말한다.

4) 따라서 "기본적으로 노동자의 생활이 유지되는 노동이어야 하고, 보다 원리적으로는 노동의 질과 양에 상응하는 대가가 지급되는 노동이어야 한다."는 지적(이영희, 1990: 74)은 너무나 당연한 이치를 밝히고 있다.

(1) 완전 고용은 계속 되겠지만 수십 년 내에 실현할 수는 없는 목표인데, 그 이유는 세 가지 조건의 확산 때문이다 :
 ① 인구의 증가, ② 기계의 생산성 증가, ③ 경제적 성장을 방해하는 자원의 한계.

(2) 우리는 고용과 일을 구별해야 한다. 우리의 관심은 개인적으로 충족스러운 일을 행하는 것이다.

(3) 우리는 완전 고용이라는 성취할 수 없는 목표의 실현을 중지하고, 대신 가능한 한 우리의 일상 활동들을 충족스럽게 만드는 데 초점을 맞추어야 한다. 우리의 목표는 단순한 직업이 아니라 삶의 질이다.

(4) 많은 사람들은 자가 노동을 하는 방법을 학습함으로써 충족스런 일상적 활동을 발견할 것이다. 우리는 자가 노동을 촉진하는 사회의 경제적 패턴을 재구조화함으로써 임금이 지불되는 직업에 대한 의존을 줄이게 될 것이다.

(5) 충족감을 주는 일은 다섯 가지의 중요한 국면을 지니고 있다 : 도전, 유용성, 보상(돈 또는 상품), 동료와의 만족스런 관계, 자원의 풍부함.

(6) 자가 노동을 지원하고 지속가능할 수 있는 사회는 :
 ① 부 또는 성장 또는 높은 물질적 소비를 추구하지 아니하고,
 ② 개방적이며, 변화·학습·다양성에 대해 장려하며,
 ③ 전문적 사고보다 통합적 사고를 강조하며,
 ④ 사람들로 하여금 다양한 재능을 개발하도록 격려하며,
 ⑤ 성 역할의 희미한 구분—전통적인 성 역할에 의한 속박—에서 벗어나 자기가 할 수 있는 모든 것을 할 수 있도록 하며,
 ⑥ 경쟁으로부터 협동으로의 전환을 강조하며,

⑦ 임금이 지불되는 고용 기회를 더욱 광범위하게 공유하는 방법을 찾는다 : 더 짧아진 주간(週間) 근무, 직업의 공유, 시간제 직업, 조기 퇴진.

⑧ 자가 노동을 행하는 사람들의 욕구에 적절하게 조정되어 더욱 부드러운 형태로 기술을 사용할 것이다.

(7) 모든 사람을 위한 기본 생계비용은 자가 노동-지향 사회의 일부분이 될 가능성이 있다. 이것의 실현은 튼튼한 기초 경제와 대중들의 신념과 가치의 커다란 전환을 필요로 한다.

(8) 시간이 흐름에 따라 지속가능하기 위해 노력하는 사회는 생태지역이 자기-충족적일 수 있는지의 여부는 분명하지 않다. 그러나 생태지역주의의 구성요소들은 앞으로 받아들여질 것이며, 국가적·세계적 수준을 지향하는 활동들과 공존할 것이라고 예측할 수 있다(밀브래스, 2001: 368-369).

그런데 이러한 이치는 한 세기 전에 천명된 것이기도 하다. 이미 19세기말에 교황의 회칙 「새로운 사태」[5]는 인간의 자유로운 활동을 요구하는 품위를 노동에 회복시키는 적합한 개혁들을 위한 길을 제시한 바 있다. 이러한 개혁들은 특별히 노동자가 실직의 악몽으로부터 보호를 받도록 하기 위하여, 사회와 국가에 책임을 지도록 요청한다. 실업 보험이나 기술과 직업의 재교육과 같은 것이다. 또한 사회와 국가는, 노동자와 그 가족의 생계유지가 가능하도록 최저 임금과 최저 노동조건을 확보해야 한다. 아울러 사회 보장, 연금, 건강과 사고 보험으로 실시된 수많은 개혁도 그러하다(백주년 15

5) 교황 레오 13세의 회칙인 *RERUM NOVARUM*(1891)은 가톨릭이 사회문제에 대하여 최초의 관심을 보인 것으로 특히 노동문제를 집중적으로 다루고 있어 종래 '노동헌장'이라 불러 왔다. 국내 번역본으로는 한국 천주교 정의평화 위원회 교육분과(1983)와 최영철 신부(1994: 7-49) 번역본이 있다.

항)(오문완, 2007: 31-32).

이러한 일할 권리라는 것은 한 마디로 '일의 인권'이라고 명명할 수 있겠다. 우리 헌법 제10조에서 얘기하는 '인간으로서의 존엄과 가치'를 인권이라고 이해할 때 이는 다양한 것들이 조화를 이루며 살아가는 것[화이부동(和而不同)]라고 바꾸어 말할 수 있겠다. 즉, 일의 세계에서 너와 내가 더불어 살아가는 사회를 만들 수 있다면 그 사회는 인권이 존중받는 사회이고 그게 바로 우리가 추구해야 할 사회이다.

III

'일의 인권'을 우리가 추구할 바라고 전제할 때 노-사-정은 "적어도" 다음과 같은 자세를 가져야 한다.

1. 정(政) - 일의 인권 정립과 법의 엄정한 집행

정부는 지속가능한 사회 건설을 위해 모범 설정자의 구실을 하는 게 중요하다. 이와 관련하여 인권의 프레임이 필요하다. 이론적으로 볼 때, 인권과 관련된 경제발전의 '인권흥정' 논리는 주로 세 가지 부분으로 요약된다. 먼저, '자유의 흥정'(the liberty trade-off)은 시민적 정치적 권리가 정부의 정책수행에 잦은 비능률을 초래하기 때문에 급속한 경제발전을 지향하는 국가는 이러한 권리들을 제한하지 않을 수 없다는 논리이다. 둘째로, '평등의흥정'(the equality trade-off)은 모든 사람의 기본적인 욕구를 당장 충족시키거나, 상대적으로 평등주의적인 소득분배를 달성할 경우 발전의 속도와 진행이 지나치게 늦춰질 것이란 전제하에서 경제적 사회적 문화적 권리를 희생시키고자 하는 것이다. 셋째로, '필요의 흥정'(the needs trade-off)은 자원이 부족한 나라에서 발전 및 투자를 위해 다른 소비적 분야를 억제하거나 아예 제거하는 것을 말한다.

이 중 '자유의 홍정' 과 '평등의 홍정' 논리가 권위주의 독재자들에게 흔히 악용되어온 측면이 있다. 특히 '자유의 홍정'은 모든 형태의 개발독재의 버팀목이었다. '평등의 홍정'은 수많은 자본주의적 발전전략의 한 요소로서 국제금융기구들에 의해 권고되거나 강요되고 있는 관행의 일부이다. 나아가 이러한 인권 홍정논리들은 일시적인 인권침해만을 정당화해 줄 뿐이다. 빈곤과 식량부족이 일상화되고 인민의 기본적인 욕구들이 보장되지 않을 때는 '경제발전에 우선권이 주어져야 한다'는 주장은 일면 설득력이 있다. 그러나 이는 인권의 관점에서 볼 때 너무 근시안적인 접근이며 발전을 위해 자유권과 사회권을 희생시키는 정권은 결코 바람직한 정부의 모습이라고 볼 수 없다(정영선, 2008: 172-173).

사회권의 근간을 이루는 것들은 어떠한 정부라도 무시해서는 안 된다. 우리 사회에서는 지방자치의 역사가 짧아서 그런지 지방정부의 노동정책을 중시하지 않는 듯하다. 그러나 앞으로는 지방의 중요성이 훨씬 커질 수밖에 없다. 필요한 것은 내적인 감수성이며 선인들의 지혜지만, 또 하나 중요한 것이 지역공동체다. 경제의 지구화가 사람들에게 불행을 안겨 주고 회복하기 힘들 정도로 자연을 파괴하고 있는데, 그것을 넘어서는 길은 지역화(localization)에 있다. 지역화란 생활과 생산을 가능한 한 지역 안에서 해결하는 것이며, 가까운 지역과 그 공동체에 대한 이해와 연대를 강화하는 것이다. 환경적, 문화적 특질을 지닌 지역에 속해 있다고 느끼는 것이다. 또한 지역화는 경제와 관련된 것이기도 하다. 생산자와 소비자 사이의 거리를 좁힌 작은 경제 구조를 만들어 냄으로써 경제와 사회의 자율성을 되찾고 사람들의 마음속에 자비와 지혜를 일깨우는 것이다. 전통과 사람들의 지혜를 살린 '오래된 미래'는 과거로 돌아가는 것이 아니다. 과거와 다시 관계 맺는 일이 필요한 것이다. 미래를 잃어버리지 않도록, 미래와 다시 관계 맺는 일이 필요한 것이다(다나카 유, 2007: 237).

그리고 법으로 일정한 기준을 설정했을 때 그 기준이 지켜지도록 공정한 감시자의 기능을 하는 노력을 소홀히 해서는 안 된다. 최근 국정감사에서 밝혀진 관리 감독의 소홀은 심각한 문제가 아닐 수 없다.

○ 정부 사실상 단속 손 놔

최근 3년간 고용노동부로부터 불법파견 사업장으로 적발돼 사법 조치된 업체는 1곳에 불과한 것으로 나타났다. 정부가 사실상 불법 파견 감시 책임을 방기했다는 지적이 제기된다.

4일 민주당 이미경 의원이 노동부로부터 제출받은 '사내하도급 실태점검 결과 조치 내역'에 따르면 2007~2009년 정부는 모두 1339개 원·하청 업체를 대상으로 실태 점검을 벌여 7개 업체에 대해 불법으로 판단했다. 1년에 사업장 2~3개를 적발한 셈이다.

이 중 '파견노동자 보호에 관한 법률' 위반으로 사법처리를 위해 검찰에 송치한 곳은 1개 사업장에 불과했다. 이 사업장은 파견법 위반으로 벌금 70만원을 부과 받았다.

이는 2004~2006년 정부의 실태조사와 대비된다. 노동부는 이 기간에 모두 2720개 원 · 하청 업체를 대상으로 실태 점검을 벌여 507개 사업장을 법 위반 사업장으로 판단했다. 이 중 253개 사업장이 사법 처리됐다.

정부가 불법파견을 사실상 방조하면서, 불법파견 사업장으로 적발된 이후 노동자를 직접 채용한 사업장도 최근 3년간 대폭 줄어들었다.

2004~2006년에는 62개 사업장에서 1856명이 원청업체에 직접 채용됐지만, 2007~2009년에는 5개 사업장 89명으로 직접채용 규모가 축소됐다.

이미경 의원은 "제조업에서 파견이 엄격히 금지돼 있음에도 노동부가 3년간 단 1건만 사법처리했다는 것은 불법파견 단속에 사실상 손을 놓고 있었다는 것을 의미 한다"면서 "노동부의 행정지도 전반을 철저히 평가하고, 불법 파견에 대해 전 사업장을 대상으로 조사를 실시해야 한다"고 밝혔다.

노동부 관계자는 "2004~2006년 적극적으로 사법조치를 했지만 검찰과 법원에서 인정되는 사례가 적었기 때문에 이후에는 법원 판결을 준용해 사법조치가 줄어든 면이 있다"며 "그동안 기업들이 스스로 고용 형태를 개선한 영향도 있는 것으로 보인다"고 말했다(유정인, 2010).

2. 사(使) - 인권 경영

많은 경영자가 노동권이 인권이라는 점을 주목하지 않는다. 재산권이 인권 항목에서 상대화하고 있음에 반해 사회권은 생존을 위한 필수적인 권리라는 인식이 더 번져가고 있다는 점(조효제, 2008: 131-135)은 우리에게 시사하는 바가 크다. 이제 인권 경영 시대가 온 것이다.

LG전자는 8월 말 유엔 글로벌콤팩트와 전자업계 행동규범에서 내세운 인권과 노동 관련 원칙을 도입한 새 노동정책(Global Labor Policy)을 발표한다. 여기에는 글로벌콤팩트의 인권 · 노동 관련 6개

원칙과 전자업계 행동규범이 정한 노동기준 등이 반영된다. 그 배경에는 주요 거래처 중 하나인 유럽의 이동통신업체 보다폰·텔레포니카 등의 요구가 있었다. 이들은 노동권이 침해되는 하청업체의 부품이나 분쟁지역의 원재료를 사용하지 말아달라고 요구했다. 또 <포천>이나 다우존스 지속가능경영지수(DJSI) 등이 LG전자에 대해 노동 분야에서 낮은 평가를 한 점도 한몫했다.

국내 기업의 사회책임경영을 살펴보면 소외된 이웃을 위한 사회공헌 활동이 주를 이룬다. 국내 은행 최초로 '사회책임 보고서'를 발간하는 등 사회책임경영에 적극적인 신한은행은 최근 아름다운재단·사회연대은행 등 시민단체와 함께 나눔교육, 저소득 빈곤층 지원사업과 같은 공익 연계 프로그램을 진행하고 있다. 아모레퍼시픽은 저소득층 여성의 자립을 돕고 있다. 아름다운재단에 기부한 '아름다운세상 기금'을 토대로 마이크로크레디트(microcredit·무담보 소액 대출 제도) 사업을 펼쳐 저소득층 여성 가장에게 자활 교육과 대출을 통해 창업을 지원하고 있다.

이런 사회공헌 활동은 기업의 사회적 책임을 보여준다는 긍정적 측면과 동시에 인권경영까지 나아가지 못하는 한계를 보여준다. 하지만 인권경영 전문가들은 현재 다양한 형태로 진행 중인 기업들의 사회책임경영이 앞으로 인권경영으로 발전하는 밑바탕이 될 것으로 여긴다.

하지만 사회책임경영에서 인권경영으로 나아가려면 그 차이점도 인식할 필요가 있다. 사회책임경영은 주로 자선, 기부, 환경보호 등 사회공헌 활동으로 나타나는데, 문제는 이런 활동이 기업의 필요나 선택에 따라 이뤄지며 다른 측면의 단점을 가리는 수단으로 활용될 여지가 있다는 점이다. 조효제 성공회대 교수(사회학)는 "셸, 나이키, 월마트 등 (인권과 노동권 탄압으로) 가장 많이 비판받는 기업들이 사회책임경영에 가장 적극적으로 참여하고 있다"며 "인권경영의 관점에서 보면 기업의 기본적 활동이 전제된 후에 기업 활동의 문제를 시정하는 접근 방식보다 기업의 사업 논리와 상관없이 인권이 절대적으로 준수되어야 한다는 접근이 중요하다"고 말했다. 사회책임경영이 하향식이라면 인권경영은 인간을 중심에 둔 상향식 접근 방식이라는 것이다. 이처럼 인권경영 도입에 대한 시대적 요구는 커지고 있지만, 많은 국내 기업은 21세기 들어 유행한 사회책임경영·윤리경영 등에 좀더 익숙한 상태에 머물러 있는 게 사실이다(이정훈, 2010).

그런데 분명한 것은 모든 경영에는 준법 경영이 반드시 전제된다는 점이다. 사회책임경영 · 윤리경영을 지지하느냐 여부와 무관하게 실정법은 기업이 반드시 지켜야 할 최소한의, 그러나 절대적인 규범이다. 기업이 추구하는 최고의 가치가 이윤창출이라고 하여도 그 역시 정상적이고 합법적인 범위 내에서만 가능하다(조효제, 2008: 140).

3. 노(勞) - 공동체 형성의 노동(사회)운동

우리나라 노동운동의 근본적인 한계는 '정규직 중심의 기업별 노조'와 '임금인상 중시형 기업별 교섭'에 있다. 이러한 기업별 노조 체계와 교섭방식은 노동자들의 의식과 노조활동을 기업의 울타리에 가두고, 노동운동을 실리적 조합주의 또는 경제적 조합주의로 이끌고 있다. 실리적 조합주의는 전체 국민의 삶과 직결된 정치적·사회적 쟁점에 대해서는 관심을 기울이지 않는다. 임금인상이나 고용조건과 같이 단기적이면서도 직접적인 조합원의 이익 옹호에만 관심을 기울인다. 실리적 조합주의는 노동자들의 고용조건을 개선하거나 보호하기 위한 단체교섭을 주된 활동 영역으로 한다.

이러한 노동운동의 약점은 '고성장-저실업' 시대에는 결정적인 문제가 되지 않았다. 기업별 교섭으로도 조직 노동자들의 생활조건을 개선할 수 있었고, 미조직 노동자들도 투쟁의 성과를 공유할 수 있었기 때문이다. 그러나 IMF 관리체제가 등장하고 '저성장-고실업' 시대와 구조조정 국면이 본격화되자, 노동운동은 커다란 도전에 직면하게 되었다. 대량실업이 발생하고 비정규직이 확대되면서, 기업별 노조로는 더 이상 조직 확대를 기대할 수 없고, 기업별 교섭으로는 임금인상을 비롯한 노동조건 개선은 물론 정규직의 고용조차 보장할 수 없기 때문이다. 만약 노동운동이 이러한 도전에 제대로 대처하지 못하고 일부 조직노동자들의 고용조건 보호·개선에만 활동을 집중한다면 노동운동은 극심한 위기에 봉착하게 될 것이다. 더욱이 저성장-고실업 시대와 구조조정 국면에서 실리적 조합주의는 변화의 거부와 현상의 고수를 의미하며, 사회개혁을 가로막고 노동조합의 사회적 입지를 축소시킨다. 실리적 조합주의는 참여와 공동결정에 따른 책임을 두려워 한 나머지 책임 있는 현실적 대안을 제시하지 못하게 하며, 결과적으로 조합원의 생활과 권리를 정부와 사용자에게 내맡김으로써 조합원의 단기적·직접적 이익조차 보호할 수 없게 한다. 이에 따라 노동운동은 변화를 거부하며 현상의 유지를 고집하는 이기적인 집단으로 내몰리고 그 영향력도 크게 줄어들게 된다는 비판을 받고 있다.

노동운동이 궁극적으로 노동자의 삶의 질을 높이고자 하는 데 있다면, 특히 환경 또는 생태의 문제는 대단히 중요한 요소로 부각된다. 또한 사회계층간의 통합 역시 중요하다(오문완, 2004).[6] 즉 노동

6) 그나마 비정규직과의 연대라는 성과를 보고 있는 정규직 노조가 늘고 있다는 것은 다행스러운 일이다. 180명의 임시직과 실업자로 구성된 청년유니온의 활동이 주목되는 것도 바로 이러한 지점이다. 한홍구-서혜성, 2010 참조.

조합은 작업장에서의 경제적인 관심을 뛰어넘어 지역이나 사회 전체의 이슈 해결에 나서야 한다는 것이다. 따라서 노동조합이 지역 공동체와의 연대, 더 나아가 국제차원에서의 연대로 인식의 지평을 넓히는 것은 선택이 아닌 필수 사항이라는 것이 세계화시대를 살아가는 기본자세라 할 것이다.

또한 조세의 문제를 지적하지 않을 수 없다. 현재와 같은 노동중독 사회의 대안을 복지국가에서 찾으려고 한다면 높은 조세부담을 감내하려는 사회 다수, 특히 노동의 강한 정치적 의지가 필요하다. 그런데 여태까지의 민주화는 국가의 재분배 기능 강화를 주장하고 그 재정적 비용을 감당하고자 하는 사회의 집합적 의지를 형성시키기 보다는, 성장과 분배 사이에서 어느 하나를 개인이 선택해야만 하도록 강요하는 지루한 정치적 논쟁만을 불러왔다. 복지의비용을 노동과 자본 어느 쪽이 더 많이 부담해야만 하는가라는 문제가 전 사회적 이슈가 되었을 때, 사실상 복지국가의 발전은 비관적이다.

그 이유는 그런 식의 이슈의 정치화는 복지에 대한 사회적 합의의 형성을 더욱 어렵게 하기 때문이다. 민주주의 국가이면서 동시에 복지국가인 유럽의 많은 국가들에서 복지비용의 대부분을 노동이 지불한다는 것은 잘 알려진 사실이다. 그들 국가의 높은 복지수준은 노동의 높은 조세부담에 대한 정당한 대가이지, 그들 사회의 자본이 한국의 자본보다 더 친-복지국가적이기 때문은 아니다. 유럽국가와 한국의 결정적인 차이는 유럽국가의 자본과 한국의 자본이 복지국가에 대해 가지고 있는 인식과 태도의 차이가 아니다. 복지국가의 발전을 자신들의 계급적 이해에 대한 위협으로 인식하여, 자본이 집합적인 저항을 하지 않게 할 수 있는 노동의 유연함만이 차이를 만들어 낸다. 누가 복지의 비용을 더 많이 지불해야만 하는가 혹은 누가 더 많은 세금을 내야만 하는가에 대한 논쟁 이전에 과연 한국 사회는 복지라는 공공재를 생산하기 위해 협력하고자 하는 전사회구성원들의 연대성과 규범적 정향이 존재하는가라는 문제가 진지하게 토론되어야 할 것이다. 이러한 토론이 부재했을 때, 낮은 조세 수준을 특징으로 하는 한국조세체제의 구조적 특성은 본질적으로 복지국가에 반하는 민주주의와 높은 친화성을 가지고 있다는 점에서 한국의 민주주의가 복지국가 민주주의로 발전할 가능성은 더욱 불투명해 질 것이다(김미경, 2008: 224-225).

IV

요컨대 어떠한 일이든 자기가 좋아하는 일을 하면 먹고 살 수 있고, 힘든 일을 할수록 더 대우(보상)받는 사회를 꿈꾸어야 한다.

참고문헌

1. 국내 문헌

강남진(1996), "징벌적 손해배상에 관한 일고찰", 목포대 임해지역 개발연구, 제15호

강성태(2000a), "특수고용관계와 근로기준법상 노동자성의 판단", 노동법학, 제11호

강성태(2000b), 비전형근로와 노동법, 대구대학교출판부

강성태(2001), "현행 재량노동제의 내용과 문제점", 노동법연구, 제11호

강수돌(2001), 노동의 희망, 이후

강정애(2000), "벤처기업과 스톡옵션제도", 경총 임금연구센터, 임금연구, 제8권 제2호

강현아(2004), "작업장에서 비정규 노동자 배제에 관한 사례 연구: 사내하노동자를 중심으로", 산업노동연구, 제10권 제1호

강희원(1996), "노동법의 법체계적 지위", 노동법학, 제6호

강희원(2004), 노동법 기초이론, 동림사

강희원(2010), 이른바 "정치파업"과 우리 노동헌법, 노동법연구 28호

강희원/김영문(2001), 노동자개념과 계약의 자유: 자영인과 노동자의 구별을 중심으로, 중앙경제사

경제기획원(1991), 여성인력 등 유휴인력활용과 직업안정기능 확충방안
고영주, "노동운동, 넘어섰으면 하는 것들", 매일노동뉴스 2005년 10월 10일자
고용노동부(관계부처 합동, 2010.10.12.), 「성장·고용·복지」의 선순환을 위한 2020 국가고용전략(일자리 희망 5대 과제)
고진수 외(1997), 신 노동시간관리제도, 중앙경제사
고진수 외(2004), 주5일 근무제 매뉴얼, 물푸레
고호성/이경원(1996), "법과 정책의 연관구조에 관한 방법론 연구", 제주대학교 법과 정책, 제2호
구스타브 라드브루흐(손지열/황우려 역, 1981), 법에 있어서의 인간, 육법사
국제노동연구소 엮음(1991), ILO와 단결권, 돌베개
권기범(1990), 주식회사합병의 법리, 삼영사
권영성(2004), 헌법학원론, 법문사
권혜자(1997), 비정규노동자의 실태와 노동운동, 한국노총 중앙연구원
김강식(1994), "독일기업의 최근 연봉제 동향", 임금연구, 제2권 제2호
김미경(2008), "한국의 조세와 민주주의: 복지국가에 반하는 민주주의의 한국적 기원에 대하여", 아세아연구 제51권 3호
김득갑(2004), "유럽의 노동시간 연장 움직임과 시사점", 삼성경제연구소 Global Issues, 제1호
김문현(1998), "생존권적 기본권에 관한 헌법규정의 규범성", 이화여자대학교 법학논집, 제2권 제2호
김상용(2002), "비교법과 비교법학", 연세대학교 법학연구, 제12권 제4호
김선수(1993), "정리해고요건으로서의 긴박한 경영상의 필요성", 노동법연구, 제3호
김성태(1985), "민·형사책임의 분화현상에 관한 일고찰", 경희법학, 제20권 제1호
김성환(1992), 비정규노동에 관한 연구, 한국노동연구원
김소영(1997a), "기준임금제도 개선방안", 노사관계개혁위원회, '97 노사관계 개혁 참고 자료집
김소영(1997b), 다양한 고용형태에 대응한 법적 대응(KLI 내부보고서), 한국노동연구원

김소영(2000), “특수고용관계에 있는 여성노동자 보호를 위한 개선방안”, 한국여성단체연합 긴급토론회 자료집, 특수고용형태 여성노동자 어떻게 보호할 것인가
김소영(2001), 선진국 노동법제의 변화추세와 우리 노동법의 발전방향, 한국노동연구원
김소영/전병유/유성재(1999), 노동시간단축의 쟁점과 과제, 노동부
김승택 외(2003), 2003 노동시간 실태조사, 한국노동연구원
김영재(1999), “한국기업 스톡옵션제도의 실태와 과제”, 경총 임금연구센터, 임금연구, 제7권 제3호
김영훈(1987), “노동관계의 이전”, 노동관계소송상의 제문제(하), 사법연수원
김유미 외(2001), 현대법의 이해, 울산대학교 출판부
김유미 외(2008), 현대의 법과 법학, 울산대학교 출판부
김유선(1998), “민주노조운동의 혁신을 위한 제언”, 노동사회, 9월호
김유선(2005), “비정규직 규모와 실태 - 통계청, 경제활동인구조사 부가조사(2005.8) 결과”, 한국노동사회연구소
김유성(1984), “정리해고에 관한 소고”, 서울대 법학, 제25권 2·3호
김유성(1991a), “ILO 가입과 국내노동법 개정 문제”, 전국노동조합협의회·전국업종노동조합회의, ILO 가입과 노동법개정을 위한 공청회(공청회 자료집)
김유성(1991b), “노동조합법 제3조 단서 5호(복수노조)”, 한국노동연구원, ILO 가입에 따른 법적 문제점
김유성(1994), “신고용정책시대의 몇 가지 과제”, 노동법연구, 제4호
김유성(1997), “정리해고에 대한 법적 규제”, 노동관계법연구(Ⅱ), 한국경영자총협회
김유성(1999), 노동법 Ⅱ, 법문사
김유성(2005), 노동법 Ⅰ, 법문사
김은환/고현철(1998), “고용조정 이후의 조직안정 방안”, 삼성경제연구소「CEO Information」 제159호, http://econdb.seri-samsung .org/ceo.html
김인재(1999), “단체협약 위반행위에 대한 처벌규정의 입법방안”, 노동법학, 제9호
김재국(1995), “영미법상 징벌적 손해배상의 도입에 관한 소고”, 비교사법,

제2권 제1호
김재훈(2000), "노동시간 단축과 법정책적 방향", 노동법학, 제11호
김재훈(2001), "특수형태노동에 대한 일본 개별노동관계법 및 판례상 취급과 시사점", 노동법연구, 제11호
김재훈(2002), "특수형태노동 종사자에 관한 법적 보호방안", 노동법연구, 제13호
김재훈(2005) , "노동시장 분절과 산별노조 전환", 경제와 사회, 제67호
김종각(1998), "노동시간 단축의 의의와 효과" , 노동법률, 12월호
김지하(1999), "개벽과 생명운동", 김지하 편저, 생명, 솔
김지형(1991), "노동관계에 있어서 정리해고의 요건에 관한 해석론의 전개", 사법논집, 제22집
김지형(1994), "회사의 합병에 따른 노동관계의 승계와 취업규칙상 퇴직금 규정의 적용", 인권과 정의, 제214호
김진기(1998), "법철학과 법해석의 문제", 부산여자대학교 백양인문논집, 제3집
김철(2003), "대체적 분쟁해결의 신제도론적 분석: 사회학적 신제도주의를 중심으로", 한국행정학회 2003년도 하계학술대회 발표논문집
김철수(1999), "헌정 50년과 대학의 역할", 서울대학교 법학, 제39권 4호
김태한(1996), "징벌적 손해배상에 관한 연구", 호서대 사회과학연구, 제15집
김태현(2000), "주5일 근무제의 쟁점과 정부의 역할", 민주노총 정책토론회, 2000. 5. 16
김태홍/양승주(1993), 동일노동 동일임금에 관한 연구, 한국여성개발원
김학주 역주(2003), 논어 전정판, 서울대학교 출판부
김형배(1989), "노동조합의 대표성과 제2노조의 문제", 노동법학, 제2호
김형배(1996), "긴박한 경영상의 필요에 의한 해고의 법리", 저스티스, 제29권 3호
김형배(1997), "정리해고 법리의 재구성", 노동관계법연구(Ⅰ), 한국경영자총협회
김형배(2006), 노동법(신판 제2판), 박영사
김형배(2009), 노동법(18판), 박영사
김호진 외(2000), 사회합의제도와 참여민주주의, 나남출판

김홍영(1999), "부당노동행위구제의 실효성 확보방안", 서울대학교 박사학위논문
김홍영(2005), "노동분쟁에 대한 노동위원회의 역할과 개선과제", 노동법학, 제21호
김홍우(1999), 현상학과 정치철학, 문학과 지성사
김훈(2001), "IMF 이후 노사관계의 변화양태와 그 함의", http://www.kli.re.kr/
김홍준(1994), "기업변동에 있어서 노동법적 측면에 대한 소고", 노동법연구, 제4호
김희인(1999), "스톡옵션제도의 법률적 검토", 경총 임금연구센터, 임금연구, 제7권 3호
노동부(1996), 근로기준법 주요 쟁점사항(내부자료)
노동부(1997), 알기 쉬운 새 노동법 해설
노동부(1998a), 달라진 새 노동법 해설
노동부(1998b), "고용유지 지원금 제도", 노동뉴스, 제193호
노동부(2002), 노동조합업무편람
노동부 근로기준국(1996), 파트타임 고용의 활성화 방안 검토
노사관계개혁위원회(1996a), 노동관계법·제도 개선 논의현황
노사관계개혁위원회(1996b), 노사관계 개혁을 위한 각계 의견
노사관계개혁위원회(1997), '97 노사관계 개혁 참고 자료집
노사관계제도선진화연구위원회(2003), 노사관계법·제도 선진화 방안, 노동부
노항래(1998), "노동조합운동의 조직 혁신을 위한 제안", 노동사회, 11월호
다나카 유 엮음(이상술 옮김, 2007), 세계에서 빈곤을 없애는 30가지 방법, 알마
더글러스 러미스(김종철/이반 옮김, 2003), 경제성장이 안되면 우리는 풍요롭지 못할 것인가, 녹색평론사
도재형(2003), "사적조정의 기법", 노동법연구, 제10호
도재형(2010), 파업과 업무방해죄, 노동법학 34호
로버트 라이시(오성호 옮김, 2001), 부유한 노예, 김영사
로베르트 웅거(김정오 역, 1994), 근대 사회에서의 법, 삼영사
마이클 예이츠(추선영 옮김, 2008), 싸구려 모텔에서 미국을 만나다: 어느

경제학자의 미 대륙 탐방기, 이후
미셸린 이샤이(조효제 옮김, 2005), 세계인권사상사, 길
미국학연구소 편(1999), 미국 사회의 지적 흐름: 법, 서울대학교 출판부
민주노총울산지역본부(2005), 울산지역건설플랜트노조 투쟁 관련정당·시민사회단체 간담회 자료집
밀브래스(이태건 외 옮김, 2001), 지속가능한 사회: 새로운 환경 패러다임의 이해, 인간사랑
바른경제동인회(1996), 노동관계법 개정에 대한 우리의 견해
박경열(1999), "벤처기업의 보수제도로서 스톡옵션", 인사 paradigm 변화와 연봉제(한국인사관리학회 1999년도 국제학술발표회논문집)
박길준(1998), "한국 법문화에서의 분쟁해결제도(1)", 연세대학교 법학연구, 8권
박래영(1993), "법정기준임금의 단일화에 관한 연구", 홍익대학교 경제연구, 제9집
박세일(2002), 법경제학, 박영사
박승옥(2004), "한국 노동운동, 종말인가 재생인가", 당대비평, 가을호
박승흡(2001), "비정규노동문제를 둘러싼 쟁점과 그 해결을 위해 확인해야 할 지점", 노사정위원회
박우성(2000), "프랑스의 노동시간단축 경험과 시사점", 노사정위원회, 법정노동시간 단축에 관한 외국의 입법사례
박은정(1999), "과학기술의 발전과 인권문제", 이화여자대학교 법학연구소 법학논집, 제4권 3호
박은정(2006), "노동분쟁해결제도 개선방향의 모색", 노동법학, 제22호
박제성(2006), "사회적 형평화, 사회적 양극화 그리고 사회적 연대", 노동법연구, 제20호
박제성(2008), 정치파업의 개념과 정당성, 월간 노동법률, 9월호
박종희(1998), "개정법상 '경영상 이유에 의한 해고'제도의 해석과 운용에 관한 정책방향", 한국노동법학회 1998년 춘계정책토론회자료집(구조조정과 고용법제의 변화)
박준식 외(1997), 노동의 인간화, 한국노동사회연구소
박지순(2004), 독일의 '아젠다 2010'과 노동시장 개혁에 관한 연구, 한국경

영자총협회 노동경제연구원
박찬우(1998), "소송에 의하지 않는 분쟁해결제도", 연세법학연구, 6권 2호
박홍규(1985), 세계의 최저노동기준, 분도출판사
박홍규(1995), 노동법론, 삼영사
백주년「*CENTESIMUS ANNUS*」(교황 요한 바오로 2세의 회칙, 1991)[한국천주교중앙협의회(1994), 사회 교리에 관한 교회 문헌: 교회와 사회]
보건사회연구원(2009), 사회서비스산업의 공급실태조사 및 발전방안 연구
사목헌장(*GAUDIUM ET SPES* 1965. 12. 7)[한국천주교중앙협의회(1994), 사회 교리에 관한 교회 문헌: 교회와 사회]
서동우(1997), "기업의 인수합병에 대한 법적 규제 개관", 기업의 인수합병과 고용조정, 한국경영자총협회
서장권(2003), "대체적 노동분쟁해결", 노동법학, 제16호
선학태(2006), 사회협약정치의 역동성, 한울
소재선(1998), "징벌적 손해배상의 기능과 한계", 경희대학교 논문집 인문·사회과학편, 제27집
소포클레스(천병희 옮김, 2005), 소포클레스 비극, 단국대학교출판부
손주찬(1998), 증보판 상법(상), 박영사
손창희(1998), "조정해고(정리해고)에 대한 고찰", 가톨릭사회과학연구, 제9집
손창희(2004), "노동강화 10장", 노동, 인간 그리고 미래(손창희교수 고희기념 논문집), 창포
손창희(2004), "團體交涉の法的構造", 노동, 인간 그리고 미래: 손창희 교수 고희기념 논문집, 창포
스페파니 슈워츠 드라이버(안효상 옮김, 2005), 세계를 뒤흔든 독립선언서, 그린비
신동운(2001), 형법총론, 법문사
신원철(2003), "사내하청공 제도의 형성과 전개: 현대중공업 사례", 산업노동연구, 제9권 1호
신형욱(2010), [불법파견, 자동차산업 발목잡나]"고용 유연성 위한 특단책 논의를", 경상일보 2010년 9월 7일자.
심창학(2005), 유럽 비정규직 노동자의 사회보장: 영국, 독일, 프랑스의 연

금 및 실업보험을 중심으로, 사회보장연구 제21권 제4호
심헌섭(1986), 법철학 I , 법문사
심헌섭(1988), "정의에 관한 연구", 서울대학교 법학, 제29권 2호
심헌섭(1998), "권위에 관하여—배제적 법실증주의에서 포용적 법실증주의에로—", 서울대학교법학, 제39권 2호
심헌섭(2003), "합리적 법학방법론", 분석과 비판의 법철학, 법문사
안경환(1999), "헌정 50년과 자유와 평등의 이념", 서울대학교 법학, 제39권 4호
앤터니 기든스(이종인 옮김, 2000), 뒤르켐, 시공사
양병회(2001), "재판외 분쟁해결제도의 현황과 과제", 중재, 제300호
양현아(2004), "여성의 '목소리'와 법여성학 방법론", 양현아 편, 가지 않은 길: 법여성학을 향하여, 사람생각
어빈 라즐로(홍성민 옮김, 2001), 인간의 미래는 행복한가, 울력
어수봉(1991), 노동시장변화와 정책과제, 한국노동연구원
어수봉(1997), "노동시장 유연화를 위한 정책과제", 한국경제학회 97 가을 정책토론회 자료집
에이프릴 카터(조효제 옮김, 2007), 직접행동: 21세기 민주주의, 거인과 싸우다, 교양인
연정열(1996), 한국법제사, 학문사
오귀스탱 베르크(김주경 옮김, 2001), 대지에서 인간으로 산다는 것: 에쿠멘(인간적 거처)의 윤리적 원리, 미다스북스
오문완(1986), "정치파업의 정당성에 관한 연구", 서울대학교 석사학위논문
오문완(1992), "ILO 단결권협약과 복수노조 문제", 노동법연구, 제2권 제1호
오문완(1994), 시간제노동자의 법적 지위에 관한 연구(서울대학교 박사학위논문)
오문완(1997), "단시간노동자의 법적 지위", 노동법학, 제7호
오문완(1998a), "노동유연성과 노동법제의 변화 방향", 노동법연구, 제7호
오문완(1998b), "기업조직의 변경과 경영상 이유에 의한 해고", 하경효/박종희, 기업의 구조조정과 노동법적 과제, 한국노동연구원
오문완(1998c), "비정규노동의 법리", 울산대 사회과학논집, 제8권 1호
오문완(2000), "노동유연성을 살리는 노동법제도의 모색", 노동법학, 제11호

오문완(2001), “탄력적 노동시간제 실무와 법률”, 경총 노동시간사례과정 매뉴얼
오문완(2002), “특수고용형태 취업의 법리”, 법과 사회, 제23호
오문완(2003), 노동단체법의 쟁점과 과제, 울산대학교 출판부
오문완(2004a), 노동시간 단축과 유연화, 울산대학교 출판부
오문완(2004b), “교대제 변경의 법률문제”, 한국근로기준협회, 교대제변경 설계 및 기업사례 연구조사단 세미나 자료집
오문완(2004c), “울산지역 노동운동의 성과와 과제”, 법과 사회 제27호
오문완(2004d), “노동법학, 어떻게 할 것인가”, 노동법연구 제17호
오문완(2006), “유럽연합의 노동자 이주 정책”, 노동법학 제23호
오문완(2007), 노동보호법의 쟁점과 과제, 울산대학교 출판부
오문완(2008a), 노동판례의 분석, 울산대학교 출판부
오문완(2008b), “분쟁 해결 도구로서의 사회협약의 함의: 울산지역 건설플랜트노조 파업의 경우”, 노동법연구 제24호
오문완(2008c), “단체교섭 구조의 분석(1)”, 성균관법학 제20권 제3호
오문완(2010a), “정치파업의 정당성”, 노동법학 제35호
오문완(2010b), “영화로 노동-법 읽기”, 노동법학 제36호
오문완(2011), “노동법 패러다임의 전환”, 노동법학 제39호
오병선(2002), “제도적 자연법과 법의 해석”, 법철학연구, 제5권 1호
울리히 벡(홍윤기 옮김, 1999), 아름답고 새로운 노동세계, 생각의 나무
울산 건설플랜트 노동조합(2004), 울산 건설플랜트노조 노조 규약
울산리서치연구소(2005), ‘울산지역 건설플랜트 비정규노동자 임금·근로조건 및 법 위반 실태를 위한 설문조사’
원창희(2003), “예방적 조정제도의 도입방안”, 조정과 심판, 16호
위성종(1998), “변형노동시간제에 관한 연구”, 노동법논총
유정인(2010), “불법파견 업체 3년간 사법처리 딱 ‘1건’ ”, 경향신문 2010년 10월 5일자
윤성천(1984), “부당노동행위 구제제도에 관한 연구”, 경희대학교 법학박사학위논문
윤영삼(2004), “산별노조지역조직의 민주집중제의 현황과 과제: 4개 부산지역조직의 경우”, 산업노동연구, 제10권 제2호

윤정환(1995), “징벌적 손해배상의 합헌성”, 창원대 사회과학연구, 제1권 1호
윤정환(1999), “징벌적 손해배상에 관한 연구”, 민사법학, 제17호
윤진호(1998), “IMF 체제와 고용조정”, 동향과 전망, 제37호
윤홍식(2010), “보편주의 복지를 위한 보편주의 원칙”, 참여연대 사회복지 위원회,「보편적 복지와 6.2 지방선거 토론회 자료집」
은수미(2005), “노동운동 거듭나기”, 경제와 사회, 제67호
이광택(2002), “특수형태노동 종사자 대책(노동자성 및 사용자성 확대방안)”, 한국노동조합총연맹, 비정규직 보호방안 수립을 위한 워크샵자료집
이기찬(2006), “한국 비정규 노동자 문제 해결을 위한 지역단위 사회협약 사례연구 - 울산건설플랜트노조 장기파업사태 및 다자간 협상을 중심으로 -”, 성공회대학교 대학원 사회학과 석사학위논문
이병태(1990), “복수노동조합의 설립제한”, 한국노사발전연구원, 노사관계, 제1권 2호
이병태(2005), 최신 노동법, 현암사
이상덕(1997), “영업양도와 고용승계”, 노동법학, 제7호
이상돈(1995), “법률해석의 해석학적 구조와 논증의무”, 고려대학교 법학논집, 제31집
이상돈(1997), 법이론, 박영사
이상수(2002), “어떻게 법철학을 할 것인가?”, 민주법학, 제22호
이상윤(1996), 영미법, 박영사
이상윤(1997), 노동법, 법문사
이상윤(2001a), “미국의 비정형노동자의 법적 지위”, 한국경영자총협회, 비정규직에 대한 비교법적 검토
이상윤(2001b), “노사정위원회의 법적 지위 및 기능”, 연세행정논총, 26권
이승욱(1997), 사업양도와 노동자의 지위, 서울대학교 박사학위논문
이승욱(2002), “산별노조로의 전환과정에서 제기되는 노동법상의 쟁점”, 금속산업연맹 법률원, 산별노조와 노동법
이승욱/조용만/강현주(2000), 쟁의행위 정당성의 국제비교, 한국노동연구원
이승협(2006), “독일 단체교섭체계의 구조와 변화”, 산업노동연구, 제12권 제2호
이영희(1990), 노동기본권의 이론과 실제, 까치

이용구(1997), "영업양도와 근로관계", 노동법연구, 제6호
이원희(1996), "노동력의 유연화 논의와 노동시간의 법적 규제의 방향", 현대법학의 이론
이원희(1998), "영국 노동의 유연화와 노동법상의 문제", 노동법연구, 제7호
이원희(2001), "한국노동법의 신자유주의적 전개와 노동법학의 과제", 민주주의법학연구회 심포지움 자료집(신자유주의와 민주법학)
이원희(2003), "노사관계에서의 참여법리", 노동법학, 제17호
이주희(2006), "산별노조 조직화의 딜레마: 보건의료노조의 사례", 산업노동연구, 제12권 제1호
이점인(1998), 징벌적 손해배상제도에 관한 연구, 동아대학교 박사학위논문
이　정(2004), 일본 노동법의 이론과 실제, 한국경영자총협회
이정훈(2010), "책임에 인권을 더하라" 한겨레 21, 제826호(2010.09.03.)
이철수(1993), 임금에 관한 법리, 한국노동연구원
이철수(1999), "전환기의 노사관계와 노동법", 노동법연구, 제8호
이철수(2001), "특수고용관계에 관한 입법론적 고찰", 이화여자대학교 법학논집 별책, 제6권 1호
이철수/강현주(2000), "노동시간단축을 위한 제도개선에 관한 연구", 이화여자대학교 법학논집, 제5권 1호
이철수 외(2010), 로스쿨 노동법, 오래
이태수(2010), "6.2 지방선거와 보편적 복지", 참여연대 사회복지위원회,「보편적 복지와 6.2 지방선거 토론회 자료집」
이태수 외(2004), 복지와 경제의 선순환에 대한 연구, 보건복지부▪꽃동네현도사회복지대학교
이흥재(1988), 해고제한에 관한 연구, 서울대학교 박사학위논문
이흥재(1991), "휴고 진쯔하이머의 생애와 학문", 노동법연구, 제1권 1호
이흥재(1993), "정리해고의 절차적 제한", 서울대학교 법학, 제34권 3·4호
이흥재(1999), "노동기본권과 사회보장수급권의 실효성", 서울대학교 법학, 제39권 4호
이흥재(2002), "민주헌정 이후 노동판례 경향의 특징", 최근 10년간 한국노동법의 평가와 과제(한국노동법학회 2002학년도 추계학술발표회 자료집)
이흥재(2010), 사회보험수급권의 범위에 관한 재검토, 서울대학교 법학 제

51권 제2호
임상훈 외(2006), 주요 외국의 사회적 대화 및 사회협약체제 비교연구 I
임운택(2005), "유럽통합과정에서 노사관계의 구조조정: 경쟁적 코포라티즘에 대한 비판적 고찰", 산업노동연구, 제11권 제1호
임종률(1985), "사업주변경과 노동자의 법적 지위", 후암 곽윤직교수 화갑기념논문집(민법학논총), 박영사
임종률(1988), "단체교섭 및 노동쟁의와 노동관계법", 한국노동연구원, 노동관계법의 제문제
임종률(1991), "쟁의행위와 조정제도의 상호관계", 노동법학, 제3호
임종률(1998), "참여와 협력의 신노사관계를 위한 노동법의 개정", 성균관대학교 사회과학, 제37권 1호
임종률(2004), 노동법 제4판, 박영사
임종률(2009), 노동법(8판), 박영사, 2009
장귀연(2006), 권리를 상실한 노동자 비정규직, 책세상
장재옥(1995), "징벌적 손해배상과 법치국가의 원리", 중앙대학교 법학, 제20집
전국민주노동조합총연맹(1996), 노동법 개정안
전명숙 외(2007), 주요 외국의 사회적 대화 및 사회협약체제 비교연구II
전명숙(2006), 지역사회협약의 가능성과 실재, 시민포럼-대안과 실천, 제20회 월례포럼 발표자료
전종휘(2010), "파견 늘리려 '수십명' 업종 빼고 '수십만명' 업종 추가", 한겨레신문 2010년 10월 13일자
정남구(2010), "일 파견노동자 55% '제조업 파견금지 반대' ", 한겨레신문 2010년 10월 14일자
정동윤(1988), 회사법, 법문사
정영선(2008), "인권 홍정논리와 한국 민주주의의 재조명", 아세아연구 제51권 3호
정인섭(1991), "노동법학 방법론의 비판적 고찰", 노동법연구, 제1권 1호
정인섭(1997), 쟁의행위의 개념, 서울대학교 박사논문
정인섭(2000), "노동자 개념의 판단기준", 노동법의 쟁점과 과제(김유성교수 화갑기념 논문집)

정인섭(2003), "노동삼권의 규범론과 정책론", 노동법학, 제17호
정인수(2007), 지역파트너십 선진국 사례와 한국 지역노사정협의회 활성화 방안
정재헌(2005), "노동사건에서의 조정활성화 방안에 관한 검토", 사법제도개혁위원회 노동분쟁해결제도연구회 발표자료(2005. 4. 27.)
조경배(1997), 고용보장의 노동법적 원리와 구조에 관한 연구, 서울대학교 박사학위논문
조돈문(2004), "민주노조운동의 조건과 과제", 산업노동연구, 제10권 제1호
조준모 외(2006), 신 산별교섭, 중앙경제
조지 레이코프(유나영 옮김, 2006), 코끼리는 생각하지 마, 삼인
조효래(2004), "산별노조들의 조직운영과 민주주의: 전국금속노조, 보건의료노조, 금융산업노조의 비교", 산업노동연구, 제10권 제1호
조효제(2007), 인권의 문법, 후마니타스,
조효제(2008), "인권경영의 모색: 쟁점과 비판", 아세아연구 제51권 3호
진재선(2001), "신자유주의와 비정규직 노동자의 근로권", 2001년 민주주의법학연구회 심포지움 자료집(신자유주의와 민주법학)
채호일(2001), "노동법상 실업자와 비정규노동자의 법적 지위", 노동법학, 제12호
최대권(2003), "헌법학방법론의 문제: 그 합리성 모색을 위한 담론", 법학교육·법학방법론, 박영사
최민식(2008), "아름다운 세상을 위한 몸짓 - 인권을 말하자", 2008 교원인권감수성 향상 기본과정 자료집, 국가인권위원회-울산대학교 법학연구센터
최영규(1998), "공·사법 구별론의 재검토(1)", 경남법학, 제14권 1호
최영기/유범상(2000), "사회협의시스템과 노사관계의 갈등조정", 한국행정연구, 9권 4호
최영철 신부 번역(1994), "새로운 사태", 한국천주교중앙협의회, 사회 교리에 관한 교회 문헌: 교회와 사회
최영호(2003), "1개월 단위 탄력적 노동시간제의 해석", 노동법연구, 제15호
최장집 편(2005), 위기의 노동, 후마니타스
최종고(1989), 한국법사상사, 서울대학교 출판부

최종고(2000), “공사법과 한국법사상”, 숭실대학교 법학논총, 제12집
커스틴 셀라스(오승훈 옮김, 2003), 인권 그 위선의 역사, 은행나무
폴 라파르그(조형준 옮김, 1997), 게으를 수 있는 권리, 새물결
하경효(1997), “영업양도와 고용승계”, 기업의 인수합병과 고용조정, 한국경영자총협회
하부영(2010), “현대차 불법파견 정규직화 판결과 우리 모두의 과제”, 울산노동뉴스 2010년 8월 31일자, http://www.nodongnews.or.kr/News/view.aspx?totalid=8987& page=1&AspxAutoDetectCookieSupport=1
학습지산업 협의회(2001), “위탁사업자 학습지 교사 실태”, 노사정위원회
한국경영자총협회(1988), 노동법 재개정 움직임에 대한 경영계 의견(1988. 8. 19.)
한국경영자총협회(1989), 노동조합법 제3조 단서 5호에 관하여(1989. 1. 31.)
한국경영자총협회(2000), 노동시간제도 현황과 개선방안(정책조사자료 2000-01-07)
한국경영자총협회(2004), 개별노동관계법제 개선 쟁점 검토
한국노동연구원(1991), ILO국제노동기준워크숍(KLI-ILO 공동워크숍) 자료집
한국노동조합총연맹(1979), 한국노동조합운동사,
한국노동조합총연맹(1996), 노동관계법 개정안
한국 천주교 정의평화 위원회 교육분과 옮김(1983), 교황 레오 13세 회칙: 노동헌장, 성바오로 출판사
한홍구-서해성의 직설, “청년백수를 군인 숫자보다 줄여라”, 한겨레신문 2010년 10월 22일자 29면
허병도(2006), “노사갈등의 유형분석과 그 효율적 해결방안의 모색”, 노동법학, 제23호
현대자동차(2005), 2005년 단체교섭 일정 및 요구안(내부자료)
현대자동차 노동조합(2005a), 2005년 단체교섭 완전승리를 위한 교섭위원 자료집(내부자료)
현대자동차 노동조합(2005b), 2005년 현대자동차 노동조합 조합원 여론 및 의식조사 결과보고서, 울산리서치
현천욱(1997), “M&A와 노동문제”, 인권과 정의, 제252호

훌거 하이데(강수돌 옮김, 2000), "노동중독증의 문제", 녹색평론, 제51호
홍기갑(1990), "ILO 제 87 호 조약에 관한 연구", 숭실대학교 대학원 박사학위논문
황적인/권오승(1994), 경제법, 법문사
Blaikie, Norman(이기홍·최대용 옮김, 2000), *Approaches to Social Enquiry*(사회이론과 방법론에 다가서기, 한울)
Brox/Ruthers, Arbeitsrecht(14판, 2002)(이학춘 옮김, 독일노동법, 한국경영자총협회)
COSATU 셉템버위원회 지음(한국노동사회연구소 옮김, 1999), 노동운동의 미래를 위한 셉템버보고서, 한국노동사회연구소
Hekman, Susan J.(윤병희 옮김, 1993), "Gadamer의 해석학과 사회과학의 방법론", *Hermaneutics and the Sociology of Knowledge*(해석학과 지식사회학, 교육과학사)
Kuhn, Thomas S.(김명자 옮김, 1999), 과학혁명의 구조, 두산동아
Reich, Robert B.(2000), *The Future of Success*(오성호 옮김, 부유한 노예, 김영사)

2. 일본 문헌

菅野和夫(2003), 勞働法(第6版), 弘文堂
菅野和夫/取訪康雄(1994), "勞動市場の變化と勞動法の課題", 日本勞動硏究雜誌, 제418호
橋本陽子(2001), "勞動法·社會保險法の適用對象者(一)", 法學協會雜誌, 제119호
僑本陽子(2003), "ホワトカライ-の勞働時間に關するドイツの法規制", 日本勞働硏究雜誌, 519호
稻上 毅/森 淳二朗(2004), コ-ポレ-ト·ガバナンスと從業員, 東洋經濟新報社
膠沼謙一(1987), "構造變動下の勞働·勞使關係と勞働法原理", 季刊勞働法, 제143호
唐津 博(1996), "長期雇用慣行の變容と勞働契約法理の可能性", 日本勞働法學

會誌, 제87호
勞働省勞動基準局監督課 編(1993), 勞動基準法研究會報告 - 今後の勞動契約等法制のあり方について, 日本勞動研究機構
瀧澤算織(1990), 勞働時間短縮マニュアル, 産業勞働調査所
毛塚勝利(1997), "賃金處遇制度の變化と勞動法學の課題", 日本勞動法學會誌, 제89호
本多淳亮(1986), 勞働法總論, 青林書院
本多淳亮(1997), "勞動法學に對する私の思い", 勞動法律旬報, 제1409호
濱口桂一郎(1998), EU勞働法の形成, 日本勞働研究機構
西谷 敏(2000), "21世紀の勞動と法", 日本勞動法學會 編, 21世紀勞動法の展望(講座 21世紀の勞動法 1), 有斐閣
石井照久(1967), 勞動法の研究 I: 勞動基本權, 有信堂
盛誠吾(1997), "變形勞働時間制·裁量勞働制", 季刊勞働法, 제183호
沼田稻次郎(外) 編集(1979), 勞働法事典, 勞働旬報社
松林和夫(1991), 勞動權と雇用保障法, 日本評論社
深谷信夫(2000), "勞動法における平等と公正と", 日本勞動法學會 編, 勞動者の人格と平等(講座 21世紀の勞動法 6), 有斐閣
安西愈(2002), 勞働時間·休日·休暇の法律實務, 中央經濟社
野田 進(1992), "合併, 營業讓渡等と解雇", 季刊勞働法, 제165호
外尾健一(1983), 勞動法入門, 有斐閣
日經連政策調査局(1994), 週40時間移行の手引き, 日本經營者團體連合會
全國勞動委員會連絡協議會(2001), 勞動委員會制度のあり方に關する檢討委員會報告
前田充康濱(1998), EU擴大と勞働問題, 日本勞働研究機構
井上修一(1984), 勞働法理論と判例の研究, 晃洋書房
佐野 隆(2000), "懲罰的損害賠償制度お禁じるオーストラリア聯邦最高裁判所判決", 比較法學, 제33권 2호
仲野組子(2000), アメリカの非正規雇用, 青林書店
中窪裕也(1995), アメリカ勞働法, 弘文堂
中窪裕也/池添弘邦(2001), アメリカの非典型雇用, 日本勞動研究機構
青木宗也/片岡昇 編(1994), 勞動基準法 I, 青林書院

土田道夫(2000), “日本型雇用制度の變化と法”, 日本勞動法學會 編, 21世紀勞動法の展望(講座 21世紀の勞動法 1), 有斐閣

夏本信行(1986), “企業變動・倒産と勞働契約”, 日本勞働法學會編, 「勞働契約・就業規則」(現代勞働法講座10), 總合勞働研究所

脇田 滋(1995), 勞働法の規制緩和と公正雇用保障, 法律文化社

厚生省勞動大臣官房地方課勞動紛爭處理業務室編 (2001), 個別勞動紛爭解決促促進法, 勞務行政研究所

戸田義男(1971), ILOにおける勞動組合權の保障, 日本評論社

花見 忠(1963), ILOと日本の團結權, タイヤモンド社

3. 서양 문헌

Addison & Portugal(1987), “The Effect of Advance Notification of Plant Closing on Unemployment”, *Industrial and Labor Relations Review*, Oct.

Alaszewski, A. and Walsh, M.(1996), Typologies of Welfare Organizations, *BRITISH JOURNAL OF SOCIAL WORK*, 25:6

Alesina, A. and Perotti, R.(1998), The Welfare State and Competitivenes , *AMERICAN ECONOMIC REVIEW*, 87:5

Anderson, Eugene R. et al., “Bad Faith in Insurance Coverage Disputes and the Public Nature of Insurance”, http:// inscobadfaith.com/information/bad _faith_coverage_ disputes/7.html

Atkinson, A. B., 1995, Is the Welfare State necessarily an obstacle to economic growth, *EUROPEAN ECONOMIC REVIEW* 39:3

Barnard, Catherine(1995), *EC Employment Law*, John Wiley & Sons

Becker, Craig(1996), “The Changing Workplace: Labor Law Outside the Employment Relation”, *Texas Law Review*, Vol.74

Befort, Stephen F.(2005), Revising the Black Hole of Workplace Regulations: A Historical and Comparative Perspective of Contingent Work, *24 Berkeley J. Emply. & Lab. L. 153*

Belous, R. S.(1989), "How human resource systems adjust to the shift toward contingent workers", *Monthly Labor Review*, Mar.

Berger, Mark(1997), "Unjust Dismissal and the Contingent Worker: Restructuring Doctrine for the Restructured Employee", *Yale Law & Policy Review*, Vol.16, No.1

Blanpain, R. ed.(1989), *International Encyclopedia for Labour Law and Industrial Relations(Legislation 5)*, Kluwer

Blanpain, R. ed.(1991), *International Encyclopedia for Labour Law and Industrial Relations(Legislation 1)*, Kluwer

Blanpain, R. eds.(1993), *Comparative Labour Law and Industrial Relations in Industrialized Market Economies*, Kluwer Law & Taxation Publishers

Boisard, Pierre(2004), *Working Time Policy in France*, Centre d'etude de l'emploi, N.34

Bonsinore, John J. et als.(2006), *Before the Law: An Introduction of the Legal Process*, Houghton Miffin Company

Brandl, Bernd & Franz Traxler(2005), "Industrial Relations, Social Pacts and Welfare Expenditures: A Cross-national Comparison", *Britisch Journal of Industrial Relations*, 43(4)

Brodsky, Melvin M.(1994), "Labor market flexibility: a changing international perspective", *Monthly Labor Review*

Budd, Jihn W. (2004), *employment with a human face: balancing efficiency, equity, and voice*, Cornell University Press

Charnovitz, Steve(1987), "The influence of international labour standards on the world trading regime: A historical overview", *International Labour Review*, Vol.126, No.5

Collins(1992), *Justice in Dismissal*, Clarendon

Council Directive 93/104/EC of 23 November 1993 concerning certain aspects of the organization of working time http:// europa.eu.int

Dau-Schmidt, Kenneth G.(1995), The Labor Market Transformed: Adapting Labor and Employment Law to the Rise of the Contingent Workforce, *52 Wash. & Lee. L. Rev.* 879

Dawn Oliver, Jorg Fedtke eds.(2007), Human rights and the private sphere: A Comparative Study, Routledge-Cavendish

Directive 2000/34/EC of the European Parliament and of the Council of 22 June 2000 amending Council Directive 93/104/EC concerning certain aspects of the organisation of working time to cover sectors and activities excluded from that http://europa.eu.int

Directive 2003/88/EC of the European Parliament and of the Council of 4 November 2003 concerning certain aspects of the organisation of working time http://europa.eu.int

Donaghey, Jimmy & Paul Teague(2005), "The Persistence of Social Pacts in Europe", *Industrial Relations Journal*, 36(6)

Durkheim, Emile(1984), *The Division of Labor in Society*, The Free Press, New York

EEOC, *Enforcement Guidance: Application of EEO Laws to Contingent Workers Placed by Temporary Employment Agencies and Other Staffing Firms*, http://www.eeoc.gov/ docs/conting.html.

EEOC, *Application of the Equal Employment Opportunity Laws to Contingent Workers Placed by Temporary Employment Agencies and Other Staffing Forms*

EEOC, *the Enforcement Guidance: Application of EEO laws to Contingent Workers Place by Temporary Employment Agencies and Other Staffing firm*

Ehrenberg & Jakubson(1989), "Advance Notification of Plant Closing: Does It Matter?", *Industrial Relations*, Vol.28, No.1

Erickson, Christopher & Sarosh Kuruvilla(1998), "Industrial Relations System Transformation", *Industrial and Labor Relations Review*, Vol.52, No.1

Erstling, Jay A.(1977), *The Right To Organise*, ILO

European Industrial Relations Observatory on-line, "Working time developments -2002" http://www.eiro.eurofound.eu.int

European Industrial Relations Observatory on-line, "Working time - developments in EU and national regulation" http://www. eiro. eurofound.eu.int

EAWC Anthology: Hammurabi's Code of Laws translated by L. W. King, eawc. evansville.edu/anthology /hammurabi.htm. (2008.7.22. 검색)

Federal Mediation & Conciliation Service(2004), *Preventive Mediation Programs*, Korea Labor Education Institute

Fischer, John(1993), "Local Government and Alternative Dispute Resolution", *Public Management*, 75(8)

GAO(General Accounting Office, 2010), *Contingent Workers Incomes and Benefits Lag Behind Those of Rest of Workforce*

GERNIGON, Bernard, Alberto ODERO and Horacio GUIDO(1998), *ILO PRINCIPLES CONCERNING THE RIGHT TO STRIKE*, ILO

Gladstone, A.(1998), "Settlement of Disputes over Rights", *Comparative Labour Law and Industrial Relations in Industrialized Market Economies*, Kluwer Law International

Greene, E. et al.(2000), "Compensating Plaintiffs and Publishing Defendants: Is Bifurcation Necessary?", *Law and Human Behavior*, Vol. 24 No. 2

Grunfeld(1980), *The Law of Redundancy*, 2nd ed., Sweet & Maxwell

Hanami, Tadashi(1981), "The Influence of ILO standards on law and practice in Japan", *International Labour Review*, Vol.120, No.6

Handelman, Gwen Thayer(1995), "Strategies for Securing Health and Retirement Benefits in Contingent Employment", *Washington & Lee Law Review*, Vol.52

Hassel, Anke(2003), "The Politics of Social Pacts", *Britisch Journal of Industrial Relations*, 41(4)

Hepple, Bop (1996), "The Future of Labour Law", *Comparative Labour Law Journal*, Vol.17

Hersch, Joni/ W. Kip Viscusi(2002), "Punitive Damages: How Judges and Juries Perform", *Harvard Law and Economics Discussion Paper*, no.361

Herzenberg, Stephen A. et al.(ed)(2000), *Nonstandard Work: The Nature and Challenge of Changing Employment Arrangements*, Industrial Relations Research Association

Hiatt, Jonathan P.(1995), Policy Issues Concerning the "Contingent Work

Force," 52 *Wash. & Lee L. Rev.* 729

Hodges-Aeberhard, Jane(1989), "The right to organise in Article 2 of Convention No.87: What is meant by workers without distinction whatsoever?", *International Labour Review,* Vol.128, No.2

ILO(1983), 69th Session Report III(Part 4 B)<*General Survey on the Application of the Conventions on Freedom of Association, the Right to Organise and Collective Bargaining and the Convention and Recommendation concerning Rural Workers' Organisations*>

ILO(2006), *Freedom of Association: Digest of decisions and principles of the Freedom of Association Committee of the Governing Body of the ILO*, ILO

International Forum on Globalization(2002), *A Better World is Possible: Alternatives to Economic Globalization*, http:// www.ifg.org/alt_eng.pdf.

International Labour Conference, 67th Session 1981 Report VIII(1), *Termination of Employment at the Initiative of the Employer*, ILO, Geneva

Jenkins, S. P.(2001), Daly, Mary The Gender Division of Welfare. The Impact of the British and German Welfare States, *The British Journal of Sociology*, 52:2

Lenz, Edward A.(1995), "Contingent Work: Dispelling the Myth", *Washington & Lee Law Review*, Vol.52

Leschke, Janine(2005), *Is it useful to cluster countries? Anlaysis on the example of unemployment insurance coverage of non-standard employed* (working paper)

Leschke, Janine(2006), *Are Unemployment Insurance Systems in Europe Adapting to News Risks Arising From Non-Standard Employment?* (Working Paper Research Series)

Lo, Vai Io.(1996), "Atypical employment: A comparison of Japan and the United States", *Comparative Labor Law Journal*, Vol.17

Maltby, Lewis L. & David C. Yamada(1997), Beyond "Economic Realities": The Case for Amending Federal Employment Discrimination Laws to Include Independent Contractors, *38 B.C. L. Rev. 239*

Manring, Nancy J.(1994), "ADR and Administrative Responsiveness: Challenges for Public Administrators", *Public Administration Review*, 54(2)

McCann, Deirdre(2008) *Regulating Flexible Work*, Oxford

Milbrath, Lester W.(1989), *Envisioning a Sustainable Society: learning our way out*, State University of New York Press

Miller, Richard U.(1994), "The Impact of Contingent Employment on Worker Rights: A Comparative Analysis", R. Blanpain ed., *Employee Rights and Industrial Justice*, Kluwer Law and Taxation Publishers

Nancy E. Dowd, The Test of Employee Status: Economic Realities and Title VII, 26 W. & Mary L. Rev. 75, 1984.

Nord & Ting(1991), "The Impact of Advance Notification of Plant Closings on Earnings and the Probability of Unemployment", *Industrial and Labor Relations Review*, Vol.44, No. 4

OECD(1998), Employment Outlook, June

Office of Technology Assessment(1986), *Plant Closings: Advance Notification and Rapid Response*

Parker, S.R. et al.(1971), *Effect of the Redundancy Payment Act*, HMSO

Patterson, Dennis(2003), "What Is at Stake in Jurisprudence?", *Oklahoma City University Law Review*, Vol. 28

Player, M.A.(1988), *Employment Discrimination Law*, Minnesota: West Publishing Co.

Pichierri, Angelo(2002), "Concertation and Local Development", *International Journal of Urban and Regional Research*, 26(4)

Polinsky, A. Mitchell / Steven Shavell(1998), "Punitive Damages: An Economic Analysis", *Harvard Law Reivew*, v.111 no.4

Polivka, A. E. & T. Nardone(1989), "On the definition of 'contingent work'", *Monthly Labor Review*, Dec.

Reducing the decent work deficit: a global challenge(2001), http://www.ilo.org/public/english/standards/relm/ilc/ilc89/ rep-i-a.htm

RERUM NOVARUM(1991)

Robbennolt, Jennifer K.(2002), "Punitive Damage Decision Making: The Decisions of Citizens and Trial Court Judges", *Law and Human Behavior*, vol.26 no.3

Schwartz, Victor E.(2000), "Reining in Punitive Damages 'Run Wild': Proposals for Reform by Courts and Legislatures", *Brooklyn Law Review*, Vol.65

Sen, Amartya(2000), "Work and Rights", *International Labor Review*, Vol.139, No.2

Stiglitz, Joseph E.(2002), "Employment, Social Justice and Societal Well-Being", *International Labor Review*, Vol.141, No.1-2

Summers, Clyde W.(1997), "Contingent Employment in the United States", *Comparative Labor Law Journal*, Vol.18, No.4, Summer

Supiot, Alain(1996), "Perspectives on Work: Introduction", *International Labor Review*, Vol.135, No.6

Stone, Katherine V.W.(2001), The New Psychological Contract: Implications of the Changing Workplace for Labor and Employment Law, *48 UCLA L. Rev. 652*, 2001.

"Symposium: Reforming Punitive Damages: The Punitive Damage Debate", *Harvard Journal on Legislation*, Vol.38

Thumma, Samuel A. "Punitive Damages One Year After BMW Of North America, Inc. v. Gore", http://www.lawhost.com/ lawjournal/98fall/ BMW1.html

Thumma, Samuel A., "BMW Of North America, Inc. v. Gore: The Second Year", http://www.lawhost.com/lawjournal/98fall/ BMW2.html 참조.

Treu, Tiziano(1992), "Labour flexibility in Europe", *International Labor Review*, Vol.131, No.4-5

U.S. Department of Labor(2009), U.S. Bureau of Labor Statistics (BLS), *Contingent and Alternative Arrangement,* http://www.eeoc.gov/policy/docs/threshold.html#2-III-B-1-a-iii-(a).

Valticos, N.(1979), *International Labour Law*, Kluwer - Deventer - The Netherlands

Van Liemt, Gijsbert(1989), "Minimum labour standards and international trade: Would a social clause work", *International Labour Review*, Vol.128, No.4

Veneziani, B.(1993), "The New Labour Force", R. Blanpain / C. Engels ed., *Comparative Labuor Law and Industrial Relations in Industrial Market Economies*, Kluwer Law & Taxation Publishers

Wissler, R. et al.(1997), "Explaining 'pain and suffering' awards: The role of injury characteristics and fault attributions", *Law and Human Behavior*, Vol.18 No. 2, 1997

Zachert, Ulrich(1999), "Some new trends in German labour law: In search of employment, flexibility and security", Japan Productivity Center for Socio-Economic Development, *Development of Atypical Employment and Transformation of Labour Markets*

Larenz, Karl(1991), *Methodenlehre der Rechtswissenschaft 6판*, Springer-Verlag

Sinzheimer, Hugo(1976), "Die Krisis des Arbeitsrecht", *Arbeitsrecht und Rechtssoziologie*, Band I, Franfurt